邱相彬 著

技术驱动课程变革的文化逻辑与实践向度

ZHEJIANG UNIVERSITY PRESS
浙江大学出版社
·杭州·

图书在版编目(CIP)数据

技术驱动课程变革的文化逻辑与实践向度 / 邱相彬
著. -- 杭州:浙江大学出版社,2024.9
ISBN 978-7-308-24763-4

Ⅰ. ①技… Ⅱ. ①邱… Ⅲ. ①教育技术学—关系—课
程改革 Ⅳ. ①G40-057②G423.07

中国国家版本馆 CIP 数据核字(2024)第 061690 号

技术驱动课程变革的文化逻辑与实践向度

邱相彬　著

责任编辑	曲　静	
责任校对	朱梦琳	
封面设计	周　灵	
出版发行	浙江大学出版社	
	(杭州市天目山路 148 号　邮政编码 310007)	
	(网址:http://www.zjupress.com)	
排　　版	杭州好友排版工作室	
印　　刷	广东虎彩云印刷有限公司绍兴分公司	
开　　本	710mm×1000mm　1/16	
印　　张	16.25	
字　　数	240 千	
版 印 次	2024 年 9 月第 1 版　2024 年 9 月第 1 次印刷	
书　　号	ISBN 978-7-308-24763-4	
定　　价	78.00 元	

前　言

在科技革新的推动下,人类正步入智能时代和数字社会,互联网、大数据、人工智能以及元宇宙等新技术作为社会文化子系统的课程,正与社会文化一起发生着深刻变革。本书尝试揭示技术驱动课程变革的文化逻辑,厘清技术驱动课程变革的实践方式,丰富信息科技与课程融合的理论,为当下教育改革的实践提供借鉴参考。围绕技术驱动课程变革这一主题,本书内容分为上、中、下三篇。

上篇对技术驱动课程变革进行历史回顾。先阐述了技术驱动课程变革的历史发展,对技术驱动课程变革的历史进行了回顾(第一章),梳理了课程整合的三个阶段——开创期、衰落期、再生期;分析了技术与课程整合的两类方式——课程技术化、技术课程化。由此,获得两点启示:一是从课程整合思想的发展来看,整合或分科主要取决于当时社会对教育和人才的需求;二是从技术与课程整合的演进方式来看,研究者受限于技术与课程“割裂”式的整合思维。然后,对技术驱动课程变革进行了现实反思(第二章),指出目前面临的实践遭遇有技术的应用目的不明确、应用方式不恰当等,主要表现为工具论的目的观、辅助式的应用观。总之,已有研究的思维方式受困于“二元论”,研究取向聚焦于“怎么教”,研究视角局限于“如何做”。

中篇论述了技术驱动课程变革的文化逻辑。为突破技术驱动课程变革的困境,中篇借助文化视角和历史视角,探寻技术驱动课程变革的文化逻辑。首先,从文化视角出发,分析了技术驱动课程变革研究的转向问题,厘清了技术与文化、课程与文化的关系,提出“课程变革的本质是课程文化变革”“技术以文化的方式作用于课程,成为课程变革的文化背景”等观点,为技术驱动课程变革的研究提供了新的视角,回应了技术整合课程的困境(第三章)。其次,论述了文化视角下技术驱动课程变革的文化动因与分析框架(第四章)。从文化变迁的视角来看,技术推动着社会文化的变迁,而课程本质上是一种具有教育目的的特殊文化,课程文化遵循着文化变迁的规律而发生着改变。因此,技术驱动课程变革的内在机理就是"技术进步引发了课程文化范式的转型"。最后,提出了技术驱动课程变革的"技术—课程"分析框架,对技术驱动课程变革的历史发展进路作了梳理(第五章),并将其概括为四个阶段——前技术—仿制课程、生技术—经书课程、熟技术—程式课程、富技术—智慧课程,并分别展开论述。

下篇探求技术驱动课程变革的实践向度。从课程开发变革、课程形态变革和课程实施变革三个方面,讨论技术驱动课程变革的实践走向。在课程开发方面(第六章),技术推动下的课程开发正从 ISD 计划驱动开发模式向 RID快速迭代开发模式和 AID 敏捷课程开发模式转变;在课程形态方面(第七章),传统封闭、单一的学校课程正向开放、多元的 STEAM 课程、创客课程、微课程以及 MOOCs 等转变;在课程实施方面(第八章),人工智能、大数据等技术推动个性化、差异化和精准化教学,大数据精准教学、项目化学习、OMO无边界学习逐渐成为常态。

目　录

绪　论

当今社会,人类正步入智能时代,技术迅速渗透了人们生活的方方面面,并不断改变着人们的交往方式、社会生活、社会结构以及价值观念。技术同样引发了教育变革。无论发达国家还是新兴国家,都竞相出台了以教育数字化转型带动教育现代化的新世纪教育振兴计划,一场全球性的教育信息化革命方兴未艾。

一、研究背景

在数字化社会,大数据、云技术、物联网、移动互联网、人工智能等更加深入地应用于教育领域。国家"十四五"规划提出的"新基建"计划,将加快信息化基础设施的布局,"数字中国"作为新时代的国家发展战略,逐渐实现对传统教学环境的重构。在基础教育领域,课程居于核心地位,是教育改革和发展的关键。随着信息技术在教育领域的进一步应用,利用技术促进课程改革的研究与实践得到了来自国家层面的重视。教育部印发的《基础教育课程改革纲要(试行)》提出,"大力推进信息技术在教学过程中的普遍应用,促进信息技术与学科课程的整合"[①]。经过十多年的发展,基础教育课程改革在理论和实践方面取得了可观的成果,从基础教育的教学环境数字化改造,到教育教学方式的改革创新,都进行了较多有益探索并取得了较大进展,但随之而来的是,发展也进入了"深水区"。为推进信息技术教育应用的转型升级,继续加快教育信息化进程,教育部于 2012 年发布了《教育信息化十年发展规划(2011—2020

---

① 教育部.基础教育课程改革纲要(试行)[J].课程教材教学研究(中教研究),2002(Z1):16-18.

年)》。规划明确提出,"推进信息技术与教育教学'深度融合',实现教育思想、理念、方法和手段全方位创新"①。2017 年 9 月,中共中央办公厅、国务院办公厅印发的《关于深化教育体制机制改革的意见》指出,要"探索数字化教学方式,切实推进现代信息技术与教育教学深度融合,大力促进在线开放课程的开发使用"②。2019 年,中共中央、国务院印发《中国教育现代化 2035》,提出"加快信息化时代教育变革,利用现代技术加快推动人才培养模式改革,实现规模化教育与个性化培养的有机结合"③。以上文件都强调指出了信息技术要与教育教学深度"融合",以替代原有的"整合"一词,希望借此找到一种新的、能实现教育变革的有效途径与方法。新概念的提出固然重要,但一个新概念的出现并不能直接引发新的变革,变革背后的逻辑亟待研究和探索。通过调查分析发现,一方面,课程改革不断深入推进,但实践中依然面临诸多无法解决的困惑和问题;另一方面,原有整合理论成果已然非常丰富,但理论认识的视角仍须拓宽,理论认识的深度也有待加深,实践呼唤理论创新的需求依然强烈。这些现实问题的解决不仅需要新概念,而且需要理论和认识的不断创新和超越。反思当前"整合"或"融合"研究的现状,无论从实践取向上看,还是从思维方式上看,还有进一步提升的空间,具体如下。

(一)技术整合课程的实践遭遇

1. 技术应用的目的不明确

如今,在课程教学中使用技术已经成为大多数教师的工作常态,但仍然会出现应用目的不明确或不恰当的情况。④ 为什么要将技术融入自己的课程教学?对这个问题的答案是多种多样的,有的站在辅助教学的角度,有的站在促进学习的角度,但大多数观点都折射出一种工具性的目的观。

将技术看作辅助教学的工具,是一种较为传统的技术应用观。持这种观

---

① 教育部印发《教育信息化十年发展规划(2011—2020 年)》[J].中国教育信息化,2012(8):95.
② 新华社.中共中央办公厅 国务院办公厅印发《关于深化新时代教育督导体制机制改革的意见》[J].中华人民共和国国务院公报,2020(7):14-17.
③ 新华社.中共中央国务院印发《中国教育现代化 2035》[J].人民教育,2019(5):7-10.
④ 谢巧.信息化环境下合作学习的研究与实践[D].银川:宁夏大学,2015:1-5.

点的教师认为,"教授"是最重要的环节,将技术应用于教学就是要技术辅助教师做好"教"的工作。这种观点在计算机进入教学领域时曾得到广泛认可。教师充分利用计算机的图像动画、复杂运算以及虚拟仿真等功能,辅助课程教学中一些重难点知识的讲解。为此,教师开发了大量 CAI 演示课件,取得了较好的教学效果。随着技术的发展,现在的网络技术、电子投影、交互白板等新技术又相继应用于课堂。但新技术仍然很难改变教师的固有观念,一些教师仍然站在教的角度,认为交互白板、电子投影等技术设备大大方便了教师的教学,提高了教学效率。这些教师能够熟练地制作 PPT 讲稿,使用丰富的多媒体资源配合教学讲解。此外,一旦做好一个课件,就可以重复使用,减少了很多工作量。对他们来说,已经很难想象在没有这些技术支持的情况下进行教学。

将技术看作辅助学习的工具,是另一种技术应用观。在技术广泛应用于教学的各个环节后,用技术辅助学生学习开始受到重视。其强调利用各种技术手段作为辅助学生学习的工具,例如学生用电脑收集资料、自我测试,以及接受辅导答疑或进行学习规划等。这种技术观站在学生学习的角度,认为整合技术可以激发学生的学习兴趣,增强学生的学习动机。生动形象的教学内容可以让学生更好地理解重难点知识,丰富的学习资源可以供学生自由地检索和使用。在使用技术设备的过程中,还可以培养学生的信息素养。

与以上两种工具观不同,创设信息化教学环境被认为是一种新的技术应用观。这种技术观不是仅仅把技术当作辅助教或学的工具,而是倡导利用信息技术营造信息化的教学环境。这种环境不仅包括现实的环境,还包括虚拟的环境。在这种环境下,学生可以使用各种信息工具和数字资源,方便地进行自主探索和协作交流。环境创设观为教师带来了多种教学模式,也给学生提供了探究环境,是一种技术应用的进步。然而,实践中,以教师为主导的环境创设往往会演变为教学工具的升级。学生在教师的统一安排下完成指定的学习任务,程式化的学习活动设计难以满足学生的个性化成长。

应该说这些技术应用观都不无道理,也的确取得了一些成效。然而,这种工具性技术观过多地聚焦于如何优化原有的教学,而没有指向课程教学的深层次变革。因此,这种应用绝不是我们所要追求的最终目的和意义所在,即如果只是为了实现这些目标,那么这样的信息技术应用还处于较低的层次。事实上,如果我们能把技术与课程教学的关系放在一个大的时代发展背景之下,放在信息社会对教育提出的新挑战的思考之下,可能会有更深入的认识。面向未来的 21 世纪学生核心素养的培养,已成为世界各国教育改革的新方向。基于"教学结构"的技术应用转向基于"学习结构"①的技术应用,正成为当下课程教学改革的方向。

2. 技术应用的方法不恰当

在实际教学中,教师不恰当的技术观带来了不恰当的应用方式,产生了如"唯技术应用""盲目使用技术""重技术轻教学设计"等技术误区。有的教师拥抱技术的热情较高,形成了过度依赖新技术、新方法的惯性。他们往往会夸大技术的作用,看到的都是技术的"优点",而忽视可能的"缺陷"。有的教师盲目追求新技术,在对新技术的特性没有完全了解的情况下盲目使用,既不能发挥其特有的长处,也不能避免其可能带来的影响。还有的教师过于注重将技术应用于所有教学环节,结果费时费力,甚至降低了教学效果。例如,某教师在使用平板电脑等技术支持教学活动时,过于注重技术的应用和活动的形式,课堂上有协作、有讨论、有表演、有作品,气氛热闹,但最后并没有很好地达成教学目的。② 再如,近些年在中小学校非常流行的翻转课堂教学模式,其本意是将知识学习稍微前移,把宝贵的课堂时间留给问题讨论和知识建构,是一种较好的教学理念。而在具体操作中,很多教师只看到了形式上的翻转,而仍然用"教授"的思维主导整个过程,误认为录制教学视频,让学生在课前观看就是翻转。最终,这种做法只能增加师生的负担,教学效果却不明显。

在原有教学设计的思路上勉强加入技术,即所谓"新瓶装旧酒",也是一种

---

① 沈书生.从教学结构到学习结构:智慧学习设计方法取向[J].电化教育研究,2017,38(8):99-104.

② 何克抗,吴娟.信息技术与课程整合[M].北京:高等教育出版社,2007:43.

常见的不恰当的技术应用方式。最常见的就是"黑板搬家""教科书搬家"等现象,即教师虽然使用了交互白板、电子投影等设备,但依然沿用原来的方式进行设计,其呈现的内容、采用的教学方式并没有发生任何改变,这种电子板书并没有起到实质性的作用。有学者曾将这种应用方式形象地称为技术的"塞入"式教学,认为这种技术应用方式是外在于教学的,是一种"局外"的技术。①类似的应用方式还有"加入"式和"嵌入"式教学。在这些应用中,教师已经熟悉了技术的特点,并能很好地使之辅助教学。但其应用的目的依然限制于对原有教学不足的修补,信息技术依然无法脱离工具角色。

由此可见,技术整合课程的实践往往处于较低层次,技术的"工具"角色明显,远远无法达到与课程"融合"的理想状态。因此,当前的整合实践急需来自理论层面更深入的研究和指导,以避免实践的盲目性延缓教育改革的进程。实际上,信息技术与课程融合的最终目的,就是"创构"在信息社会中指向学生全面发展的全新课程体系。信息技术对于课程教学的价值已不只是一般意义上的改变"过程",而是要改造整个"系统"。它要求最大限度地"联结学生的经验,激发学生的兴趣,挖掘学生的潜能,引发学生的创造,促使学生作为一个完整的人去完整地感知尽可能完整的世界"②。最终,其必然是包括课程目的、课程内容、课程评价、教学时空、教学方式等在内的方方面面的整体性变革。

(二)技术整合课程的理论困境

1. 思维方式有待拓宽

自 2000 年以后,国内有关技术整合课程的理论研究开始变得丰富起来,包括"对信息技术与课程整合的必要性、内涵、作用等方面的探讨,信息技术与课程整合的目标、层次、方式方法、环境建设、实施注意事项等方面的探讨,以及信息技术与课程整合影响因素的分析"③,其主要观点概括如下。

---

①② 吴康宁.信息技术"进入"教学的四种类型[J].课程·教材·教法,2012,32(2):10-14.

③ 黄德群.十年来我国信息技术与课程整合研究的回顾与反思[J].电化教育研究,2009(8):86-89,94.

（1）单向整合说

这种观点对我国当时的教育信息化实践起到了重大指导作用。一方面，从信息技术的角度出发，根据技术的发展和特性改造课程，开创了"课程信息化"阶段。另一方面，从课程的角度出发，重点观照在课程创新中如何更好地开发和利用技术，或者将信息技术作为课程来开设，开创了"信息技术课程化"阶段。有学者立足课程，提出了"信息技术与课程整合应立足新课程理念，将信息技术作为学习对象、学习工具与教学工具的三大功能统一起来，共同服务于课程各方面的系统处理和实施"①。

（2）双向整合说

有学者对各种单向整合理论作了分析总结，提出了双向整合说，认为"整合实质上可以分为几个层面，包括课程信息化、信息技术课程化以及新的信息化课程形态，其本质是一种基于信息技术的课程研制理论和实践"②。双向整合说综合了单向整合说的各种观点，提供了更进一步的整合方案。

（3）教学结构说

在整合说之后，我国教育技术领域的著名专家提出了教学结构说，认为"信息技术与课程整合，就是通过将信息技术有效地融入各学科的教学过程来营造一种信息化教学环境，实现以新型的教与学方式变革传统教学结构，建立以学为中心的教学结构"③。这种观点对"教学结构"的不足进行了批判，为后来的研究提供了新的思路和启示。

（4）信息文化说

为了进一步拓展技术作用于课程的研究视角，有学者从文化学的角度探讨技术对课程的影响，提出"教育信息化是信息时代教育改革的必然结果，教育信息化是一种崭新的教育文化实践"，认为"信息化课程文化是信息环境下教育文化的重要组成部分，课程是文化的载体、文化传播的内容和文化实践的

---

① 刘儒德.对信息技术与课程整合问题的思考[J].教育研究，2004(2)：70-74.
② 黄甫全.试论信息技术与课程整合的实质及基本原理[J].教育研究，2002(10)：36-41.
③ 何克抗.信息技术与课程深层次整合的理论与方法[J].电化教育研究，2005(1)：7-15.

过程"①。此外,这部分学者还探讨了教育技术与学科整合的目标和意义,给出了若干课程整合模式。② 也有学者提出,"从信息技术的文化视角来看,课程改革应从信息技术工具论转向信息技术文化论",认为"改革的目标是信息化课程和课程信息化"③。还有学者在其博士论文中分析了技术教育化过程中出现的课程文化转型问题,提出了立体化课程的思路,倡导将现实课堂与虚拟教育进行联通,构建网络学习共同体等课程改革的建议。④

正如已有研究所指出的,"课程技术化"和"技术课程化"都是一种单向整合,接下来会进入信息技术与课程"双向整合"的阶段。⑤ 当我们围绕"双向整合"开展工作时,这种整合思维方式逐渐暴露出了自身的局限:"整合"容易将信息技术和课程对立起来,导致二元论思维的出现。这种思维方式将信息技术与课程预设为两种不同的事物,从而努力寻求两者间的结合方式,以致深陷技术与课程之间而不断摇摆:或致力于技术的开发与应用,或聚焦于课程形态的变换与更新。

这种二元论思维是一种西方哲学认识论方式,具有悠久的历史。其虽然屡遭诟病,但从未终结,直到今天依然困扰着人们的思想和行动。二元论思维的主要症结在于把对事物整体的认识还原为对事物要素的认识,而忽视了对事物复杂性的理解。其"两分"逻辑容易让人将两种事物对立起来,用静态的眼光看问题。因此,这种二元"整合"观造成了两种后果。一是预设了一个前提假设:假定信息技术与课程是相互"对立"的。在这种前提假设下,整合只能是单向的或双向的,始终在"怎么操作"上兜圈子,不能跳出已有框架,站在更高层面思考问题。二是过分追求工具理性,忽视了更为本质的价值理性。实际上,工具理性虽是不可或缺的技术手段,但不能与价值理性的方向背道而驰,目的与手段两者不可分割,缺一不可。

① 谢康,陈丽.论信息技术文化视野下的课程改革[J].中国远程教育,2005(6):25-28,78.
② 何克抗.信息技术与课程深层次整合的理论与方法[J].电化教育研究,2005(1):7-15.
③ 黄甫全.试论信息技术与课程整合的实质及基本原理[J].教育研究,2002(10):36-41.
④ 刘成新.整合与重构:技术与课程教学的互动解析[D].南京:南京师范大学,2006:1-15.
⑤ 黄德群.十年来我国信息技术与课程整合研究的回顾与反思[J].电化教育研究,2009(8):8

面对复杂的教育实践,用这种单向的、简单化的认识逻辑看问题,所产生的认识结论可能难以对教育实践产生良好的适切性。比如就"课程信息化"而言,单从字面上看,可以理解为一个含义比较丰富的概念,但它实质上是非本质的,往往成为一种形式上的信息化。随着这种整合的进一步强化,对"形式上的信息化"的认识会造成课程人文意义的逐渐缺失,使当代课程变革的文化品性慢慢被吞噬,以致无法向更高、更深层次发展。

因此,我们需要跳出"主体与客体对立""技术与课程对立"的认识论框架,突破这种二元、静态的课程变革思维,用关系思维、生成思维重新认识学生、技术与课程教学三者间的关系。与此相呼应的是,随着信息技术内涵的进一步扩大,它必将加速社会文化的进一步解构和重构,作为手段的技术终将发展为整合人、技术与文化的重要力量。

2. 研究取向有待拓展

从学科起源来看,教育技术学发源于美国,在我国的发展不过是近三十年的事情。中国教育技术学虽然经过了多年的建设,但在基础理论方面还不是很成熟,研究取向深受美国教育技术理论的影响。例如,美国教育技术学的1994 定义在我国一直具有较大的影响力。美国教育传播与技术协会在定义中采用了"教学技术"(instructional technology)[①]这一术语,与"教育技术"(educational technology)一词同义使用。1994 定义强调教育技术的研究对象是"学习资源和学习过程",研究范畴是"设计、开发、应用、管理与评价"。从定义来看,教育技术对课程领域缺乏应有的关注和探究。沿袭这一传统,国内教育技术学者更多关注的是课堂教学、教学设计、学习环境与资源开发等领域的研究,较少涉及课程文化、课程理念、课程知识观、课程设计与实施等领域的研究。也就是说,我们更多地关注在既定课程下"怎么教"的问题,而忽略了将"教什么"和"怎么教"相结合的研究。

---

① Seels B B, Richey R C. Instructional technology: The definition and domains of the field[M]. New York: IAP, 2012.

　　从课程论的角度来看,课程论与教学论学者一般认为影响课程的主要因素是社会、知识和学生。在对"社会"因素的讨论中,强调"社会意识形态、政治经济制度和社会生产力对课程的综合作用"①。技术对社会以及课程的影响历来没有得到足够的重视,从目前所及的课程论著作来看,鲜有著作专门论述技术对课程产生的影响。

　　长期以来的这种集体无意识,造成了教育技术学者对课程研究主体意识的缺失,教育技术与课程教学似乎成为两个互相独立的领域。如今,教育技术的理论与实践领域不断扩大,再把教育技术等同于教学技术,或混合使用,其弊端显而易见——它窄化了教育技术研究的范围,弱化了教育技术研究的多学科理论基础,不利于对技术变革教育这一主题的探索。

　　3.研究视角有待转换

　　当今社会的发展瞬息万变,信息技术给教育教学带来的具有革命性影响的观念,已被大多数人所认同。教育学者们从多个视角,就信息技术对课程教学的影响展开了研究,得出了一些有益的结论。从一开始把信息技术当作辅助工具,到当作学习资源、学习环境,再到后来当作教学方式,学者们对信息技术角色的认识逐步加深,并试图冲破信息技术单纯工具角色的限制。然而,多数学者依然囿于"如何"利用技术"提升"原有教学效果的研究框架,狭隘地理解技术的内涵,把技术当成"辅助"角色和"实体"角色。这种认识必然带来技术地位的"低下"以及技术与课程的二元"对立",技术继续充当主体认识客体的手段,难以摆脱"工具"或"方法"的角色定位。

　　为了拓展技术驱动课程变革的研究视角,有学者从文化学的角度探讨技术对课程的影响,提出"教育信息化是信息时代教育改革的必然结果,教育信息化是一种崭新的教育文化实践",认为"信息化课程文化是信息环境下教育文化的重要组成部分,课程既是文化的载体、文化传播的内容也是文化实践的

---

　　①　廖哲勋,田慧生.课程新论[M].北京:教育科学出版社,2003:59.

过程"①。也有学者提出,"从信息技术的文化视角来看,课程改革应从信息技术工具论转向信息技术文化论,改革的目标是信息化课程和课程信息化"②。

从信息技术的文化视角探讨信息技术对课程的影响,显然拓宽了我们的认识思路,表明学者们已试图突破二元论思维,从更高的层面把握信息技术与课程的关系,给出了信息技术文化、课程文化转型以及构建立体化课程等新观点。这些研究对信息技术文化、课程文化、课程整合等问题进行了探讨,但已有研究整体上还不够系统,研究的深度和广度也需要进一步拓展。例如,"技术与社会文化变迁是何种关系?""文化变迁又如何导致课程变革?""课程文化变迁的历史发展进路如何?"等问题还有待于进一步的探索。

对以上三点研究现状的概括分析表明,一方面多年来学者们在对"信息技术"与"课程"关系的认识上仍然频遭二元论思维的困扰,容易将复杂的课程整体还原为简单的课程要素,徘徊在如何"操作"的层面上难以自拔。另一方面教育技术学领域有关改善教学过程与学习过程的研究,缺少对课程与教学整体系统性变革的考量,这种研究取向的背后也折射出二元论思维的影响。更进一步说,所有问题的实质是大多数学者习惯于停留在二元论思维的话语体系中,通过提出"如何"的策略和模式,引导教育实践的方向和方式。实践者便自然而然地把技术当作一种"局外"的手段来提高教学效率,改善教育效果,最终忽略了我们试图改善的"教育"或"课程"本身所应有的运动与演变逻辑。显然,信息技术与课程的关系需要被重新定义,对于技术驱动课程变革的逻辑的研究应该受到越来越多的关注。事实上,当今信息技术的飞速发展和普遍应用正促使人类社会从工业文明进入信息文明。其在教育领域的反映集中表现为信息文化的形成及其引发的课程文化变革。在这一背景的观照下,信息技术引发课程变革的历史使命无疑就是信息时代课程文化范式的转型,课程变革实质上就是课程文化的变迁与创新。

因此,本书的理论意义在于适当拓宽技术驱动课程变革的研究思路,跳出

---

① 陈晓慧.关于教育信息化的文化审视[D].吉林:东北师范大学,2005.

② 谢康,陈丽.论信息技术文化视野下的课程改革[J].中国远程教育,2005(6):25-28,78.

静态、二元的思维束缚，站在社会文化变迁的宏观视野之上，以历史与逻辑相统一为原则，以社会文化变迁的历史进程为线索，揭示技术驱动课程变革的"内在逻辑"，提出"技术—课程"发展演变的分析框架，为技术驱动课程变革当下的困境寻找可能的出路，并提出当代课程文化范式下课程设计的模式。其实践价值在于贯彻落实国家关于教育现代化和教育信息化的总体规划，使当前的课程与教学改革实践获得更多的理论指导，从而引导中小学有效开展教育信息化与课程教学改革工作。

二、研究目标、研究内容、研究思路和研究方法

（一）研究目标

基于对"信息技术"与"课程"二元困境的突破，以及借助文化、历史视角重新认识问题的可能性，本书的研究目标为：分析技术驱动课程变革的困境、揭示技术驱动课程变革的逻辑、寻找技术驱动课程变革的出路。具体如下。

1. 分析困境

深入分析当前技术应用的实践遭遇（技术应用目的不清、方式不当）和理论困境（思维方式、研究取向、研究视角）背后的原因。

2. 揭示逻辑

从文化角度拓展"技术"和"课程"的内涵，以技术与文化一体化、课程文化变革等观点为基础展开研究。从社会文化变迁的角度，揭示技术驱动课程变革的内在机理，并据此提出"技术—课程"发展演变的分析框架。

3. 阐述逻辑

以历史发展为线索，详述技术驱动课程变革的发展进路，提炼技术驱动课程变革的四个阶段。

4. 寻找出路

描述基于富技术的智慧课程思想，提出三个方面的实践变革，并进行案例应用分析。

（二）研究内容

本书的研究内容分为上篇、中篇和下篇三个部分，具体如下。

1. 技术驱动课程变革的历史回顾

为了给技术驱动课程变革困境的分析提供历史依据，上篇首先对技术与课程整合的历史进行了回顾，梳理了课程整合的三个阶段——开创期、衰落期、再生期，以及技术与课程整合的两种方式——课程技术化、技术课程化。通过历史回顾，获得了两点启示：一是对分科还是整合的选择，主要取决于当时社会对教育和人才的需求情况；二是从技术与课程整合的演进方式来看，人们习惯于把技术与课程当作两种"对立"的事物并在此基础上寻求两者的结合方式。此外，上篇还对技术与课程整合的现状进行了反思。一方面，整合面临的实践遭遇有技术应用目的不清、应用方式不当等，其主要表现为技术工具论的目的观，以及"塞入"式、"加入"式的技术应用方式。另一方面，整合面临的理论困境有二元论思维方式、聚焦于"怎么做"的研究取向，以及局限于"如何做"的研究视角。

2. 技术驱动课程变革的文化逻辑

为突破技术驱动课程变革的困境，中篇借助文化视角和历史视角探寻技术驱动课程变革的文化逻辑。首先，从文化视角出发，厘清了文化与技术、文化与课程的关系，提出课程变革的本质是课程文化变革，技术以技术文化的方式作用于课程，成为课程变革的文化背景，回应了技术整合课程的困境。其次，论述了文化视角下技术驱动课程变革的内在机理。从文化变迁的视角来看，技术推动社会文化的变迁，而课程本质上是一种具有教育目的的特殊文化，课程文化遵循文化变迁的规律而发生改变。因此，技术驱动课程变革的内在机理就是技术进步引发了课程文化范式的转型。据此，中篇给出了技术驱动课程变革的"技术—课程"分析框架。最后，对技术驱动课程变革的历史发展进路作了梳理，将其概括为四个阶段——前技术—仿制课程、生技术—经书课程、熟技术—程式课程、富技术—智慧课程，并分别展开论述。

3. 技术驱动课程变革的实践向度

从技术变革课程的逻辑出发,下篇尝试对基于富技术的智慧课程进行思想阐释和课程设计。从课程开发、课程形态和课程实施三个方面,论述技术驱动课程变革的实践向度。在课程开发方面,技术推动下的课程开发正从注重计划驱动的 ISD 模型、注重快速迭代的 RID 模型向注重敏捷开发的 AID 模型转变;在课程形态方面,传统封闭、单一的学校课程正向开放、多元的STEAM 课程、创客课程、微课程以及 MOOCs 等转变;在课程实施方面,人工智能、大数据等技术推动个性化、差异化和精准化教学,大数据精准教学、项目化学习、OMO 无边界学习逐渐成为常态。

（三）研究思路

本书的研究思路如图 0-1 所示。

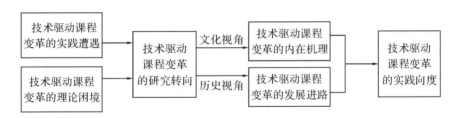

图 0-1　研究思路

首先,本书从技术驱动课程变革的困境出发,基于实践和理论分析了现实困境产生的原因。其次,为突破已有困境寻找认识方式上的转向,本书主要借助文化视角和历史视角展开研究,分别对技术驱动课程变革的内在机理、技术驱动课程变革的发展进路两个方面进行论述。最后,本书给出了技术驱动课程变革的出路,阐述了基于富技术的智慧课程思想,提出了三个方面的实践向度,并运用案例分析指导教学实践。

（四）研究方法

本书采用的研究方法具体如下。

1. 文献分析法

通过阅读国内外技术哲学、文化学、教育学等宏观领域的著作,以及有关信息技术与课程整合、社会文化变迁、课程与教学改革、教育技术应用等方面的文献资料,梳理总结已有研究成果,为本书展开研究提供翔实的证据资料和理论思想来源。

2. 概念分析法

对技术、课程、课程变革、课程文化等核心概念进行解读,从文化视角适当拓展核心概念的内涵,确定核心概念之间的交叉关系、异同关系、因果关系,为后期理论演绎与归纳建立合理准确的基础。

3. 逻辑演绎与归纳法

从归纳逻辑出发,总结技术进步与社会文化变迁的规律,得出技术进步推动社会文化变迁的观点作为本书逻辑演绎的起点;从演绎逻辑出发,在论证课程文化是一种具有教育目的的社会文化、课程变革的本质是课程文化变革等观点的基础上,推演出课程变革的本质是技术进步推动下课程文化范式转型的结论,从而阐明技术驱动课程变革的内在机理。

4. 历史分析法

以历史发展为线索,对技术进步推动课程文化转型的发展进路进行梳理;根据技术发展史和社会文化变迁史的对应关系,确立技术—社会文化发展框架,并对框架中的四个阶段进行论述。

5. 案例分析法

从本书提出的智慧课程出发,尝试提出"五维"课程设计模式;运用"五维"设计模式对实践教学案例加以分析,并进行改进设计。

上 篇

技术驱动课程变革的历史回顾

第一章　技术驱动课程变革的实践发展

20 世纪初,随着视听技术在课程领域的成熟发展,技术对课程教学的作用进一步引起了学界的关注。一开始,技术的角色被更多地定位为"外在"于课程教学的一种辅助工具,加之受当时课程整合思想的影响,教育学者们习惯采用技术与课程整合的方式探讨技术给课程带来的优化效果。

现代课程诞生于科学知识蓬勃发展的大背景之下,学科的分化带来了课程的分科设置。随着社会发展对教育提出的需求的变化,课程在分科与整合之间摇摆。梳理课程整合思想的发展过程,可以为技术整合课程的探讨提供更多的启示;而探讨技术整合课程的演进过程,则可以为技术驱动课程变革困境的分析提供依据。

本章对技术与课程整合的历史进行了回顾,梳理了课程整合的三个阶段——开创期、衰落期、再生期,以及技术与课程整合的两种方式——课程技术化、技术课程化。由此,获得了两点启示:一是分科与整合之间的平衡主要取决于当时社会对课程和人的能力所提出的需求;二是从技术与课程整合的演进方式来看,人们习惯于将技术与课程当成两种"对立"的事物来看待。

第一节　课程整合思想的发展

课程整合思想可以追溯至 19 世纪中期,当时西方工业社会的高速发展带来了种种弊端,教育领域的课程设置受到了社会的关注和批评,课程整合思想由此产生。本节先对已有课程整合的各种定义作了总结分析,界定了整合的内涵。然后对课程整合思想的历史发展进行了梳理,并将之概括为三个阶段:

开创期、衰落期、再生期。分科与整合这对矛盾长期存在,不同社会阶段对课程和人的能力提出了不同的需求。课程整合是时代的产物,也必将随着时代的发展而演化。

一、课程整合的含义

课程是学校教育的重要因素,是教师的教和学生的学的"规划方案"。实际上,课程一词早已出现。在我国,课程是指学校为学生提供的功课以及实施的过程。[①] 在西方,课程最早的含义是学习的"道路"以及学生的自我认识。[②] 今天,狭义的课程专指按学科逻辑体系开发的教学内容和计划;广义的课程既注重静态的课程文本,也重视动态的课程过程。即课程与教学的统一,从而实现教育的社会价值和本体价值的统一。[③]

所谓课程整合就是要建立一种不同于分科课程的整合课程,课程整合是相对于课程分科而言的。整合对应的英文单词是"integration",其可以有"integrative""integrated""integrating"等多种用法。除名词外,其还可以作为形容词和动词使用。这个单词在汉语中可以翻译为"综合""统整""整合""一体化"等。其实,我国课程领域和课程实践界常使用"综合课程""课程统整""课程整合"等词语,而教育技术领域则较多使用"整合"一词,如"信息技术与课程整合"。因此,本书使用的"整合"一词,可以是动词也可以是名词。

截至目前,学界对"课程整合"概念的界定,还没有达成共识。我们也许可以借助多种概念来理解"课程整合"的多种属性,其中选取的代表性概念定义如下。[④]

1. 课程整合就是将两门或多门学科组织在一起构成一门学科

如"课程整合是为解决学科课程的弊端而采取合并相邻学科的方法,将几

---

① 陈侠.课程论[M].北京:人民教育出版社,1989:12-13.

② 施良方.课程理论——课程的基础、原理与问题[M].北京:教育科学出版社,1996:3.

③ 黄甫全.课程与教学论[M].北京:高等教育出版社,2002:108.

④ 有宝华.综合课程论[M].上海:上海教育出版社,2002:17.

门学科的教材重新编排，成为一门综合学科"①。

2. 课程整合按照一致性原则，将不同学科相近的内容、方法、原理等要素进行整合，形成一门课程

如"所谓统整（integration），即合成一体的意思，无论课程内容或课程活动，其原则是将概念、原理、原则关联起来，成为一个有意义的整体"②。

3. 课程整合是建立各学科之间的联系，让学生对知识形成一个整体印象

如"课程整合是为了加强学科之间的联系，弥补课程分科的不足，使学生站在更广阔的视角理解知识，掌握各科知识之间的关联，获得知识的整体印象"③。

4. 课程整合是根据学生的经验、兴趣和需要而设计的课程

如"课程整合强调趣味性和知识面，解决了学生厌学、知识面窄、积极性差等问题，培养他们的求知欲和兴趣。这种课程不强调知识的系统性和结构性，而是侧重学生的生活经验和实际需求"④。

以上四种代表性定义给我们展示了课程整合的多种侧面：第一种侧面注重课程整合的外在形态，把课程整合归入学科课程体系范围；第二种侧面描述了课程整合的组织形式，即用整合的方式把课程内容组织在一起；第三种侧面注重课程整合的功能和目的，即让学生从整体上把握知识和世界；第四种侧面阐述了课程整合的学习心理机制，认为学生个体的学习需要结合直接经验和非结构化的课程内容。

根据以上分析的几种观点，我们给课程整合一个比较恰当的界定：课程整合是将在内容和价值上联系紧密的几门学科，按照一定的逻辑组织在一起；其主要目的是消除知识之间的隔阂，同时也注重与学生经验的联结，让学生形成

---

① 陈旭远. 国外中小学课程改革的基本趋势及其启示[J]. 外国教育研究,1991(3):7-10,6.
② 黄政杰. 课程设计[M]. 台北:东华书局,1991:297.
③ 张廷凯. 普通高中课程结构改革的探讨[J]. 课程·教材·教法,1994(1):16-20.
④ 钱大同. 试谈小学设置综合课程的必要性[J]. 课程·教材·教法,1989(9):19-20.

对世界的一种整体性认识,使之具备综合运用知识解决现实问题的能力的一种课程模式。

二、课程整合的发展

课程整合可以追溯至 19 世纪中期,当时西方国家进入机器大工业时代,城市化和人口爆炸问题凸显,社会矛盾进一步加剧。人的发展变得片面化、功利化和畸形化,引发了学者对社会各领域的关注,出现了一些新思想和新论断。在教育领域,社会对教育改革的要求日益迫切。学校里的学科变得越来越多,知识进一步细化,产生了学科间的隔阂;学生的认知、情感、人格等发展变得分裂,这种课程设置产生的弊端受到了社会的关注和批评。应该说,这是工业社会高速发展带来的种种弊端在教育领域的反映。因此,教育改革跟社会发展是紧密联系的。从整个历史发展过程来看,课程整合经历了一个跌宕起伏的过程,具体可以分为三个阶段:课程整合发展的开创期、课程整合发展的衰落期和课程整合发展的再生期。

(一)课程整合发展的开创期

19 世纪末到 20 世纪初是课程整合发展的开创期,欧洲各国发起了"新教育运动",美国也开始了"进步主义教育运动"。教育改革者关注儿童的发展,提倡自然主义、生活主义的教学思想。赫尔巴特提出了"统觉"的理论,为课程整合提供了心理理论基础。[①] 此外,部分学校开始了旨在破除学科界限、提高学生实践能力的课程改革运动。

众多课程形式在这场课程改革运动中被开发出来,如活动课程、核心课程、合科教学、作业课程等。这些课程形式虽然名目繁多,但有着共同的教育思想——皆立足于儿童的经验和现实生活世界,试图打破学科壁垒,通过精心设计内容,使知识与活动相统一。直到 20 世纪中期,这种课程整合的理论和实践一直没有中断过。那时所积累的实践经验和理论思想,对世界各国的教

---

① 吴式颖,李明德.外国教育史教程[M].北京:人民教育出版社,2015.

育产生了重要影响，许多国家也相应出现了一些不同形态的课程整合。

（二）课程整合发展的衰落期

20世纪60年代，学校的课程整合运动进入了低潮。由于遗漏了许多重要知识、无法实现关键的社会目标、不能继承传统文化的精华，教育内容和活动缺乏连续性等缺陷，造成了课程结构散乱、学生知识掌握较差等问题，儿童中心课程和社会本位课程被认为是零散的教学，遭到了诸多批评。"回归基础"的理念被提出，分科的系统化教学又成为主流。

社会发展需求的变化缩小了课程整合的发展空间。美国重新重视科学技术课程的教育，再次认识到课程分科也存在较大的价值。一场"学科结构运动"由此开始，学校教育"回归基础"。这一时期，出现了大量的分科教材，如科学被分解为物理、生物和化学，英语被拆分为文学、修辞和语法。可以说，通过学科结构运动，西方国家部分地实现了社会的预期目的。

（三）课程整合发展的再生期

20世纪70年代以来，社会发展进入了一个新的阶段，科学技术迅速发展，工业社会逐步向信息社会转型。工业社会的弊端逐渐显现，人类的价值定位不再单一化，人与自然的关系受到重视。这些变化对学校教育提出了新的要求。在新的社会背景下，课程整合的发展再次受到了重视。此外，心理学和脑科学的研究成果为课程整合的发展提供了理论支持，课程整合被世界各国纷纷纳入课程改革的发展政策之中。

20世纪80年代以来，美国发起的提高教学质量的课程改革运动最初是为了提高科学教育的质量，如科学—技术—社会课程教育，后来逐步发展为注重普及文化知识的核心知识课程的建设。核心知识被认为是美国人必须掌握的共同的"背景信息"。核心知识课程虽然以分科选编的方式为主，但其在实施时已经与以往大不相同：教师围绕一个核心议题，采用主题式教学和跨学科教学的方式，用几天甚至几周的时间，最大限度地联系各学科知识。这次课程改革运动特别强调高质量和高标准，与20世纪初期的进步主义和人本主义课程观不同。在我国，课程整合也受到了重视。《基础教育课程改革纲要（试行)》对基础教育课程改革提出了具体要求:"改变已有课程结构过于强调学科本位、科目过多和缺乏整合的现状……以适应不同地区和学生发展的需求,体现课程结构的均衡性、综合性和选择性。"在中小学校,除了传统分科课程之外,一些综合实践活动课程、拓展课程、选修课程等课程形式受到重视。

直到今天,课程整合在许多国家再次迎来了新生。跨学科课程教学确实显示了一定的优越性,课程整合不受学科内在逻辑的限制,不仅仅依赖教科书,更注重对学生探究性和创造性的培养。课程整合作为学校课程的重要形式,在学校教育中体现了重要的价值。

总之,课程分科注重知识分类和逻辑体系,强调基本概念、原理和知识结构的选择安排,具有较强的系统性和层次性。课程分科对学生深入、系统地掌握一门学科的知识结构和概念原理,提高逻辑思维能力有一定的作用。然而,课程分科将综合的知识经验进行了分割,导致学生缺乏与不同认知方面的联系,影响了其知识技能、态度情感等的综合发展。课程整合为学生提供了整体的知识和观念,更适合学生的心理需要和认知规律,有利于学生与不同领域的知识形成联结,有助于他们运用所学知识解决实际问题。但是,课程整合同样存在一定的局限。课程整合在知识组织上缺乏系统性,过于关注课程内容的范围和广度;在知识的结构化和内容的深度上有所欠缺,不利于学生系统深入地学习一门知识。因此,应该合理设置整合与分科,以达到一个较好的平衡状态。从实践层面来看,在世界范围内还没有全面整合的成功案例。

整合与分科这对矛盾将一直存在,找到两者之间恰当的平衡也许是可行之道。随着时代的变迁,不同社会阶段对课程和人的能力提出了不同的要求,课程整合是时代的产物,也必将随着时代的发展而演化。今天,我们所处的信息社会正在成熟完善,信息社会具有与以往社会不同的文化特点,信息文化必定对学校教育变革产生新的影响。因此,如果我们仅仅从课程整合的角度观察课程,则无法将课程变革推入更深层次。对技术驱动课程变革的讨论,还需要拓宽视野,从社会文化变革的视角进行审视。

第二节　技术整合课程的演进

技术与人类社会相伴而生,但技术真正引起人们的关注是在近代。技术一般被认为是看得见摸得着的有形技术或物化技术,这是一种狭义的定义方式。实际上,技术除了包括有形的实体要素之外,还包括无形的智能、工艺要素,如经验、方法、策略等。

按照狭义技术的定义,教育技术的历史并不久远,可以追溯至 20 世纪 20 年代。这一时期,幻灯、投影、电影、电视等媒体技术在教育中的应用,开启了教育电气化和电子化时代;同时还诞生了研究技术在教育领域应用的原理、方法等的专门知识体系,即教育技术学,当时在我国被称为电化教育学。与此同时,美国掀起了一场视觉教育运动。技术与课程的整合从此展开,且随着技术的进步而不断向前演进。这种演进的过程表现为课程技术化和技术课程化,并最终走向技术与课程的双向整合。

一、课程技术化的整合

技术与课程整合的第一条路径是课程技术化,即技术的方法和功能不断作用于课程,使课程发生改变,主要表现为课程外在形态、课程内容编排方式和传递方式呈现出技术化的特征。

(一)课程直观化

文艺复兴后的欧洲迎来了科技发展的繁荣时代,物理学、天文学等自然科学取得了长足的进步,技术进步推动了资本主义工商业的发展,社会要求扩大教育规模,增加教育内容,班级授课应运而生。班级授课是教师直接面对学生集体进行教学,改变了以往单个手工作业的方式,大大提高了教学效率。班级授课实行统一管理和统一教材,知识讲解越来越抽象,仅靠语言和文字作为传播媒体,学生不易理解。

早在 17 世纪,直观教具作为一种教学媒体首先被开发使用。夸美纽斯主张"让一切学校布满图像",他编写的《世界图解》将图片和文字相结合,力求文字解释的形象化。此后,直观教具得到了进一步发展。在平面视觉教具方面,有图片、图表、照片、地图等;在立体视觉教具方面,有模型、标本、计算器、地球仪等。其中一种平面教具最值得一提——黑板,黑板的出现可以说是近代学校的象征,直到今天依然在课堂教学中使用。

18 世纪末,幻灯机、胶片放映机、无声电影等视觉媒体技术相继成熟并问世。一些幻灯教学材料、电影教学材料被开发使用,受到了教育界的欢迎。继凯斯通图片(Keystone View)公司在 1908 年出版了《视觉教育》一书,指导教师合理使用立体图片和幻灯片进行教学"[1]之后,无声电影也得到了大量的应用。"由霍邦等编著的《课程的视觉化》给出了视觉化教材的分类模式,在对视觉教材进行分类的基础上给出了选用原则。"[2]自此,直观教育和直观课程慢慢走向成熟化和常态化。

(二)课程影像化

"1924 年,电影技术获得了突破性进展,有声电影开始出现。有声电影既具有视觉的图像又具备听觉的声音,在教育中具有很大潜力。一些精明的商家更是看到了其中的商机,推动了教育电影的商业化发展,美国的教育电影市场开始扩大,竞争激烈。例如,有关食物消化方面内容的电影就有 800 多个不同厂家生产。"[3]日本在 20 世纪 40 年代对学童开展了电影教育运动,同一时期,我国南京的金陵大学等教育机构也开展了电影教育。

"二战以后,随着美国人口的增长、受教育人数的激增,教师短缺成为美国教育面临的一个迫切问题。为了减轻这种压力,教育界人士寻求各种解决问题的方法。其中,在教学中推广电影可以在一定程度上缓解燃眉之急。由此,针对特定的课程内容和特定的学生而拍摄的教学电影开始大量地在课堂教学中使用。有人把此类电影称为课本电影(text film),这种电影与学科内容紧

---

①③　张立新.美国教育技术发展史研究[D].保定:河北大学,2002:12.

②　祝智庭.现代教育技术——走进信息化教育[M].北京:高等教育出版社,2001:74.

密联系,一般没有故事情节,也没有完整结构。"[1]

20世纪50年代,电视机制造技术获得突破性进展,电视机的普及率大幅度提高。"1955年,美国家庭电视机的拥有率已达78%,到1960年已上升至87%。"[2]在电视机普及的情况下,电视成为一种快速、经济、有效的教育手段,使教育发生了革命性变化。1952年,美国联邦通信委员会拨出"242频道"供教育使用;五年后,其又实施"资助小学电视教学方案"。20世纪五六十年代,教育电视台如雨后春笋般在世界各地发展起来,日本有100多个,美国有300多个。同时,闭路电视系统在各大学校和地区建立起来,如美国马里兰大学有100多门课程使用闭路电视进行教学。

从20世纪70年代中期开始,教育电视向远距离、大范围发展,电视节目通过通信卫星可向全国乃至全球播放。1974年,美国发射"6号实用技术卫星",用于直接转播地面站发射的电视教学节目。印度由联合国发展计划资助,租用卫星开展"卫星电视教育实验",每天向儿童广播2小时的教学节目,大约有350万人受益。

我国于20世纪60年代初开始试办电视大学,1978年成立中央广播电视大学,之后又相继成立了中国电视师范学院、中国燎原广播电视学校。以中央广播电视大学为例,从1979年到1994年,共开设359个专业、1000多门课程,培养了157万名大专毕业生和2000多万名非学历毕业生。中央广播电视大学包含省(区、市)、县(市、区)分支,是一个庞大的教育系统,重点开发了大量多媒体远程教材。

(三)课程信息化

从1958年开始,计算机应用于教育领域,但其起始阶段比较缓慢,并没有产生太多的影响。20世纪90年代网络技术出现后,以计算机和网络技术为主体的信息技术给教育带来了较大的变革。信息技术的特征可以概括为:数字化、网络化、多媒体化、智能化、虚拟化等。随着信息技术对课程的不断作用

---

[1] 张立新.美国教育技术发展史研究[D].保定:河北大学,2002:12.
[2] 德弗勒,等.大众传播学诸论[M].杜力平,译.北京:新华出版社,1990:129.

和改造,课程开启了信息化进程,表现出了以下信息化特征。[①]

1. 多媒体化教材的开发应用

利用多媒体技术、超媒体技术进行教材开发,使教材内容以形象化、动态化的形式呈现。越来越多的电子教材和工具书应用于教学,除了文字和图形,这些材料更多地使用声音、动画、录像以及虚拟场景呈现。

2. 基于网络的数字资源共享

网络改变了教学资源的使用方式,借助网络全世界的资源得以共享,一些教育网站、虚拟图书馆、虚拟软件库纷纷建立起来。网络传输的便利性要求数字资源的极大丰富,优质数字教育资源不足的问题开始显现。因此,网络教育资源的建设需要教育部门、社会各界以及国家层面的协同建设。

3. 计算机技术辅助个性化教学

从计算机产生开始,人们就不断努力使用计算机辅助教学。例如,斯金纳开发的程序化"教学机器"就是最早的个性化教学的成熟应用。随着人工智能技术的不断发展,智能授导系统被开发应用,它能根据学生的不同特点和需求,提供相应的教学帮助。人工智能教育逐渐成为教育领域重要的研究方向。

4. 基于技术的自主、合作的学习方式

随着各种信息技术设备的出现和数字化资源的应用,传统教学方式开始发生变化,以学习者为中心的教学方式被更多地使用。丰富的网络课件和视频为学生的自主学习提供了便利,网络论坛、学习管理系统支持学生开展合作和交流,计算机支持的协作学习成为研究与实践的国际潮流。

5. 虚拟课程的出现

虚拟性是网络的一个重要特性,教学虚拟化主要体现为一些教学活动脱离了物理时空的限制,可以在线上随时随地进行学习。一系列虚拟化教育环境的涌现,包括虚拟校园、虚拟实验室、虚拟图书馆、虚拟学社等,促进了虚拟教育的发展。一些学校开始实行校内教育和校外教育相结合,建立了网络学

---

① 祝智庭. 现代教育技术——走进信息化教育[M]. 北京:高等教育出版社,2001:85.

校,开发了网络课程,高等学校开始了网络学历教育。

二、技术课程化的整合

技术与课程整合的第二条路径是技术课程化,即将技术转化为"课程中的技术"的过程,其是技术向课程的性质进行转变的过程。这一过程实质上是以技术为推动力,使技术工具、方法理念等应用于课程领域,此时的技术或者成为课程中使用的工具、手段,或者成为课程内容的一部分。

(一)计算机辅助教学

计算机出现之后不久,国际商业机器公司(IBM)开始针对教育领域开发计算机系统,于1958年设计了第一个计算机教学系统——利用一台IBM 650计算机连接一台电传打字机。该系统可以面向小学生教授二进制算术,并能根据学生的要求产生练习题。计算机辅助教学是为实现一定的教学目标,在教学过程中把计算机作为媒体或工具,帮助教师教或帮助学生学的教学活动。它能部分地代替教师完成教学任务,为学生呈现知识和提供训练服务。

后来,计算机被更多地用于支持学生学习,由此进入计算机辅助学习阶段。此阶段侧重于开发计算机的学习服务功能,如利用计算机帮助学生查找资料、解惑答疑、测试练习、形成学习计划等,即不仅用计算机辅助教师的教,还强调用计算机辅助学生的学。

(二)计算机教育课程

计算机教育是指将计算机科学知识与技能的掌握作为教学目标进行的教育,学校专门开设学习计算机相关知识的课程。计算机教育课程和传统的语文、数学等课程一样,成为中小学校一门独立的课程,有专任的学科教师和专门的计算机教学机房。

计算机教育课程刚进入学校时,相关软件并不丰富,其课程内容主要以编程语言为主,计算机几乎与编程成了同义语。我国于20世纪80年代开设了计算机选修课,当时主要的教学内容是基于BASIC语言的程序设计。"程序设计是第二文化"成为社会的主流观点,曾一度出现"全民学习BASIC"的现象。客观地讲,在我国中小学计算机教育的初期阶段,这种学习方式的确起到了重要的作用——产生了大量的应用成果和经验,大大推动了信息技术教育的深入发展。

1994 年,国家教委基础教育司出台《中小学计算机课程指导纲要(试行)》,进一步明确了计算机教育课程的地位、性质、目的和内容,提出计算机教育课程是一门知识性与技能性相结合的基础性学科,中小学应单独开设。这种认识既符合当时的发展背景,同时又积极地表达了我国在信息技术教育方面的经验积累与认识的价值。该文件规定,中小学计算机教育课程内容共五个模块,包括计算机的基本操作、基本知识、社会应用、应用技能和编程等。[①]

随着计算机技术在社会各领域的快速应用,计算机已成为人们生活中不可或缺的有机组成部分。学生在学校应该学会使用这些工具,如文字处理、电子表格、数据库、网络信息检索与处理、网络通信等,它们构成了计算机教育课程内容的主要组成部分。至此,计算机和学生的生活有了一定的联系,但始终游离于学科教学之外,凸显了计算机作为一门独立课程的特征。[②]

计算机应用于教学是把计算机作为学习各门学科内容的有效工具,强调计算机要服务于课程学习,在课程学习活动中全面结合使用计算机,以便更好地完成学习目标。此时,我们的观念已发生了转变,强调了计算机与学科教学的结合,关注的是计算机对教学起到的促进作用。例如,学生利用绘画软件可以画画,通过电子表格可以对数据进行统计处理,在课堂教学中使用与学科教学内容相关的软件。这一阶段特别凸显了计算机的工具性特点。[③]

(二)信息技术课程

随着信息技术特别是多媒体技术、网络技术的发展与普及,计算机教育课程已经不能完全覆盖信息技术的内容。特别是人类进入 21 世纪以后,信息社会的到来逐渐成为一种共识。各个国家与地区纷纷把计算机教育课程名称改为与信息有关的信息技术课程或者信息科技课程,课程的目标与内容也发生

---

① 李艺.信息技术课程:设计与建设[M].北京:高等教育出版社,2003:6.
②③ 张筱兰.信息技术与课程整合的理论与方法[M].北京:民族出版社,2004:12.

了相应的变化。

2000年11月,教育部颁发了《中小学信息技术课程指导纲要(试行)》(以下简称《纲要(试行)》),第一次提出了信息技术课程;在其目标中,第一次提出了要培养学生良好的信息素养,并且强调了伦理问题,提出了"负责任地使用信息技术"的要求。具体来看,从小学到高中阶段的教学目标均强调了信息技术使用的责任意识,信息资源真实性、准确性和相关性的判断与评价能力,以及合作与协作的意识、能力等,将信息意识、信息伦理道德、信息能力与信息技术知识等信息素养目标与各学段目标相结合。[①]

除此之外,《纲要(试行)》强调通过信息技术课程培养学生信息获取的能力、信息整理加工的能力、信息存储的能力、信息传输的能力以及信息表达的能力。信息能力在各个学科中的表现形式尽管有所不同,但是主要反映在不同软件的应用上。因此,让中小学生了解软件的应用过程和基本方法,可以培养他们在学科教育中应用信息技术的能力。

可见,技术与课程的整合基本围绕两条路径展开:第一条路径是课程技术化,即技术的发展对课程产生了影响,课程自身发生了改变,表现为课程外在形态、传递课程的载体以及课程编排方式等趋向技术化;第二条路径是技术课程化,随着技术对整个社会和教育的影响力的扩大,人们逐渐接受并适应了新技术的使用方式和内容理念,技术成为其他学科课程的一部分,或者技术直接成为课程,如计算机教育课程、多媒体课程、信息技术课程等学校课程。

经过课程技术化和技术课程化两个阶段的发展,学校教学与课程发生了重大改变,从教室环境、教学手段到学习方式,都与传统教育大不相同。这些变化改善了学习环境,提高了教学效率,丰富了学习方式。随着整合的深入,一些敏锐的学者发现了这种整合方式存在的局限——"信息技术与学科课程出现了割裂和对立问题"[②]。针对这种局限,学者们开始了更深入的研究。

[①] 王吉庆.信息技术课程与教学论[M].杭州:浙江教育出版社,2003:6.
[②] 黄甫全.试论信息技术与课程整合的基本策略[J].电化教育研究,2002(7):24-29.

第二章 技术驱动课程变革的现状反思

为了更好地剖析技术驱动课程变革的困境,需要对当前技术整合课程的现状进行深入反思,本章将从实践问题和理论研究两个方面展开分析。在实践问题方面,存在技术应用目的不明确、技术应用方式不恰当等情况,主要表现为技术工具论的目的观,以及技术"塞入"式、"加入"式的教学应用方式。在理论研究方面,目前面临的理论困境有思维方式受困于"二元论"、研究取向聚焦于"怎么教"、研究视角局限于"如何做"等。

第一节 实践问题分析

在课程教学中使用技术,不仅需要教师具备相应的知识,还需要教师具有一定的智慧。本节对实践中存在的问题进行了分析,指出了技术应用目的上的不明确,例如"技术应用的工具论""程式化的环境创设观"等;分析了技术应用方式上的误区,如"唯技术应用""盲目使用技术""重技术轻教学设计"等。这些实践问题的背后是技术的"工具性"角色依然明显,技术给整个课程教学系统带来的深层次变革仍被忽视。

一、现象 1:技术应用的目的不明确

在课程教学中使用技术,已经成为大多数教师的工作常态,但仍然会出现应用目的不明确或不恰当的情况。[①] 为什么要在自己的学科教学中整合技

---

① 谢巧.信息化环境下合作学习的研究与实践[D].银川:宁夏大学,2015:1-5.

术？对这个问题的答案是多种多样的，有的站在辅助教学的角度，有的站在促进学习的角度，但大多数观点都折射出一种工具性的目的观。

　　将技术看作辅助教学的工具，是一种较为传统的技术应用观。持这种观点的教师认为，"教授"是最重要的环节。将技术应用于教学，就是要技术辅助教师做好"教"的工作。例如，在计算机进入教学领域时，这种观点曾得到广泛认可，教师充分利用计算机的图像动画、复杂运算以及虚拟仿真等功能，辅助解决课程教学中一些重难点知识的讲解。为此，教师开发了大量 CAI 演示课件，取得了较好的教学效果。随着技术的发展，网络技术、电子投影、交互白板等新技术相继应用于课堂。但新技术仍然很难改变教师的固有观念：一些教师仍然站在教的角度，认为交互白板、电子投影等技术设备大大方便了教师的教学，提高了教学效率。这些教师能够熟练地制作 PPT 讲稿，使用丰富的多媒体资源来配合教学讲解。只要做好一个课件，就可以重复使用，减少了很多工作量。对他们来说，已经很难想象没有技术支持的教学。

　　将技术当作辅助学习的工具，是另一种技术应用观。在技术广泛应用于各个教学环节后，用技术辅助学生学习开始受到重视，强调利用各种技术手段作为辅助学生学习的工具。例如，学生用电脑收集资料、自我测试，以及接受辅导或进行学习规划等。这种技术观站在学生学习的角度，认为整合技术可以激发学生的学习兴趣，增强学生的学习动机。生动形象的教学内容可以让学生更好地理解重难点知识，丰富的学习资源可以供学生自由地检索和使用。在使用技术设备的过程中，还可以培养学生的信息素养。

　　与以上两种工具观不同，创设信息化教学环境被认为是一种新的技术应用观。这种技术观不是仅仅把技术当作辅助教或学的工具，而是倡导利用信息技术营造信息化的教学环境。这种环境不仅包括现实的环境，还包括虚拟的环境。在这种环境下，学生可以使用各种信息工具和数字资源，进行自主探索和协作交流。环境创设观为教师带来了多种教学模式，也给学生提供了探究环境，是一种技术应用的进步。然而，实践中以教师为主导的环境创设，往往会演变为教学工具的升级。学生在教师的统一安排下完成指定的学习任务,但程式化的学习活动设计难以满足学生的个性化成长。

应该说,这些技术应用观都不无道理,也的确取得了一些成效。然而,这种工具性的技术观过多地聚焦于如何优化原有的教学,而没有指向课程教学的深层次变革。因此,这种应用绝不是我们所要追求的最终目标和意义所在。也就是说,如果仅仅为了实现这些目标,那么这样的信息技术应用还处于较低层次。事实上,如果把技术与课程教学的关系放在一个大的时代发展背景之下,放在信息社会对教育提出的新的挑战的思考之下,我们可能会有更深入的认识。面向未来的 21 世纪学生核心素养的培养,已成为世界各国教育改革的新方向,基于"教学结构"的技术应用转向基于"学习结构"[①]的技术应用,正成为当下课程教学改革的方向。

二、现象 2:技术应用的方法不恰当

在实际教学中,教师不恰当的技术观往往会带来不恰当的应用方式,产生了如"唯技术应用""盲目使用技术""重技术轻教学设计"等技术误区。有的教师拥抱技术的热情较高,形成了过度依赖新技术、新方法的惯性。他们往往会夸大技术的作用,看到的都是技术的"优点",而忽视可能的"缺陷"。有的教师盲目追求新技术,在对新技术的特性没有完全了解的情况下盲目使用,从而既不能发挥其特有的长处,也不能避免其可能带来的影响。还有的教师过于注重在所有教学环节都使用技术,结果费时费力,甚至降低了教学效果。例如,某教师在使用平板电脑等技术支持教学活动时,过于注重技术的应用和活动的形式,课堂上有协作、有讨论、有表演、有作品,气氛热闹,但最后并没有很好地完成教学目的。[②] 再如,近些年在中小学校非常流行的翻转课堂教学模式,其本意是将知识学习稍微前移,把宝贵的课堂时间留给问题讨论和知识建构,是一种好的教学理念。但在具体操作的过程中,很多教师只看到了形式上的

---

① 沈书生.从教学结构到学习结构:智慧学习设计方法取向[J].电化教育研究,2017,38(8):99-104.

② 何克抗,吴娟.信息技术与课程整合[M].北京:高等教育出版社,2007:43.

翻转,实际上仍然用"教授"的思维主导整个过程,误认为录制教学视频让学生在课前观看就是翻转。最终,这种做法只能增加师生的负担,效果却不会明显。

在原有的教学设计思路上勉强加入技术,即所谓"新瓶装旧酒",也是一种常见的不恰当的技术应用方式,如"黑板搬家""教科书搬家"等。教师虽然在教学过程中使用交互白板、电子投影等技术设备,但依然沿用原来的方式进行教学设计,其呈现的内容和教学方式与原来相比没有任何改变,技术设备也并没有起到任何实质性的作用。有学者曾形象地将这种应用方式称为技术的"塞入"式教学,认为其是外在于教学的,是一种"局外"的技术。[①] 类似的应用方式还有"加入"式和"嵌入"式教学,在这些应用中,教师已熟悉了技术的特点,并能很好地使之辅助教学,但其应用的目的依然局限于对原有教学不足的修补,信息技术依然无法摆脱工具的角色。

由此可见,技术整合课程的实践往往处于较低层次,技术的"工具"角色明显,远远无法达到与课程"融合"的理想状态。因此,当前的整合实践急需来自理论层面的更深入的研究和指导,以避免实践的盲目性,导致教育改革进程的延缓。实际上,我们所倡导的信息技术与课程融合的最终目的,就是"创构"在信息社会中指向学生全面发展的全新课程体系。信息技术对于课程教学的价值已不只是一般意义上的改变"过程",而是改造整个"系统"。它要求最大限度地"联结学生的经验,激发学生的兴趣,挖掘学生的潜能,引发学生的创造,促使学生作为一个完整的人去完整地感知尽可能完整的世界"[②]。最终,其必然是包括课程目的、课程内容、课程评价、教学时空、教学方式等在内的方方面面的整体性变革。

第二节　理论研究反思

理论引领实践,可以说恰当的理论会对教学实践起到促进作用,而不恰当

---

①② 吴康宁.信息技术"进入"教学的四种类型[J].课程・教材・教法,2012,32(2):10-14.

的教育理论难以引导教学走向深层次变革。本节对已有理论研究成果的合理性作了肯定，并从整合的思维方式、研究取向和研究视角三个方面进行了适当反思。

（一）思维方式有待拓宽

1. 国外相关研究

自 20 世纪 90 年代以来，国外学者对信息技术与课程整合开展了大量研究，在国际会议和期刊上发表了大量文章。其中，有两部重要著作被公认为系统、完整地论述了信息技术与课程整合的理论与方法。它们分别是《美国教育技术 CEO 论坛的第 3 年度（2000）报告》和《教育技术整合于教学》[①]，这两部著作主要涉及的内容如下。

（1）信息技术与课程整合目标、内涵的研究

美国教育技术国家标准（NETS）的观点认为，"把技术作为一种工具融进课程，促进学生对某一知识范围或多学科领域的学习。技术应该像其他所有可能获得的课堂教具一样成为课堂的内在组成部分"[②]。在信息技术教育应用初期，这是一种普遍的认识，即把信息技术作为一种有效的学习工具、学习手段加以利用开发，以便促进学生的学习和教师的教学。

《美国教育技术 CEO 论坛的第 3 年度（2000）报告》指出，整合的目标是"培养具有 21 世纪能力素质的创新人才"，整合的内涵是"创造生动的数字化学习环境""……为了创造生动的数字化学习环境，培养 21 世纪学生的能力素质，学校必须将数字化内容与各学科课程相整合"[③]。

（2）信息技术与课程整合途径和方法的研究

为了帮助广大教师解决如何有效实施信息技术与学科教学整合的问题，有学者对此开出了"处方"，提出了如下有效整合的步骤与方法。步骤 1，确定

---

①③ 何克抗.对美国信息技术与课程整合理论的分析思考和新整合理论的建构[J].中国电化教育，2008(7):1-10.

② ISTE.美国教育技术国家标准（NETS）[EB/OL].[2018-05-20]. http://www.iste.org/standards.

教育目标,并将数字化内容与该目标相联系;步骤 2,确定课程整合应当达到的、可以被测量与评价的结果和标准;步骤 3,依据步骤 2 所确定的标准进行测量与评价,然后按评价结果对整合方式作出相应调整,以便更有效地达到目标。①

罗布耶给出了不同教育思想指引下的三种主要整合模式:以教师讲授为主的"主导型模式"、以学生自主探究为主的"建构型模式"以及教师讲授与学生探究相结合的"混合型模式"。②

2. 国内相关研究

自 2000 年以后,国内有关信息技术与课程整合的研究开始增多,理论成果逐渐丰富,其中包括"对信息技术与课程整合的必要性、内涵、作用等方面的探讨,信息技术与课程整合的目标、层次、方式方法、环境建设、实施注意事项等方面的探讨,以及信息技术与课程整合影响因素的分析"③等,主要观点概括如下。

(1)单向整合说

这种观点对我国当时的教育信息化实践起到了重大指导作用。一方面,站在信息技术的角度,根据技术的发展和特性改造课程,开创课程信息化阶段;另一方面,站在课程的角度,重点观照在课程创新中如何更好地开发和利用技术,或者将信息技术作为课程开设,开展信息技术课程化的研究阶段。例如,有学者立足课程,提出了"信息技术与课程整合应立足新课程理念,将信息技术作为学习对象、学习工具与教学工具的三大功能统一起来,共同服务于课程各方面的系统处理和实施"④。

(2)双向整合说

有学者对各种单向整合理论作了分析总结,提出了双向整合说,认为"整合实质上可以分为几个层面,包括课程信息化、信息技术课程化以及新的信息

① 何克抗.信息技术与课程深层次整合的理论与方法[J].电化教育研究,2005(1):7-15.
② 罗布耶.教育技术整合于教学[M].西安:陕西师范大学出版社,2005:2-14.
③ 黄德群.十年来我国信息技术与课程整合研究的回顾与反思[J].电化教育研究,2009(8):86-89,94.
④ 刘儒德.对信息技术与课程整合问题的思考[J].教育研究,2004(2):70-74.

化课程形态,其本质是一种基于信息技术的课程研制理论和实践"①。双向整合说综合了单向整合说的各种观点,提供了更进一步的整合方案。

（3）教学结构说

在整合说之后,我国教育技术领域的著名专家提出了教学结构说,认为"信息技术与课程整合,就是通过将信息技术有效地融入各学科的教学过程营造一种信息化教学环境,实现以新型的教与学方式变革传统教学结构,建立以学为中心的教学结构"②。这一观点对"教学结构"的不足进行了批判,为后来的研究提供了新的思路和启示。

（4）信息文化说

为了进一步拓展技术作用于课程的研究视角,有学者从文化学的角度探讨技术对课程的影响,提出"教育信息化是信息时代教育改革的必然结果,教育信息化是一种崭新的教育文化实践",认为"信息化课程文化是信息环境下教育文化的重要组成部分,课程既是文化的载体、文化传播的内容也是文化实践的过程",探讨了教育技术与学科整合的目标和意义,给出了若干课程整合模式。③也有学者提出,"从信息技术的文化视角来看,课程改革应从信息技术工具论转向信息技术文化论",认为"改革的目标是信息化课程和课程信息化"④。还有学者在其博士论文中分析了技术教育化过程中出现的课程文化转型问题,提出了立体化课程的思路,倡导将现实课堂与虚拟教育进行联通,构建网络学习共同体等课程改革的建议。⑤

以上研究成果对我国当时的教育信息化实践起到了重大指导作用。一方面,研究从信息技术的角度出发,根据技术的发展和特性改造课程,开创了课程信息化阶段;另一方面,研究站在课程的角度,重点观照在课程创新中如何更好地开发和利用技术,或者将信息技术作为课程开设,展开了信息技术课程化整合阶段。

---

①④　黄甫全.试论信息技术与课程整合的实质及基本原理[J].教育研究,2002(10):36-41.
②③　何克抗.信息技术与课程深层次整合的理论与方法[J].电化教育研究,2005(1):7-15.
⑤　刘成新.整合与重构:技术与课程教学的互动解析[D].南京:南京师范大学,2006:1-15.

正如已有研究所指出的,"课程技术化"和"技术课程化"都是一种单向整合,接下来会进入信息技术与课程"双向整合"的阶段。① 当我们围绕"双向整合"开展工作时,这种整合思维方式逐渐暴露出了自身的局限——"整合"容易将信息技术和课程对立起来,从而导致二元论思维的出现。这种思维方式将信息技术与课程预设为两种不同的事物,并努力寻求两者间的结合方式,以致深陷技术与课程之间而不断摇摆:或致力于技术的开发与应用,或聚焦于课程形态的变换与更新。

这种二元论思维是一种西方哲学认识论方式,具有悠久的历史。它虽屡遭诟病,但从未终结,直到今天依然困扰着人们的思想和行动。二元论思维的主要症结在于把对事物整体的认识还原为对事物要素的认识,而忽视了对事物复杂性的理解,其"两分"逻辑容易使人将两种事物对立起来,用静态的眼光看问题。因此,这种二元"整合"观造成了两种后果。一是预设了一个前提假设,假定信息技术与课程是相互"对立"的。在这种前提假设下,整合只能是单向的或者双向的,始终在"怎么操作"上兜圈子,不能跳出已有框架,站在更高层面思考问题。二是对工具理性过分追求,忽视了更为本质的价值理性。实际上,工具理性虽是不可或缺的技术手段,但不能与价值理性的方向背道而驰,目的与手段两者不可分割,缺一不可。

面对复杂的教育实践,用这种单向的、简单化的认识逻辑看问题,所产生的认识结论可能难以对教育实践产生良好的适切性。比如就课程信息化而言,单从字面上看,可以理解为一个含义比较丰富的概念,但它实质上是非本质的,往往成为一种形式上的信息化。随着整合的进一步强化,对这种形式上信息化的认识会造成课程人文意义的逐渐缺失,从而慢慢吞噬当代课程变革的文化品性,以致其无法向更高、更深层次发展。

因此,我们需要跳出主体与客体对立、技术与课程对立的认识论框架,突破这种二元、静态的课程变革思维,用关系思维、生成思维重新认识学生、技术

---

① 黄甫全.试论信息技术与课程整合的实质及基本原理[J].教育研究,2002(10):36-41.

与课程教学三者间的关系。与此同时,随着信息技术内涵的进一步扩大,它必将加速对社会文化的进一步解构和重构,作为手段的技术终将成为整合人、技术与文化的重要力量。

(二)研究取向有待拓展

从学科起源来看,教育技术学发源于美国,在我国的发展不过是近三十年的事情。我国的教育技术学虽然经过了多年建设,但在基础理论方面还不是很成熟,研究取向深受美国教育技术理论的影响。例如,美国教育技术学的1994定义在我国一直具有较大的影响力。美国教育传播与技术协会在定义中采用了"教学技术"[①]这一术语,与"教育技术"一词同义使用,1994定义强调了教育技术的研究对象是"学习资源和学习过程",研究范畴是"设计、开发、应用、管理与评价"。从定义中可以看出,教育技术对课程领域缺乏应有的关注和探究。沿袭这一传统,国内教育技术学者更多地关注课堂教学、教学设计、学习环境与资源开发等领域的研究,较少涉及课程文化、课程理念、课程知识观、课程设计与实施等领域的研究。也就是说,我们更多地关注在既定课程下"怎么教"的问题,而忽略了对"教什么"和"怎么教"相结合的研究。

从课程论的角度来看,课程论与教学论学者一般认为影响课程的主要因素是社会、知识和学生。在对"社会"因素的讨论中,强调"社会意识形态、政治经济制度和社会生产力对课程的综合作用"[②]。技术对社会以及课程的影响历来没有得到足够的重视,从目前所及的课程论著作来看,鲜有著作专门论述技术对课程产生的影响。

长期以来的这种集体无意识,导致了教育技术学者对课程研究主体意识的缺失,教育技术与课程教学似乎成为两个互相独立的领域。如今,教育技术的理论与实践领域不断扩大,再把教育技术等同于教学技术,或者混合使用的弊端显而易见——它窄化了教育技术研究的范围,弱化了教育技术研究的多

---

① Seels B B, Richey R C. Instructional technology: The definition and domains of the field[M]. New York: IAP, 1994.

② 廖哲勋,田慧生.课程新论[M].北京:教育科学出版社,2003:59.

学科理论基础,不利于对技术变革教育这一主题的探索。

(三)研究视角有待转换

当今社会的发展瞬息万变,信息技术对教育教学产生革命性影响的观念,已被大多数人所认同。教育学者们从多个视角,就信息技术对课程教学的影响展开了研究,得出了一些有益的结论。从把信息技术当作辅助工具,到当作学习资源、学习环境,再到当作教学方式,学者们对信息技术角色的认识逐步加深,并试图冲破信息技术单纯工具角色的限制。然而,多数研究依然受限于解决"如何"利用技术"提升"原有教学效果的研究框架,显然还是狭隘地理解了技术的内涵,把技术当成"辅助"角色和"实体"角色。在这种认识下,必然带来技术地位的"低下"以及技术与课程的二元"对立",技术继续充当主体认识客体的手段,难以摆脱"工具"或"方法"的角色定位。

为了拓展技术驱动课程变革的研究视角,有学者站在文化学的角度探讨技术对课程的影响,提出"教育信息化是信息时代教育改革的必然结果,教育信息化是一种崭新的教育文化实践",认为"信息化课程文化是信息环境下教育文化的重要组成部分,课程既是文化的载体、文化传播的内容也是文化实践的过程",探讨了教育技术与学科整合的目标和意义,给出了若干课程整合模式。[1] 也有学者提出,"从信息技术的文化视角来看,课程改革应从信息技术工具论转向信息技术文化论",认为"改革的目标是信息化课程和课程信息化"[2]。还有学者在其博士论文中分析了技术教育化过程中出现的课程文化转型问题,提出了立体化课程的思路,倡导将现实课堂与虚拟教育联通,构建网络学习共同体等课程改革的建议。[3]

从信息技术的文化视角探讨信息技术对课程的影响,显然拓宽了我们的认识思路,表明学者们已试图突破二元论思维,从更高层面把握信息技术与课程的关系,给出了信息技术文化、课程文化转型以及构建立体化课程等新观

---

① 陈晓慧.关于教育信息化的文化审视[D].吉林:东北师范大学,2005.

② 谢康,陈丽.论信息技术文化视野下的课程改革[J].中国远程教育,2005(6):25-28,78.

③ 刘成新.整合与重构:技术与课程教学的互动解析[D].南京:南京师范大学,2006.

点。这些研究对信息技术文化、课程文化、课程整合等问题进行了探讨,但已有研究整体上还不够系统,研究的深度和广度也需要进一步拓展。例如,"技术与社会文化变迁是何种关系?""文化变迁又如何导致课程变革?""课程文化变迁的历史发展进路如何?"等问题还有待于进一步探索。

对以上三点研究现状的概括分析表明,一方面多年来学者们在对信息技术与课程关系的认识上,仍然频遭二元论思维的困扰,容易将复杂的课程整体还原为简单的课程要素,徘徊在如何"操作"的层面上难以自拔。另一方面教育技术学领域长期致力于改善教学过程与学习过程的学者缺少对课程与教学整体系统性变革的考量,这种研究取向的背后也折射出二元论思维的影响。更进一步说,所有问题的实质是大多数学者习惯于停留在二元论思维的话语体系中,通过提出"如何"的策略和模式引导教育实践的方向和方式。实践者便自然而然地把技术当作一种"局外"的手段来提高教学效率、改善教育效果,最终忽略了我们试图改善的"教育"或"课程"本身所发生的运动与演变逻辑。显然,信息技术与课程的关系需要被重新定义。对于技术驱动课程变革教学逻辑的研究,应该受到越来越多的关注。事实上,当今信息技术的飞速发展和普遍应用,正促使人类社会从工业文明进入信息文明。反映在教育领域,则集中表现为信息文化的形成及其引发的课程文化变革。在这一背景的观照下,信息技术引发课程变革的历史使命无疑就是信息时代课程文化范式的转型,课程变革实质上就是课程文化的变迁与创新。

因此,本书的理论意义在于适当拓宽技术驱动课程变革的研究思路,跳出静态、二元的思维束缚,站在社会文化变迁的宏观视野之上,以历史与逻辑相统一为原则,以社会文化变迁的历史进程为线索,揭示技术驱动课程变革的内在逻辑,提出技术—课程发展演变的分析框架,为技术驱动课程变革当下的困境寻找可能的出路,并提出当代课程文化范式下课程设计的模式。其实践价值在于贯彻落实国家关于教育现代化和教育信息化的总体规划,使当前课程与教学改革实践获得更多理论的指导,从而引导中小学有效开展教育信息化与课程教学改革工作。

中　篇

技术驱动课程变革的文化逻辑

第三章 技术驱动课程变革的文化转向

前文提到,技术与课程的二元论思维认识必须发生转变。从更宏观的视野来看,技术进步给社会政治、经济等各领域带来了巨大变化,但最根本的变化是触及人们思想观念的社会文化的改变。从文化的视角重新审视技术与课程,可能会给我们带来更多的启示。

文化是人类社会特有的现象,是人类社会实践的产物。对文化的认识,可以从广义和狭义、宏观和微观、时间和地域等维度把握。广义文化包括人类社会创造的一切物质、制度和精神财富,狭义文化主要指精神层面的文化。宏观文化是指整个社会的文化,主要反映当下社会共同的、本质的文化属性,微观文化可能涉及各个领域、行业或地域的文化,这些文化各有其特点,但一般不会脱离社会宏观文化。从时间和空间的角度考察文化,主要是指在不同的历史时期,文化是不同的,每一历史时期的文化具有独有的特征;同一历史时期的文化,因为地域的不同,也会出现一些独具特色的地域文化。

本书不试图无所不包地讨论人类生活的所有文化场景,因为人生、文化、社会无时无刻不处在不断变化之中,每一个人都处于独特的文化情境之中而各不相同。因此,本书针对人们共享的文化场景进行研究,以便讨论文化与技术的关系、文化与课程的关系,以及文化变迁给教育变革带来的影响。

第一节 文化视角下的技术

从文化视角看技术,就是探讨文化与技术的关系。本节主要论述文化对技术的引领作用、技术对文化的基础作用,以及两者之间的一体化关系。

一、从文化视角看技术

从广义文化和狭义文化来看,广义文化是指人类后天习得的,被一定的社会群体所共有的一切事物。它阐释了人的本质,使人区别于与其他生物,是人类对自然环境进行改造的结果。一般来说,广义文化包括三个层面:物质层面、制度层面和精神层面。[①] 狭义文化主要指广义文化的精神层面,是一定社会群体所共有的观念和价值体系。

从文化视角看技术,就是用文化的标准,文化的结构、功能等来衡量技术。单从狭义文化看技术,似乎两者格格不入,技术应该被排除在文化之外。若从广义文化看技术,技术又成了文化的必然组成部分,是人类借以改造自然的重要武器。

然而,这种看技术的方式是一种传统的技术观。其仅仅把技术看成一种物质形式,如技术就是工具或机器。事实上,技术已经深入人的生产、生活和思想观念,它不仅指类似机器那样的器物,更重要的是,它还包括技术制度、技术规范和技术意识形态。也就是说,技术具有类似文化的三层结构:器物层、制度层和观念层。

在技术中,工具、机器、设备等属于器物层,技艺、方法、原理、规则等属于制度层,知识水准、风俗习惯、价值观念等属于观念层。此外,从生产力—生产关系的角度来看,技术不仅仅是第一生产力,还包括生产关系和意识形态,其分别体现为技术制度和技术理念。

由此,文化视角下的技术是由技术器物、技术制度和技术观念组成的"技术文化"。也就是说,技术不仅仅表现为有形的物质属性,还体现为无形的文化属性,它以"技术文化"的方式存在和发展。其实,"技术文化"有着悠久的历史,古代技术已经具备了文化属性。例如,古希腊时期的"技艺"(techno-culture)是一种技术和艺术的综合体。对此,日本学者白根礼吉和我国学者

---

① 衣俊卿.文化哲学十五讲[M].北京:北京大学出版社,2015:1.

王海山都表达了类似的观点,认为"技术文化是从技术的角度对人类的生活方式和进化过程进行描绘,并借此解释人类社会的各种文化活动和现象",是"以技术为本源考察各种文化联系"[①②]。

"技术文化"中的技术器物、技术制度和技术观念三个层次之间紧密联系、相互作用。技术器物的生产与使用,需要技术制度的管理和思想观念的指导,其背后凝结着一定的制作规范、管理制度、审美价值和民族特色。正如日本技术学者森谷正规所说的,"日本技术具有民族特点⋯⋯技术工业产品都是一个国家的产物"[③]。处于中间层的技术制度,一方面作用于技术器物,另一方面受技术观念的控制,而隐性的技术观念则是以技术器物和技术制度的形式显现。可见,技术器物处于"技术文化"的最表层,技术制度位于中间层,技术观念则处于最深层。因此,"一定的器物层体现了制度层的影响,也凝聚着社会心理层的价值观念"[④]。技术文化的三个层次是作为一个整体出现的。

据此,对技术变迁或转移的研究便有了新的视角。既然文化视角下的技术是一种文化(技术文化),那么技术变迁或转移实际上就是一种文化的变迁或转移。也就是说,它不仅是某种技术商品或产品的简单转移,还包括与之相关的技术理念和技术制度的转移。可见,技术对社会各领域和教育的影响远不止有形技术的应用那么简单,它必然包含新的技术理念和制度规范。事实上,历史上每次重大技术变革都会同时带来社会形态和价值观念的变迁。后文将就此部分作专门论述。

此外,从文化视角看技术,还可以避免因技术与文化的分离导致技术工具理性膨胀,以及避免技术脱离人类社会生活发展的方向和目的,从而走向对人类社会发展不利的境地。因此,技术要在文化的指引下,确保自身始终沿着可持续发展的道路前进。

---

① 王海山.技术论研究的文化视角——一种新的技术观和方法论[J].自然辩证法研究,1990(5):25-32.

② 本田财团.技术与文化的对话(日文版)[M].东京:三修社,1981:33.

③④ 康荣平.建立具有中国特色的技术体系—技术民族性和民族化初探[J].自然辩证法研究,1986(1):48-53.

二、从技术角度看文化

诚然,文化孕育着技术,是技术产生的源泉。一种新技术的产生,必须从其自身所处的文化出发,新的技术理念和技术价值观要从生活文化中产生。从某种程度上说,文化规定着技术,文化创造了技术。

从技术的角度来看,文化不只是技术产生的源泉,它同时还是技术活动的过程和结果。技术发明在使用的过程中,与文化在思维模式和行为方式上达成一致,以技术方式和技术规范为基础,衍生出一套与文化相适宜的运行机制和操作规范。

如果说从文化角度看技术,技术具有与文化相同的层次结构,那么从技术角度看文化,文化在形式和内容上与技术都是相融的。文化实体或文化器物几乎是技术的产物或者说技术的物化形式;而现代社会的文化制度和文化价值理念则依附于一定的技术手段和技术关系,是以技术制度和技术理念为基础生成的。古代的文化制度虽然在形式上看起来与技术相分离,但实质上其是人类在从事技术性劳动过程中逐渐形成的一种劳动生产关系和技术关系。文化观念或意识形态虽然是内隐的,但人们的思想意识和观点是在物质生产活动、技术方式与技术关系之上升华而成的。从这个意义上说,海德格尔认为新时代技术的本质是"座驾",技术是人类得以生存和发展的容器;通过它,人类不断建构着自己和世界。[①] 这意味着技术与文化的关系出现了根本性转折,技术支配着文化,新时代文化的本质是技术本质。技术视角下,现代社会的人类文化主要依靠技术来塑造。离开技术,文化就失去了坚硬的骨骼(即技术器物)和理性之光(即技术理念)。

在不同的技术时代,主导社会的技术规则和规范势必随着技术的进步而发生变革。自工业革命以来,技术以迅猛的速度发展,推动社会经济结构、政治结构以及文化结构发生变革。大部分国家在技术的推动下纷纷进入市场经

---

① 吴国盛.海德格尔的技术之思[J].求是学刊,2004,31(6):8.

济社会,社会治理方式也从人治社会走向法治社会。此外,随着技术应用范围的不断扩大和应用力度的持续加大,新的自然物不断被纳入人和社会的需要之中,新的人造物不断改变人的预期。因此,主客体间的价值关系在不断地扩大和加深,技术的发展不断地改变价值构成和价值关系,最终改变价值观念。

当然,在用技术的眼光看待文化时,我们要避免走向技术统治论或技术决定论。技术视角下的文化并不能涵盖文化的全部内容和全部性质,一个民族经过长期积累形成的民族情感、价值观和道德伦理等,仍然具备一定的独特性和稳定性。因此,技术视角下的文化虽然受其推动、发展和变革,但也不能完全由技术控制,否则就会失去文化在技术和社会发展中的主导作用。

综上,文化视角下的技术受控于文化,技术视角下的文化又依赖于技术,这生动地体现了两者之间的密切关系。这种关系不仅体现在技术与文化的相关概念中,而且还体现在技术与文化的一体化关系中。

三、技术与文化的一体化

如前所述,文化与技术具有相同的结构,因此两者的结构是一体的。除此之外,文化与技术在起源、性质与主体等方面也是一体的。可以说,两者同源同构、同质同体,由此构成了一个有机整体。

文化与技术同根同源,两者的起源是一体化的。一方面,技术源于人手,有学者曾把人手称之为"原初技术",人手的产生又迈出了"从猿转变到人的具有决定意义的一步"①。另一方面,文化又是人的文化,人与文化的起源是统一的。由此,文化与技术共同起源于猿转变为人的过程,它们相互交织,成为一体。技术创造文化,并通过语言、智力促进文化的发展,而文化的发展和繁荣反过来推动技术的发明创造。

文化与技术在性质上也是一体的,两者具有共同的自然属性和社会属性。除此之外,两者在民族性、超民族性、区域性、超区域性、时代性、超时代性等方

① 恩格斯.自然辩证法[M].中共中央马克思恩格斯列宁斯大林著作编译局,译.北京:人民出版社,1984:295.

面具有相同的性质。

人是文化与技术的共同主体。古代社会的技术主体与文化主体紧密结合。近代社会以来，随着劳动分工和专业细化，技术主体的角色凸显，导致了技术主体与人文主体分离的趋势。但从本质上说，专业分工并不能分离技术与文化，技术专家与人文专家只是分工不同，他们必然是技术与文化的复合主体。

文化与技术在过程上是一体的，它们在各自发展的过程中，相互交织、相互影响、相互制约，形成一个动态发展的过程。在人类社会发展史上，文化与技术共同经历了从原始社会到农业社会再到工业社会的重大转移，两者互动发展、交融存在，一部文化史也就是一部技术史。此外，技术在转移和变迁的过程中，必然伴随着技术文化的传播，从而促进了异文化之间的交流和融合，进一步推动了整个人类技术与文化的一体化发展。

当然，文化与技术的一体化并非指两者完全相同，而是指两者在本质属性和表现形态上，既有联系又相对独立，是一个对立统一的整体。

四、"技术—文化"系统

前文分析了技术文化论和文化技术论，并论证了技术与文化的一体化。这些都表明，没有离开技术的文化，也没有离开文化的技术。技术离开了文化，就失去了发展的目的和方向；文化离开了技术，就没有存在的基础和发展的动力。只有两者相互交融，才能达到技术与文化的可持续发展。

有学者提出了"技术—文化"系统的概念，对技术与文化的这种紧密关系进行了科学的概括和表达。[①] 其中，引号表示两者是一个统一的整体，中间的连接号表示两者的相互独立性。该系统中的"技术"就是技术文化论中所指的"技术文化"，系统中的"文化"既包括"技术文化"所有的特质和内容，也包含其他广义文化所指的内容，如宗教、道德、伦理等方面。该系统既确定了技术在

---

① 张明国.耗散结构理论与"技术—文化"系统——一种研究技术与文化关系的自组织理论视角[J].系统科学学报，2011(2)：6.

文化中应有的位置和可以承担的角色，避免了用技术替代文化的技术决定论倾向，又排除了以文化统治技术的文化统治论偏见，对技术与文化的关系作了科学客观的解释。

该学者认为，系统的意义在于为深入研究技术与文化的关系提供了系统科学的思维方法。[①] 也就是说，该系统不仅阐明了技术与文化之间既相对独立又相互统一的一体化关系，还进一步表明了这种关系是一种互动的有机整体。此外，该系统具有开放性，与其他系统在技术、文化方面不断进行物质和信息的交流。

总之，"技术—文化"系统的本质是开放性，尤其在现代社会，其开放性特征更加明显。系统内部的新技术不断被发明更新，产生了新的技术物质以及相应的生活方式和思想观念，由此产生的新的文化特质打破了该系统原有的平衡。因此，该系统有时处于一种非平衡的状态之中。处于非平衡状态的"技术—文化"系统内部的诸要素之间发生非线性作用，促使系统发生"涨落"，从而形成新的有序结构。因此，"技术—文化"系统具备了耗散结构的条件要求，可以被认为是耗散结构系统。用系统科学的理论方法阐释技术与文化之间非线性交互作用的关系，有助于我们对技术与文化的变迁作出更深入的分析和探讨。由此，我们可以将技术与文化的关系概括如下。第一，技术以"技术文化"的角色存在于文化之中，技术的进步不断推动文化向前发展，而文化又以技术为基础，对技术的发展起引领作用。第二，没有离开文化的技术，也没有离开技术的文化，两者彼此联系又相互独立，是一个有机整体。第三，技术与文化的相互作用最终形成了"技术—文化"系统，该系统内的诸要素间发生非线性作用，可以看作一个耗散结构系统。

---

① 张明国.耗散结构理论与"技术—文化"系统——一种研究技术与文化关系的自组织理论视角[J].系统科学学报，2011(2):6.

第二节　文化视角下的课程

从文化的角度来看,课程是一种具有教育目的的特殊文化,课程变革或改革的本质就是课程文化的变革。本节分析了课程文化工具观和课程文化主体观这两种观点,在课程文化构成的基础上,给出了课程文化范式的概念,进一步厘清了社会文化与课程文化、课程变革的关系。

一、课程的文化本质

如前所述,广义文化不单指社会群体所共有的知识、观念和价值体系,它包括人类物质生产和精神生产的全部产品。[①] 总结文化的众多定义和描述,可以概括文化五个方面的特征。一是人为性,文化是人的文化,是人对生活环境发挥主观作用的结果;二是过程性,文化产生于人与客观世界相互作用的过程之中;三是多样性,人的实践活动方式是多样的、复杂的、多元的;四是人类性,文化既是精英创造的,也是大众创造的,文化由全体人类共创共享;五是发展性,文化处于不断地发展变化之中。[②] 可见,文化来源于真实的生活世界和真实的人类活动。

文化传承导致了教育和课程的产生。人类为了生存发展、适应恶劣的自然环境,需要教授后代维持生存、改造自然和发展社会的经验、方法以及知识等文化成果,学校教育和课程便由此产生。从文化传承的角度来看,学校教育和课程最直接目的是让年轻人继承文化并进一步发展文化。

从课程与文化的关系来看,课程是一种具有教育目的的特殊文化,课程本质上就是人类在特定时空的文化表现。它具有鲜明的时代特征和区域特色,受文化内在规律的制约。"文化造就了课程,文化作为课程的母体决定了课程

---

① 姜守明,洪霞.西方文化史[M].北京:科学出版社,2004:7.
② 母小勇.论课程的文化逻辑[J].教育研究,2005(11):59-65.

的文化品性,并为课程设定了逻辑规则和范畴来源。抛开文化,课程就成了无源之水、无本之木。千百年来,课程完全遵循社会文化的道路嬗变,追随社会文化潮起潮落。"①从本质上讲,课程天然具有文化品性,是文化的一部分。由此,可以将课程看作以课程形态存在的文化,即"课程文化"。课程要达到真正的变革,必然涉及其文化品性的变迁。

课程与文化紧密相连,承担传承文化的使命。然而,课程不仅仅是一种传承文化的工具,同时也是一种文化实在。忽视课程文化的主体性,将导致师生主体性和主动性的缺失,形成一种静止的、被动的文化氛围,从而使得教育文化和课程文化的发展停滞不前。只有超越课程文化工具论,走向课程文化主体论,才能彰显课程的文化本质。

(一)作为文化工具的课程

工具论的课程文化观认为,课程就是对已有文化进行复制和传递。维护与保存已有文化是其使命,表现出对既有文化的充分承认和肯定。如何精选文化成为工具论的课程文化观主要的研究内容,近代课程理论明显具有这种特征——"什么知识最有价值"一直以来是现代课程的提问方式。美国课程论专家泰勒提出的"目标模式"仍然是现代课程设计与开发遵循的主要模式。"目标模式"课程编制的标准步骤是"确定教育目标""选择学习经验""组织学习经验"以及"评价学习经验",泰勒原理深受工业化生产方式的影响,试图将课程编制看作一个理性化、规范化的过程,追求一种普适性和价值中立性。然而,这种标准化的、普适性的课程开发方式同时也带来了一些弊端。在追求简约化、规范化、标准化的过程中,学校课程的某些主动性和创造性被压抑,课程成为文化复制的工具,无法积极主动地参与和创造文化。由此,学校课程逐渐变成失去主体地位的工具。

从文化学的理论来看,人类文化的传递方式可以分为三种:前喻文化、并

---

① 郝德永.走向文化批判与生成的建构性课程文化观[J].教育研究,2001(6):61-65.

喻文化和后喻文化。① 前喻文化主要指后辈向前辈学习,将前辈的经验和过去的文化看成一种理所当然,后辈在成长过程中必然接受前辈传承下来的一切,这时的文化传递方式体现为自上而下的单向传递。因此,前喻文化具有相当的稳定性和程式化,同时也限制了文化变革和文化创新的可能性。

工具论的课程文化观与前喻文化相契合,课程由从文化中精选出来的知识构成,这种知识就是前喻文化中的前辈经验,具有一定的权威性和正当性。课程实施就是对这些知识进行传递的过程,教育者是文化传承的搬运者和复制者,受教育者就是无条件的接受者和容纳者。在这种工具论的课程文化观下,学生无疑缺乏怀疑精神和创新意识,对自己文化创造者的身份以及自身存在的价值缺乏认识和领悟。学生主体性的缺失必然带来文化主体性的丧失,这种文化主体性的丧失又限制着课程作为一种文化实在的创新和发展。由此,文化的发展与课程文化的发展都被限制在一个封闭的系统中运行,发展缓慢。

在传统教育中,这种工具论的课程文化观根深蒂固。课程的功能依然侧重知识的教授和文化的继承。教师、课堂和教材成为学校课程教学的三中心,教师忠实地传递教材,学生虔诚地接受知识,缺乏对课程的批判性分析、理解和变革。在这种环境下,作为课程主体的师生缺乏文化创新的意识和能力,课程不断走向封闭和衰落。因此,重新审视课程文化的本质,建构课程文化的主体性,对教育和课程的良性发展意义重大。

(二)作为文化主体的课程

从课程与文化的关系来看,课程既是文化传承的手段,又是一种文化特质,其自身是文化的一部分。从教育实践来看,我们往往过于注重前者,忽视后者。因此,强调课程文化的主体性,并不是否定课程文化工具性的存在,而是矫正单一的工具论的课程文化观,还课程文化以真实的面目。

课程文化除了具有工具性外,还有着自身的主体性。从本体论意义上认识课程文化,有利于课程文化从"自在"状态走向"自为"状态,有助于文化的建

---

① 米德.文化与承诺:一项有关代沟问题的研究[M].周晓虹,周怡,译.石家庄:河北人民出版社,1987:7-10.

构与发展。文化成为课程与教学的出发点和归宿点,课程的本质是对文化的建构、发展和创新。课程的使命由单一地复制和传递文化,转向了发展和创新文化,以及关注人的发展和价值实现。

在主体性的课程文化观下,人的主体性得到解放和凸显,人的发展与文化的创造融合统一。"人的主体性发挥是文化发展和创新的必然条件,当人意识到自己存在者和价值实现者的身份时,他才真正成为价值主体。"①在这种意识的引导下,人就会将自我价值的实现与外部世界联系在一起,主动谋求文化建构和文化创造。当旧文化不能满足人的价值需要时,他们必然努力改变所处的文化环境,推动文化向前发展。因此,人的主体性的彰显和人的文化意识的觉醒是文化发展与创新的关键。

主体性的课程文化观与并喻文化、后喻文化相契合。如前所述,我们知道前喻文化是一种稳固的发展缓慢的文化类型,这种文化既限制了文化主体的怀疑精神和创新意识,也限制了文化的创新。后喻文化则与之相反,其主要指前辈向后辈学习,而并喻文化是指同辈人之间的相互学习。由于现代信息技术的高速发展,信息传递变得更加快捷、开放,知识的权威性被解构。当前辈无法向后辈提供符合时代要求的全新的生活模式时,他们只能根据自己或同辈切身的经历创造全新的生活模式。年轻人善于接受新事物,能跟上社会变迁的步伐,而年长者则趋于保守和安定,在这个新技术推动社会发展的时代,后喻文化的出现成为正常现象。

因此,课程文化有两方面的含义:一是就"课程是文化的载体而言,课程体现一定的社会群体的文化",二是就"课程是一种特定的文化形式而言,课程本身具有的文化特征"②。课程既体现了一定社会群体的文化又体现了课程本身的文化特征,前者课程是文化的载体,后者课程是一种文化形式。从课程文化的定义来看,课程不仅是文化的载体,还是一种文化主体,是教师与学生互动的产物。

---

①② 郑金洲.教育文化学[M].北京:人民教育出版社,2000.

对此,可以进一步认为"课程文化既是一种用文化的眼光认识课程的思维方式和研究方法,也是一种具有实体内容和对象化的文化结构"①。从方法论的角度来看,"课程文化就是课程对文化的选择问题"②。从研究对象的角度来看,"课程是一种文化现象"③。因此,课程不仅是一种文化载体,还是一种文化主体,其文化主体的本质揭示了其真正的内涵。

总之,课程是一个复杂的文化现象。课程的发展变化与其母体文化背景息息相关,从课程文化的角度审视技术、文化与课程的关系,会让我们具有更开阔的视野。如果将复杂的课程整体还原为简单的课程诸要素,那么"整合"只能徘徊在具体方法、手段和组织形式上,无法触及课程的根本目的和理念。如果将信息技术仅看成工具、手段或环境,不考虑其背后深厚的信息文化,整合也只能停留在操作层面,无法上升到文化的高度。局限了认识高度,就不能得窥课程变革的全豹,也就无法真正合理地指导课程变革的实践和发展。事实上,当今信息技术的飞速发展和普遍应用正促使人类社会从工业文明进入信息文明。反映在教育领域,则集中表现为信息文化的形成及其引发的课程文化变革。在这一背景的观照下,信息技术引发课程变革的历史使命,无疑就是信息时代课程文化的重构,课程变革实质上就是课程文化的变迁与创新。

二、课程文化构成与课程文化范式

课程不仅是一种文化载体,还是一种文化主体,即课程文化。本书将从一般文化的结构分析课程文化的构成。在特定时期,课程主体存在普遍认同的课程知识观、价值观以及思维方式等,由此形成了特定的课程文化模式,即课程文化范式。

（一）课程文化构成

关于文化的构成,梁漱溟在《东西方文化及其哲学》中曾把文化界定为"一个民族生活的种种方面",将文化构成概括为物质文化、制度文化和精神文化。

---

①②③　黄忠敬.课程文化释义:一种分析框架[J].学术探讨,2002(1):102-104.

"尽管不同学者对文化构成的划分有不同的方法,但几乎所有文化学研究者在某种意义上都会同意将文化粗略地划分为物质文化、制度文化和精神文化,因为这种划分能够最大限度地涵盖整个文化世界。"①因此,本书也遵循同样的划分方式。如前所述,课程不仅是一种文化载体,还是一种文化主体,即课程文化。因此,从一般文化的结构分析课程文化的构成才能做到全面、合理、准确。总的来说,参考上述文化定义对文化的分类,本书将课程文化分为物质层面和非物质层面,具体又细分为课程物质文化、课程制度文化以及课程精神文化。

课程物质文化主要指课程载体、课程形态和课程环境等,比如传统的教科书、考卷等印刷材料,黑板、课桌、实验仪器等教学设施。在这种传统的学校环境中工作学习,久而久之就会形成相应的实体文化。进入信息时代,课程的实体文化有了明显的变化。例如,印刷材料变成了数字教材,交互白板替代了黑板。此外,智慧教室、数字校园等新的实体设施替代了原有的教学环境;同时,在此之上也产生了新的实体文化。

课程制度文化是指课程制度、课程标准和课程实施等,主要包括教育法律、法规以及学校内部的一系列课程教学规范和准则,比如《教育法》《中小学教师信息技术能力标准》《基础教育课程标准》等。课程制度文化还包括行为文化。行为文化主要指在相应的教学环境和课程制度下,师生逐渐形成的特定的教学模式、学习方式及其他行为习惯等,比如多年来的分科教学、课堂讲授、考试测验等。

课程精神文化是指课程抽象层面的要素,主要包括课程实施背后的知识观、价值取向和设计理念等。比如,"什么知识最有价值?""形式教育与实质教育哪个更重要?""课程的目的是什么?""课程如何设计?"等。

(二)课程文化范式

"范式"(paradigm)这一术语出自库恩的《科学革命的结构》一书,库恩认

---

① 衣俊卿.文化哲学十五讲[M].北京:北京大学出版社,2015:1.

为,科学知识的增长遵循一定的发展模式,即"前范式科学—常规科学—革命科学—新常规科学",而每一阶段可以用"范式"来表示。① 库恩后来又对"范式"的内涵进行了解释,指出"范式"一词接近于"科学共同体"(community of science)②,即从事某一特定学科的科学共同体成员所共有的基本世界观构成一个范式。"范式"理论虽然不是一个严谨的、完整的理论,但它具有独特的认识论和方法论功能。当我们试图判断一个领域的本质特征及其转变时,只需看其是否具有共同的概念、命题和方式等即可。将这一原理运用于文化领域,就引申出了"文化范式"的概念。

文化范式可以理解为:在一定的历史阶段,文化共同体成员所共有的世界观和价值体系,主要包括文化的精神层面和文化的认知方式。文化范式一般反映的是特定历史时期的社会主流文化,其由文化共同体的主导作用决定。文化范式既包含了明确的文化价值取向,也包含了在此价值取向之下形成的文化结构和思维方式。文化范式具有时代性,它随着社会的变革而动态发展。文化范式同时具有一定的区域特征和种族差异,不同的地理环境和族群特点对文化范式的形成会产生一定的影响。

课程文化范式也可以称为课程文化模式,主要指在特定时期课程主体普遍认同的课程知识观、价值观以及思维方式等。这种价值取向和思维方式体现在课程目标、课程内容、课程实施、课程评价等方面。课程文化范式具有稳定性、内隐性的特点,在深层次上制约着课程主体的思维方式和实践诉求。

课程文化范式既不是孤立的,也不是静止的,它深深植根于特定时代的宏观社会文化背景之下,随着社会文化的时代脉搏变动,跟着文化变迁的步伐向前发展。当母体文化发生某种变迁,原有的课程文化范式不能适应课程主体发展的需求时,课程文化便出现了危机。新生的课程文化必然是宏观社会文化的一部分,也必然带来从课程文化理念到课程文化结构等深层次的文化转型。

---

① 库恩.科学革命的结构[M].李宝恒,译.上海:上海科学技术出版社,1980:19,52-53.
② 库恩.必要的张力[M].纪树立,范岱年,罗慧生,等译.福州:福建人民出版社,1981:222-236.

三、课程文化与课程变革

从课程的主体性来看,课程本身就是一种文化,课程变革的本质是课程文化变革。课程不仅仅是一种被动的文化选择,还是一种主动的文化创造。

（一）社会文化与课程文化变革

第一,社会文化为课程文化变革提供背景。无论工具论的课程文化观还是主体性的课程文化观,都有一个共同的基本认识,即课程深深植根于其所处的社会历史环境,生长于一定的区域和种族文化之中。因此,课程变革植根于社会文化之中,是整个社会文化变迁的微观表现。特别是在全球文化日益一体化的今天,各国文化在前所未有的交往、碰撞、磨合的过程中走向融合,任何文化都不可能孤立地生长,文化融合共生成为时代的主题。在多元文化融合的大背景下,思考如何实施课程变革是当代教育改革的时代主题。

同时,我们也不能忽略特定民族、地区的历史文化传统依然对课程变革有着或多或少的限制。霍尔姆斯和麦克莱恩的研究表明,不考虑本民族传统文化的特点,而简单地进行跨国课程移植难以获得成功,民族文化依然对课程变革有着重要的影响。[①] 任何国家在开展课程变革时,都应该考虑本国的国情和文化传统。

第二,社会文化为课程文化变革提供资源。社会文化不仅是课程变革发生的背景,而且为课程变革提供资源。课程是文化选择的结果,这一观点由英国课程论专家劳顿提出。劳顿认为,课程的基础是建立在对文化的合理选择之上,必须有一套科学的筛选原则和过程,这个选择的过程可以称为"文化分析"。[②] 由此,他提出了"文化分析"理论,以清楚地表述文化的价值。有些稳定的社会价值已经在法律中有所规定,还有些价值可能在多元社会中有所争议,需要进一步思考论证。[③] 在这样的价值选择之下,课程的合理性得以

① 霍尔姆斯,麦克莱恩.比较课程论[M].张文军,译.北京:教育科学出版社,2001.
② 张华,等.课程流派研究[M].济南:山东教育出版社,2000:443.
③ 张华,等.课程流派研究[M].济南:山东教育出版社,2000:443.

保持。

在全球化时代,课程文化选择的视野被放大,课程变革在继承本民族精神文化的同时还要吸收世界范围内的优秀文化成果。从民族内部来看,课程变革要关注社会各阶层的文化,尤其在区域间发展不平衡的情况下,还要关注非主流阶层的文化。因此,全球范围内的优秀文化成果、本民族的传统文化积淀、社会内部子系统的文化成就都是课程变革的文化资源。

(二)课程文化变革与课程变革

从课程的主体性来看,课程本身就是一种文化,课程变革的本质是课程文化变革。课程不仅仅是一种被动的文化选择,还是一种主动的文化创造。课程开发不是简单地在文化中寻章摘句,而是在文化中含英咀华,是一个创生的过程。课程变革的本质必然是课程文化的改变,而且课程变革本身就体现了一种课程文化。对此,张华和刘宇提出了"课程中的文化"(culture in curriculum)、"课程的文化"(culture of curriculum)以及"变革的文化"(culture of change)等概念。② 他们认为,"课程具有文化自主性,课程变革就是课程自身的文化变革,课程文化变革必然是社会整体文化变革的组成部分,但同时它也有适度超前或滞后的可能性"③。此外,"变革本身就是一种'文化再造'(re-culturing)的过程,只有转变文化,转变我们做事的方式,才是课程变革成功的关键"④。课程文化变革终将带来面向生活世界的人的新发展。

课程变革就是旧课程文化向新课程文化转变的过程,真正的变革意味着课程文化范式的转型。课程文化范式没有发生转型的课程变革,只能称之为"课程改进"(curriculum improvement)或"课程更新"(curriculum renew),而不能算是真正意义上的课程变革。课程文化范式的转型意味着课程文化整体的变革,包括处于课程深层的课程知识观、人才观等课程精神理念与核心价值的改变,以及以此为指导的课程行为方式与课程制度的转变,还包括处于最表

---

②③　张华,刘宇.试论课程变革的文化问题[J].教育发展研究,2007(1):17-21.

④　Fullan M. Leading in a culture of change [EB/OL]. [2016-01-14]. http://administration. ucok. edu/booksummaries/pdf/LeadinginaCultureofChange. pdf

层的课程制品、形态等物化层面的改变。

四、小结

本节从文化视角出发对技术和课程进行了深入解读,对文化、技术、课程三者的互动关系有了更全面的认识。文化是技术的基础,技术总是以"技术文化"的角色存在于文化之中;技术与文化互为一体,没有离开技术的文化,也没有离开文化的技术,两者既相对独立又相互统一。因此,作为当代技术新形式的"信息技术",理应与"信息文化"互为一体。它常常以信息文化的方式影响社会生活的各个领域,任何忽视信息文化的信息技术应用必将是盲目的。新的社会文化类型是在技术的推动下逐渐生成的,而生成中的文化又反过来制约技术,规定和建构技术的发展方向。

从文化的角度来看,课程变革或改革的本质就是课程文化的变革。我国的课程文化更多的是一种单一的课程文化,而建立多元的课程文化才是新课程改革追求的目标。多年来进行的信息技术与课程整合实践一直未能触动课程变革本质的根本原因,正是我们过于重视形式上的整合,而忽视了深层次的课程文化变革。

至此,信息技术与课程终于在文化中达成"统一",消解了两者的"对立",达成了我们所期待的"融合"。文化并不是静止不变的,文化随着人的繁衍生息及技术创造变化和变迁,我们还需要进一步揭示文化变迁的规律,以及文化变迁如何影响课程文化的转型。

第四章 技术驱动课程变革的
文化动因与分析框架

从文化变迁的视角来看,技术推动社会文化的变迁。课程本质上是一种具有教育目的的特殊文化,课程文化遵循文化变迁的规律而发生改变,课程变革的本质是课程文化范式的转型。我们必须跳出简单化的、二元的、静态的思维束缚,站在社会文化变迁的历史进程之上,从历史与逻辑的宏观视角加以审视和思考,揭示技术变革课程的内在机理。

第一节 社会文化变迁:界定、动因、过程与规律

关于对文化的理解,在第三章中已有论述,这里不再详述。人生、文化、社会无时无刻不在不断变化之中,每一个人都处于独特的文化情境之下。因此,本书只就人们共享的文化场景进行研究,以便讨论不同历史时期的社会文化,以及文化变迁给教育变革带来的影响。

一、社会文化变迁的界定

社会变迁是一个复杂的现象,可以从多个角度来认识和解释。由于学界对社会变迁的理解和评判的标准不同,对社会变迁的研究视角和阶段划分也不同。通常认为,社会变迁可以是经济制度、政治制度或社会结构的变革,也可以指生活方式、价值观念或社会习俗的转变。可见,社会变迁过程中的表象异常复杂。只有充分把握社会变迁的根本内容,揭示其内在发生机制,才能对其有准确的把握。下面我们从多个角度对此进行考察。

　　从经济发展的角度来看,人类社会先后经历了不同的阶段。托夫勒曾用"三次浪潮"对此作了生动描述:他把人类社会历史划分为农业社会、工业社会和现代社会,将农业革命称为第一次浪潮,工业革命称为第二次浪潮,19世纪下半叶以来的现代科技革命称为第三次浪潮。[①] 每一次浪潮的来临就是一次社会变迁的过程,所考察的标准主要是生产方式的变迁。贝尔则根据生产技术的进步程度,将人类社会历史划分为前工业社会、工业社会和后工业社会。[②]两者无疑都把经济看作社会变迁的重要因素,认为生产力、生产方式的转变是社会变迁的实质。

　　政治同样在社会变迁的过程中扮演着重要角色,政治制度的演变成为评判社会变迁的一个不可或缺的标准。诚然,每一次社会变迁必然伴随着政治活动,政治制度的变革是社会变迁的基本标志之一。政治永远是公众关心的议题,政治上的变化会较早地进入公众的视野,比较容易被人们观察和体会。不过,社会变迁绝不仅仅是政权更迭那么简单,只是政治变化引人注意并容易被人把握而已。社会变迁是整个社会从局部到整体的全方位转换,不仅涉及经济、政治等表层结构的转变,还涉及处于社会深层的价值观念的转变,即社会文化的变迁。

　　从文化的角度看社会变迁,容易触及社会的深层结构。斯宾格勒和汤因比曾系统地考察过文化与社会发展的关系,深刻阐述了文化在社会进程中的作用。他们都反对以政治形态为历史研究的基本对象,也反对片面地从经济和政治视角研究人类社会,由此他们提出了文化形态学的方法。斯宾格勒指出文化形态学就是研究各种文化有机体所经历的整个生命历程,在他看来"世界历史就是各伟大文化的历史"[③]。雅斯贝斯曾把人类历史划分为史前、古代文明、轴心时代和科技时代,其划分依据超出了政治、经济的范围,而是基于人的发展和文化的发展。[④]他认为,"文化像生命一样,经历成长、旺盛、衰老和死亡的过程,它是人类独一无二的发展进程,人类文化是历史的躯体,它从蒙昧

---

①② 托夫勒.第三次浪潮[M].黄明坚,译.北京:中信出版社,2006.
③④ 亨廷顿.文明的冲突与世界秩序的重建[M].周琪,等译.北京:新华出版社,1998:129.

的人类原材料中生长出来,有开端也有终结"①。

因此,社会变迁实质上是文化变迁,社会转型主要是"文化范式"②的转型。奥格本的《社会变迁——关于文化和先天的本质》一书对社会变迁作了说明,书中使用了静止社会和变迁社会两个概念:静止社会指社会处于常规期,变迁社会指社会处于转型期。他认为,静止社会中的文化范式没有改变,每代人之间的经济活动、宗教礼仪、价值观念等都是不变的;虽然时有政权更替,人员背离社会规范,但共同的价值规范体系并没有改变,偶尔的社会活动并不是社会变迁。③

社会变迁是新旧文化范式的更替期。在社会变迁发生之前,人们在一个稳定的文化范式中生活,这种旧文化规范着人们的日常行为和思维方式,个体和社会有着共同的价值取向。在社会转型期,已有文化范式出现重大危机,稳定性遭到破坏,社会主导精神价值引发质疑,各种矛盾交织在一起,社会处于一种无序状态。在新旧文化的对抗中,新的文化范式逐渐形成,新文化取代旧文化,逐渐成为社会主流。至此,社会变迁基本结束,又进入了新的常规发展期。

总之,社会变迁意味着对已有文化范式的解构与重构,社会学家和文化人类学家在进行相关表述时,有时用"社会变迁",有时用"社会和文化变迁"或者用"社会文化变迁"等词语。因此,本书使用"社会文化变迁"来表示社会和文化范式的这种转型。

二、社会文化变迁的动因

对于社会文化变迁的动因,存在多种不同的观点,其中主要的观点有以下几种。一是地理说,该观点主要描绘了人类文化进化的分布情况,将人类社会

---

① 杰姆逊:全球化的文化[M].马丁,译.南京:南京大学出版社,2002:4.
② 孙杰远.教育的文化范式及其选择[J].教育研究,2009,30(9):52-56.
③ 奥本格.社会变迁——关于文化和先天的本质[M].王晓毅,陈育国,译.杭州:浙江人民出版社,1989:213.

发展变迁的原因归结为所处的地理环境带来的影响。地理说后来演变为"文化圈"学派。二是种族生物说,主要代表人物有法国的戈比诺、英国的张伯伦等,他们从达尔文进化论出发,将人的生物本性代替人的社会本性。三是心理模仿说,该观点认为某个个体的发明或创造能有效作用于外部世界,因此被同一团体中的其他成员所模仿,久而久之形成某种文化。四是习惯说,该观点认为人是可塑的,常常与自己所处的环境进行调适,当这种应付环境的方式形成一种习惯,一种文化就产生了。五是特殊本能说,该观点认为文化产生于人的特殊本能,如好奇、行动、慈爱等,这种本能与生俱来,是人区别于动物获得文化的能力。

以上种种学说把社会文化变迁的原因或归于地理环境,或归于种族特征、人的本能,以及人与自然相处过程中形成的习惯。它们都在某种程度上强调了人的被动性或自发性,而忽略了人的主观能动性。事实上,马克思的"人的本质是会制造工具的动物"的说法,充分揭示了人的主观能动性,将制造工具(技术)看作人的本质力量的延伸。[①] 如第二章第一节所述,技术、人、文化有着共同的起源,人利用技术不断建构自己的生存方式和文化形态。技术推动社会文化变迁的主要因素可以归结为发明、技术和工艺进步等,怀特曾把文化系统分为三个亚系统,即技术的系统、社会的系统和意识形态的系统。[②] 其中,技术系统发挥基本的作用,技术的发展是文化发展的最终原因。马克思的技术哲学思想与他对人类文化的整体思考是紧密联系在一起的,下面重点从马克思的技术观视角,论述技术作为社会文化变迁动因的观点。[③]

第一,技术进步是文化进步的前提。技术的发明、使用和改进是人类在自然环境中赖以生存的基础,也是文化不断向前发展的基础和前提。"这种活动、这种连续不断的感性劳动和创造、这种生产,正是整个现存感性世界的基

---

① 马克思,恩格斯.马克思恩格斯选集第一卷[M].中共中央马克思恩格斯列宁斯大林著作编译局,译.北京:人民出版社,1995.

② 庄锡昌,孙志民.文化人类学的理论构架[M].杭州:浙江人民出版社,1988.

③ 于春玲.文化哲学视阈下的马克思技术观[D].辽宁:东北大学,2009:56-58.

础,它哪怕只中断一年,……整个人类世界以及他自己的直观能力,甚至他本身的存在也会很快就没有了。"①技术创新和技术扩散是技术进步的重要因素,不断的技术创新是资本主义工业生产的重要保障,资本家只有持续地改进生产技术,才能维持生存。"增加劳动生产力的首要办法是更细地分工,更全面地应用和经常地改进机器。这个规律不让资本有片刻的停息,老是在它耳边催促:前进! 前进!"②

第二,技术进步是文化发展的动力。技术进步推动生产力和生产关系的变革,生产力的提高、生产要素的转换,使生产者之间的关系发生改变,生产条件、生产制度、组织结构等都会发生相应的变革。③ 与此同时,技术进步还会引发社会意识和文化观念的变革。马克思在《共产党宣言》中,详细论述了资本主义生产技术带来的价值观念、思维方式等的变化。

第三,技术进步还可以成为衡量文化进步的标准。生产力的进步促进社会分工的优化,社会分工的进一步发展必将带来社会形态的变化和社会文化的进步。因此,技术进步成为衡量社会进步和文化进步的标准。基于此,马克思对部落所有制、古典古代的公社所有制和国家所有制、封建的或等级的所有制、资本主义所有制以及共产主义所有制等制度形式进行了阐述;同时,他还描述了各种社会制度的文化特征,揭示了技术进步对文化进步的衡量作用。④

第四,技术进步是实现文化进步的必要手段。"只有在现实的世界中使用现实的手段才能实现真正的解放。"⑤马克思认为,技术其实就是这样一种现实的手段。例如,"没有蒸汽机和珍妮纺织机就不能消灭奴隶制;没有改良的农业就不能消灭农奴制;当人们还不能保障基本的吃穿住时,就根本不可能获

---

① 马克思,恩格斯.马克思恩格斯选集第一卷[M].中共中央马克思恩格斯列宁斯大林著作编译局,译.北京:人民出版社,1995:77.

② 马克思,恩格斯.马克思恩格斯选集第一卷[M].中共中央马克思恩格斯列宁斯大林著作编译局,译.北京:人民出版社,1995:358.

③ 马克思,恩格斯.马克思恩格斯选集第一卷[M].中共中央马克思恩格斯列宁斯大林著作编译局,译.北京:人民出版社,1995:344.

④⑤ 马克思,恩格斯.马克思恩格斯选集第一卷[M].中共中央马克思恩格斯列宁斯大林著作编译局,译.北京:人民出版社,1995:74.

得解放"①。因此,在马克思看来,技术进步绝对是文化进步得以实现的必要手段。工业生产的发展和技术的持续进步是引发社会革命的必然因素,而实现人类解放和全面发展的必经之路就是社会革命。

三、社会文化变迁的过程

文化不是一成不变的,而是随着社会的发展发生变迁。"随着时代的发展,当一个社会或群体中的大多数人慢慢放弃旧的行为标准体系,逐渐接受并形成新的行为标准体系时,社会文化变迁就发生了。"②关于社会文化变迁的过程,奥格本从中归纳出了四个要素:发明、积累、传播和调适。③ 这四个要素分别体现了社会文化变迁过程在时间上的演进、空间结构上的转变以及内外部两种发生方式。首先,任何社会文化的变迁都是一个复杂甚至漫长的过程,这四个要素分别出现在社会文化变迁的初期、中期和后期。其次,社会文化变迁的最终结果是旧文化模式被新文化模式所取代,意味着旧文化的内容和结构都要发生整体转变,也就是说,这四个要素既要作用于文化的表层结构,又要作用于文化的深层结构。最后,一种社会文化模式的变迁,既可以基于内在的文化创新的方式来完成,也可以通过传播以外在的文化整合的形式来完成。

在社会文化变迁的四个要素中,发明是指发明新的文化形式,积累是指持久存在的有效用的文化形式,传播是指把文化形式传入新的地方,调适则指完成从局部的社会文化变迁到整体的社会文化变迁。

发明不仅指机器等自然技术的发明,还包括仪式、制度等社会技术的发明。发明既包括基本的和重大的发明,也包括微小的改良或改进。人的需要是促进发明的主要因素,一些发明或发现可能是偶然的,但大多数发明的背后

---

① 马克思,恩格斯.马克思恩格斯选集第一卷[M].中共中央马克思恩格斯列宁斯大林著作编译局,译.北京:人民出版社,1995:74.

② 奥格本.社会变迁——关于文化和先天的本质[M].王晓毅,陈育国,译.杭州:浙江人民出版社,1989:213.

③ 奥格本.社会变迁——关于文化和先天的本质[M].王晓毅,陈育国,译.杭州:浙江人民出版社,1989.

都暗含着某种需要。这种需要是人类作出的选择,既可能因时而异,也可能受特定条件制约。在现代社会,发明的种类和数量越来越多。因此,足够数量的发明就会形成可观的积累。

新增的文化要素多于减少的文化要素,就会形成积累。积累是带来更多发明的基础。例如,只有在重量轻的发动机被发明之后,才能产生飞机,飞机的发明和广泛使用引发交通变革,从而形成现代社会的飞机文化。奥格本用复利来形容发明与积累,即文化积累越多,则发明越多,社会进化也就越快。因此,社会文化变迁是一个加速增长的过程。人类社会最初的积累是借助语言进行的,文字的发明加快了积累速度,现代社会的积累速度更是惊人。虽然人类社会初期的文化积累较慢,有时经过几代人也难以看到文化的变化,但这种积累确实是呈指数级增长的。因此,现代人对文化积累速度的直观感受更深。

然而,不同民族可能存在不一样的文化积累和进化速度。如果一个民族恰好经历某种突变性的文化发明,那么它可能被认为是先进民族。如果另一个具有同等智力水平的民族(如与外界隔绝的偏远地区的民族)正经历缓慢的变化,那么它很可能被认为是落后民族。其实,恰当的解释应该是一个民族的文化积累和进化的速度较快,而另一个民族正在进行缓慢的演进。

总之,文化要素的基础与新发明的数量以及要素积累趋势之间存在一种函数关系,其解释了文明是如何从简单原始的状态发展到今天的状态。文化是在不断积累和增长的观点,比其他观点更符合实际。

当一项发明从一个地区扩散到另一个地区时,传播就发生了。一个民族自身的发明创造对于文化发展来说非常重要,不过即使一个民族或区域没有发明,它仍然可以通过传播的方式从其他地区引进发明。其实,在很多情况下,大多数发明需要通过传播获得。传播与发明同样重要,成功的传播依然依赖这一地区人们的现实基础、需求以及智力情况。当一项发明从一个地区传播到另一个地区时,常常不会直接发挥作用,而是需要与当地的文化进行融合,成为当地文化的一部分。

当一个文化区域吸收了来源于不同文化区域的众多发明后,就会加速本区域的文化进化。借助传播,世界各地的文明得以发扬光大,从而促进世界文化的整体发展。毫无疑问,充分利用传播获得更多的发明,可以大大加快一个文化区域的进化速度。

当文化不同部分的进化速度不一致时,文化各部分之间相互适应的过程就是调适。文化具有整体性,各部分之间相互关联一致,如经济机构与政治组织、家庭与教育、科学与宗教等。有些部分的关系特别紧密,如汽车与交通规则;有些部分的关系则相对疏远,如机器与文学。总之,这些部分的联系就是文化的结构。

由于文化结构各部分间的相关性,当某一部分发生变化时,与之相关的部分也会发生变革。例如,工业机器和工厂的出现,使得社会分工发生了重大变化:妇女脱离了家庭,有了自己的职业;产生了工资、绩效等一系列新制度。可见,文化中某一部分的变化可以引起其他领域的许多变革。

倘若一种文化长期处于平衡状态,不发生任何变革,社会就处于停滞状态。各种文化要素间相处和谐,不存在进化的动力。只有当某一部分出现重大发明时,这部分的变化才会引起其他部分的变革,并逐渐打破已有的平衡,达到新的平衡状态。基于此,社会文化通过不断的平衡、失衡、再平衡向前发展。

文化调适进一步引发了文化堕距(culture lag),也称文化滞后。奥格本认为,"文化堕距是指在社会变迁过程中,高度整合的文化的各部分变迁的速度不一致,文化中的一部分落后于其他部分而呈现停滞的现象。具体来说,物质文化的变迁要快于非物质文化,且制度、精神文化等非物质文化比物质文化更不容易发生改变,它们又被称为适应文化"①。例如在一种新技术产生之后,我们无法在短期内找到合理使用它的方法和形成相应的法律规范,这就造成了文化的失调和滞后。物质、制度、精神三个方面的不均衡既是一种文化堕

---

① 奥格本.社会变迁——关于文化和先天的本质[M].王晓毅,陈育国,译.杭州:浙江人民出版社,1989.

距,又是一种必然。这种现象广泛存在于社会不同领域之中,有些领域的不均衡现象可能更为严重,比如政治、经济、教育等领域。当然,导致文化堕距产生的原因也有很多种,领域内人士的敏感度和觉醒度显然也是重要原因之一。

马克思辩证唯物观认为,物质生产、生活方式制约着整个经济、社会和精神生活的全过程,人们的社会存在决定着人们的精神意识,物质文化决定着非物质文化。[①] 技术的发展或者说生产工具的改善和劳动者技能的提高是社会文化变迁的根本动力,归根结底是技术革命推动了人类社会不断向前发展,技术是推动社会文化变迁的根本动力,使社会文化变迁成为一种历史和逻辑的必然。由此可见,当一种稳定的文化类型向一种新的文化类型过渡时,在技术进步的推动下,物质文化层面的要素将首先发生变化,继而引起其他要素的"共振",打破已有的平衡,并逐渐形成新的结构,这就是社会文化变迁的过程。人类社会的历史发展,可以看成不同类型的文化从低级向高级进化的过程,而这个变迁的过程遵循着特定的规律。总之,信息技术是推动当代社会文化变迁的根本力量。在新的信息文化形成的过程中,"物质文化"将先于其他"非物质文化"发生变迁,而后经过文化调适,最终实现文化的物质、行为、制度和精神各层面的全方位变革。可见,社会文化变迁是一个缓慢、有序的过程,并存在一定的运行规律。

四、社会文化变迁的规律

文化总是在发展的,一般文化的变化是缓慢的,而社会文化变迁则是由重大发明或其他文化因素引起的文化结构和文化范式的根本性变化。它是一个社会或群体中的大多数成员逐渐放弃旧的标准体系,接受和形成新的标准体系的过程。社会文化变迁的发生既有一定的过程,也存在一定的规律。

(一)社会文化变迁的程度:从文化量变到文化质变

我们知道,发明主要指技术发明,是社会文化变迁的原动力。技术发明带

---

① 马克思,恩格斯.马克思恩格斯选集第一卷[M].中共中央马克思恩格斯列宁斯大林著作编译局,译.北京:人民出版社,1995.

来的文化要素的改变是一个积累的过程,而积累是带来更大程度社会文化变迁的重要基础。因此,文化结构和文化范式的根本性转变不是一朝一夕或偶然间发生的,而是文化要素和文化特质长期积累的结果。一开始,可能是一件小发明和改进引起了生产工具、使用方式或组织架构等文化特质的变化,经过慢慢积累,整个文化结构甚至价值理念最终都发生了变化。

奥格本用复利来形容这一积累的过程,即文化积累越多,则发明越多,社会进化也就越快。因此,社会文化变迁呈加速增长的态势。人类社会最初的积累是借助语言进行的,文字的发明加快了积累的速度,现代社会的积累速度更是惊人。虽然人类社会初期的文化积累较慢,有时经过几代人也难以看到文化的变化,但这种积累确实是呈指数级增长的。因此,现代人对文化积累速度的直观感受更深。

总之,社会文化变迁是一个从量变到质变的过程。能否完成质变的关键在于文化的深层结构,即制度、精神层面的内容是否发生了改变。

(二)社会文化变迁的顺序:从文化表层到文化深层

社会文化变迁不仅是一个累积的过程,而且文化的各部分以不同的速度发生着变迁。文化各要素的变化有快有慢,密切联系。当一部分发生变迁时,其他部分也会受到影响而发生变迁。

一般而言,处于最表层的物质文化最先发生改变,然后是行为、制度等中层文化的变化,最后才是触动文化最深层的思想观念、价值观念等的转变。在生产劳动的过程中,人们不断积累劳动生产经验。当生产工具、生产技术不断革新时,物质文化就会发生变异。例如,从旧石器时代到新石器时代,从石器时代到金属工具时代,都属于物质文化发生的质的变化。物质文化发生改变之后,生产范式和人的行为方式也会受到影响。又如,原始社会从食物采集到食物种植,从野外狩猎到家庭饲养,都是生产技术改变后,人们的行为方式、生活方式、交往方式发生的变化,甚至是家庭生活和社会结构发生的变化。

因此,当一种稳定的文化类型向一种新的文化类型过渡时,物质文化层面的要素首先发生变化(如技术工具的进步),再进一步引起其他文化要素的"共振",常态平衡受到破坏,新的结构逐渐形成,这就是社会文化变迁的过程。人类社会的历史发展可以看成不同类型的文化从低级向高级进化的过程,而这个变迁过程遵循着特定的规律。当代社会,飞速发展的信息技术正作为一种革命性的力量促进社会文化的变迁。信息文化将作为一种新的文化形态在社会文化变迁的过程中逐步形成和完善,并最终成为社会的主流文化。根据社会文化变迁的规律,我们可以看到,信息技术是推动当代社会文化变迁的根本力量。在形成新的信息文化的过程中,"物质文化"将先于其他"非物质文化"发生变迁,然后经过文化调适,最终实现文化的物质、行为、制度和精神各层面的全方位变革。

(三)社会文化变迁的状态:从文化自在到文化自觉

"文化既可以表现为人们难以意识到的自发的生存模式,也可以表现为人的自觉的价值理念或精神思维。"①前者是自在文化,是由常识、经验、习俗、传统等因素构成的人的自在的生活方式和存在形式;后者是自觉文化,是人发挥自己的自觉思维和意识的活动方式,集中表现为人类在哲学、科学、艺术等领域产出的丰富的精神成果。

从历史上看,不同的民族和地域在特定的时代存在不同的文化模式,它既可以是自在的文化模式也可以是自觉的文化模式。一种文化模式一旦形成,就会长期处于稳定的状态,不会轻易改变。但在人类社会发展的重大转折期,原有文化模式必然会发生重大危机并导致社会文化变迁。在人类从原始社会进入农业社会,再从农业社会进入工业社会,以及当下从工业社会进入信息社会时,都会经历社会主流文化的根本性变革。

自觉文化总是在引导自在文化,当两者形成的张力或冲突达到一定程度时,文化就会发生内在的创造性转型,我们将之称为文化创新方式;而当两者之间缺乏必要的张力或冲突时,文化转型主要依靠来自外部文化力量的推动,采取文化重建或文化整合的方式。自在文化在向自觉文化转变的过程中,完

---

① 衣俊卿.论文化转型的机制和途径[J].云南社会科学,2002(5):53-58.

成了文化转型。

社会文化变迁的过程伴随着人们从自在走向自觉的过程。一开始,人们往往以无意识的形式推动着文化特质由量变发展为质变。随着社会文化变迁的深入,人们产生明显的意识,此时文化制度层和精神层发生重大转变。文化各方面的变化带来了原有文化结构和文化模式的根本性转型。

第二节　课程文化转型:内涵、前提与方式

课程文化是社会文化的一部分,社会文化的转型与变迁必然带来课程文化的转型。课程文化转型,不是某些文化要素或课程文化局部的变化,而是课程文化整体的变革,包括课程文化结构的改变、课程理念的转变等。实际上,课程文化转型不仅是课程文化结构与内容的转变,还是课程文化范式的转型。

一、课程文化转型的内涵

课程文化分为物质层面和非物质层面,具体又细分为课程物质文化、课程制度文化和课程精神文化。课程文化结构的改变带来课程文化转型,同时课程主体的课程知识观、价值观以及思维方式等也会发生相应的改变,即课程文化范式的转型。

（一）课程文化结构改变

关于文化的构成,梁漱溟在《东西方文化及其哲学》中曾把文化界定为"一个民族生活的种种方面",并将文化构成概括为物质文化、制度文化和精神文化。"尽管不同学者对文化构成的划分有不同的方法,但几乎所有文化学研究者在某种意义上都会同意将文化粗略地划分为物质文化、制度文化和精神文化,因为这种划分能够最大限度地涵盖整个文化世界。"[1]因此,本书也遵循同样的划分方式。如前所述,课程不仅是一种文化载体,还是一种文化主体,因

---

① 衣俊卿.文化哲学十五讲[M].北京:北京大学出版社,2015:1.

此从一般文化的结构分析课程文化的构成才能做到全面、合理、准确。总的来说，参考上述文化定义对文化的分类，本书将课程文化分为物质层面和非物质层面，具体又细分为课程物质文化、课程制度文化以和课程精神文化。

课程物质文化主要指课程载体、课程形态和课程环境等，比如传统的教科书、考卷等印刷材料，黑板、课桌、实验仪器等教学设施。在这种传统的学校环境中工作学习，久而久之就会形成相应的实体文化。进入信息时代，课程的实体文化有了明显的变化。例如，印刷材料变成了数字教材，交互白板替代了黑板。此外，智慧教室、数字校园等新的实体设施替代了原有的教学环境；同时，在此之上也产生了新的实体文化。

课程制度文化是指课程制度、课程标准和课程实施等，主要包括教育法律、法规以及学校内部的一系列课程教学规范和准则，比如《教育法》《中小学教师信息技术能力标准》《基础教育课程标准》等。课程制度文化还包括行为文化。行为文化主要指在相应的教学环境和课程制度下，师生逐渐形成的特定的教学模式、学习方式及其他行为习惯等，比如多年来的分科教学、课堂讲授、考试测验等。

课程精神文化是指课程抽象层面的要素，主要包括课程实施背后的知识观、价值取向和设计理念等。例如，"什么知识最有价值？""形式教育与实质教育哪个更重要？""课程的目的是什么？""课程如何设计？"等。

（二）课程文化范式转型

"范式"[①]一词由库恩提出，主要用来表示科学向前发展的方式。我们借用"范式"这一概念来表示课程文化的变迁，"课程文化范式"也可以称为课程文化模式，主要指在特定时期课程主体普遍认同的课程知识观、价值观以及思维方式等。这种价值取向和思维方式体现在课程目标、课程内容、课程实施、

---

① 据玛斯特曼的统计，库恩在该书中至少以 21 种含义使用"范式"。这些含义可归纳为三个主要部分：第一部分称为形而上学范式或者元范式，可以是一组信念、一种观察方式；第二部分是社会学范式，可以是一个普遍承认的科学领域、一套制度；第三部分是人工范式或构造范式，可以是典型的问题和解答、一些工具设备或一个语法规范.

课程评价等方面。课程文化范式具有稳定性、内隐性的特点,在深层次上制约着课程主体的思维方式和实践诉求。此外,课程文化范式的提出,有助于加深我们对课程文化转型的理解。

第一,课程文化范式的提出,有助于理解课程文化认识论层面的转型。"范式"是科学共同体的共同信念,也是进行科学活动的认知工具,规范着共同体成员的认知方式。当我们以"范式"思维,重新审视柏拉图、夸美纽斯、斯宾塞、赫尔巴特、博比特、泰勒、杜威、施瓦布、多尔等学者的课程思想时,会有一种更深刻的理解和把握,以此启发我们思考课程文化生态,用一种更为宽阔的视域洞悉隐藏在课程文化现象背后的逻辑形式和整体模式;思考课程"共同体"的"研究范式",甄别课程理论与课程知识观,大胆推论从神秘主义课程文化到理性主义课程文化,再到泰勒科学主义课程文化的转型路径。

第二,课程文化范式的提出,有助于理解课程文化方法论层面的转型。课程文化范式不仅包括课程文化价值观、知识观,还覆盖具体的文化认知工具与方式。例如在多元文化范式的指引下,出现多元文化课程开发模式与教学模式;在后现代文化范式视域下,目标课程开发模式被认为是封闭的和控制的。

第三,课程文化范式的提出,有助于理解课程文化转型的内在动力。库恩的范式理论认为,科学革命是新范式对旧范式的破坏与替代。[1] 他曾说到,"最终的概念变革同样是对一个以往确立的范式的决定性破坏""革命以前科学界的鸭子在革命以后就成了兔子"[2]。这一观点在科学革命中得到了充分印证。例如,非欧几何是对欧式几何的替代,爱因斯坦相对论是对牛顿经典物理学的"否定式"超越。课程文化变革的本质也是对原有文化的替代,新的课程理念、课程制度、教学方式是新文化范式的具体体现。在古希腊哲学雄辩的文化下,产生了苏格拉底的"产婆术"教学法,而在中国近代社会文化尚未转型前,形成了"中学为体、西学为用"的教育改革思想。

课程文化范式既不是孤立的,也不是静止的,它深深植根于特定时代的宏

---

①② 库恩.科学革命的结构[M].李宝恒,译.上海:上海科学技术出版社,1980:19,52-53.

观社会文化背景之下,随着社会文化的时代脉搏变动,跟着社会文化变迁的步伐向前发展。当母体文化发生某种变迁,原有课程文化范式不能适应课程主体发展的需求时,课程文化便出现了危机。新生的课程文化必然是宏观社会文化的一部分,也必然带来从课程文化理念到课程文化结构等的深层次的文化转型。

二、课程文化转型的前提

课程文化是社会文化的一部分,随着社会文化的发展而不断变化。在一个稳定的文化时期,当课程文化符合社会需要时,不会发生大的变革,课程文化处于一种稳定的状态。当社会文化发生变迁,以致课程文化与社会需求不相适应时,课程文化发生重大变革,其本质也就是课程文化的转型。文化是特定的人的文化,文化是由人创造的。一方面,人受制于社会文化环境,适应并延续着某种文化。另一方面,人又能动地作用于所处的文化,不断创新文化。因此,某种特定的社会文化环境和人是制约课程文化发生转型的两大因素。

课程文化转型是在人与其所处的社会文化的互动中实现的。一方面,人无法脱离其所处的文化环境的制约。原始社会中的人只能创造出与当时社会相适应的课程文化,而不可能创造出超出当时物质文化限制的课程形态,甚至还会对更高水平的课程文化无法理解或难以接受。工业社会中,学校课程的目的是培养工业社会所需的人才,课程理念和课程内容的选择等也都是其课程文化的具体体现。因此,社会文化环境是课程文化转型的必要条件。另一方面,人不只是简单地被动适应文化,也会积极主动地反作用于文化,这就是课程文化主体性的一面。在社会文化未发生变迁时,课程文化具有向前发展的内在动力,尤其是当代社会的课程文化,已从"文化自在"状态走向了"文化自觉"状态。在这种课程文化里,人的主体性得到解放和凸显,人的发展与文化的创造融合统一。而"当人意识到自己存在者和价值实现者的身份时,他才真正成为价值主体"①。在这种意识的引导下,他就会将自我价值的实现与外部世界联系在一起,主动谋求文化建构和文化创造。当旧文化不能满足自己的价值需要时,他们必然会努力改变所处的文化环境,推动文化向前发展。因此,人的主体性的彰显和人的文化意识的觉醒是现代文化向前发展的重要因素。

通常情况下,课程文化转型是一个缓慢的过程。虽然课程文化不断地发生变化,但在课程价值观、学校课程制度等方面难以发生根本性变化。一般而言,课程文化会在某种特定的文化传统框架下运行。我国古代课程文化一直处于缓慢的发展之中,自汉代以来,课程体系已基本确定,此后没有发生本质上的变化。②

我国古代课程文化变迁的根源在于,我国封建社会文化长期处于一种封闭的稳定状态。我国封建社会文化独尊儒家文化,其虽曾多次遭受外来文化的冲击,但始终没有发生大的变革。历史上,佛教文化、道教文化都曾与儒家文化发生冲突,但最终走向融合,从未改变儒家文化的社会主流地位。其他民族的文化也曾多次进入中原,也没有动摇儒家文化的根本性地位。可见,封建社会文化极强的稳定性和限制作用,规定了社会各领域的发展和人的行为思想。

古代西方文化发源于地中海沿岸地区,这一地区由多个城邦构成。希伯来文化、印度文化通过商贸往来和战争输入西方,促进了古希腊文化的形成。因此,以城邦文化为基础,再加上频繁的文化交流,古希腊文化先天具有比较、批判等理性文化气质。在中世纪时期,西方文化一度被教会控制,学校变成了教会机构,课程宗教化,宗教文化占据统治地位。然而,宗教文化并没有完全取代古希腊文化,而是充分借用其浓郁的思辨文化,将神秘的宗教知识神圣化,为其宣教布道服务。这种思辨文化的传承,也为后来文艺复兴的产生埋下伏笔。文艺复兴时期,社会掀起了一场人文主义运动,人的思想得到解放。经

---

① 衣俊卿.论文化转型的机制和途径[J].云南社会科学,2002(5):53-58.
② 司马云杰.文化社会学[M].北京:中国社会科学出版社,2001:319.

院主义的课程和教学方法遭到抨击，人文主义学校纷纷建立，至14、15世纪形成遍及全欧洲的时代潮流。这场文艺复兴运动，改变了学校和课程，将西方社会的理性文化建设推向一个更高水平。此后，西方进入工业社会，现代西方学校和课程也在此基础上逐步建立和发展起来。

由此可见，课程文化是社会文化的一部分，其被社会文化环境所左右，社会文化变迁带来课程文化转型。缓慢的社会文化变迁，限制课程文化的发展；激烈的社会文化变迁，迫使课程文化作出变革。社会文化变迁是课程文化转型的必要条件，而人是文化的缔造者。因此，课程文化转型既需要适时的社会文化环境，也需要文化主体发挥积极性和主动性。

三、课程文化转型的方式

关于社会文化变迁的方式，存在多种分类方法：按照变迁的速度，分为渐变和突变；按照文化主体的自觉程度，分为有计划变迁和无计划变迁；按照变迁的完整性，分为系统变迁和非系统变迁；按照变迁的起因方式，分为内在变迁和外在变迁。课程文化是一种具有教育目的的特殊文化[①]，课程文化的转型随着社会文化变迁的发生而进行。一般来说，课程文化与社会文化具有相同的变迁方式。虽然我们可以从多个角度考察课程文化转型的方式，但是引发课程文化转型的起因占据特别重要的地位，它对其他转型方式有着不同程度的影响。

关于内部变迁和外部变迁的本质，衣俊卿对此有过专门的论述。他认为，"当自觉的或自为的文化同自在的文化之间形成必要的和恰当的张力或冲突时，这一文化的转型会采取内在创造性转化的途径，即采取文化创新的方式；而当这两个文化层面之间缺乏必要的张力和冲突时，这一文化的转型只能采取外在批判性重建的途径，即采取文化整合的方式"[②]。所谓自在文化，是指

---

① 邱相彬，李艺，沈书生.信息技术作用下的课程文化变革思维[J].教育研究，2017，38（9）：92-98.

② 衣俊卿.论文化转型的机制和途径[J].云南社会科学，2002（5）：53-58.

文化是群体共同认可和遵守的行为模式,对个体行为具有强制性和规范性。而文化作为人的生存方式,本质上体现了人对本能和自然的超越,人在不断地创造着文化。由此,文化就内在地蕴含了自在性与超越性的矛盾和张力,并外在地表现为促进自身发展的动力。需要强调指出的是,就课程文化转型的方式而言,并不一定只有存在较强的矛盾和张力才能导致课程文化的转型。当这种张力不足时,通过外来课程文化的借鉴和融合,也能实现课程文化的转型。

（一）课程文化内在转型:创造性寻根与创生

从历史经验来看,世界上先进入新文明的国家或民族,其社会文化变迁的方式大多是内在创造性变迁方式。近代西方发达国家的社会文化变迁,具有典型的内在创造性变迁的特征。当西方国家从传统农业社会步入现代工业社会时,其就完成了由思辨、宗教型文化向理性、科学型文化的变迁。

在漫长的中世纪,西方社会经历了一段长时间的停滞期。受制于宗教神学文化,古希腊时期的"智慧""美德"难觅踪影,思辨理性的光辉也消失殆尽。中世纪学校课程以灌输宗教文化教条、传达上帝旨意为目的,充当教会维护统治和愚民的工具。15 世纪左右,社会生产技术取得了重大进步,农业技术、冶炼技术和动力技术等获得了较大发展,逐渐将人们从繁重的自然束缚中解放出来。技术的进步使人们的物质生活得到了保障,人类开始驾驭自然,不必像以前那样,借助神的力量来躲避自然界的威胁。人类开始重新思考人与自然的关系,走向了一条征服自然、驾驭自然的道路。文化的发展通常经历旧文化形态衰落,新文化形态勃兴,任何陈旧的、落后的文化形态都无法抵挡其自我超越与创新的内在机制。

文艺复兴运动导致了西方宗教世界的分裂与危机,摧毁了神道主义文化的统治,拉开了人文主义文化的序幕。这一时期的变革不仅在宗教领域有所体现,还深刻影响了整个学校教育及其课程指导思想,成为文化转型的重要催化剂和文艺复兴运动的核心内容。从对神道的教化与诠释转向对人性的培植与高扬,摆脱经院哲学与禁欲主义的教义,构建人文主义教育的课程体系,传播人文主义的文化精神和思想，营造一种人文主义的文化氛围，是文艺复兴时期学校课程改革的基本原则与立论依据。在具体的学科结构调整过程中，学校课程的改革追随文艺复兴运动的基本思维方式与逻辑，即在对古代文明的复兴中寻找一种人文关怀，将学校课程从神学束缚中解放出来。

从文艺复兴时期课程文化的转型历程中可以看出，课程文化与社会文化的整体变迁紧紧捆绑在一起。当人文文化没有完全取代神道文化时，课程文化难以完成转型。这种文化的内在性变迁过程绝不是一帆风顺、一蹴而就的，它需要经历艰难、复杂、曲折的过程。在此期间，课程文化与母体文化一起，必然经历自觉文化与自在文化之间尖锐的矛盾和冲突。最终，课程文化得以完成从文化内容到文化结构，再到文化精神的彻底变革和转型。

（二）课程文化外在转型：外在批判性借鉴与融合

课程文化外在转型一般发生在相对封闭的文化环境之中。这种文化长期封闭，缺乏与外界的交流，文化进化缓慢，人的思想僵化，靠其自身难有变革发生。在这种情况下，只有通过外来文化的进入，才能对原有文化造成冲击，导致变革的发生。

近代以来，西方强势文化向世界各国渗透。随着全球化趋势的加剧，其他国家陆续进入了全面开放的时代。在西方文化进入之前，亚、非等大部分国家均已具备完善的学校课程系统。当其课程文化与西方文化相遇时，必然产生相当的冲突和矛盾，课程文化转型便在这种冲突中得以实现。有着悠久历史的文化系统，在面对西方文化的冲击时，都曾出现过抵制和反抗，但最终还是无法抵抗西方强大的科技文化。在不断地碰撞中，这些历史悠久的文化系统逐渐意识到西方文化的优秀之处，期望通过优秀文化的引进改造原有文化，进行文化创新。由于其具有较强的传统文化，不可能全盘西化，从而出现了本土课程文化在借鉴西方课程文化的基础上的外在融合转型。

近代日本无疑是成功借鉴西方课程文化，较好完成本土课程文化外在性转型的成功案例。日本的学校课程以儒家文化与"和魂"文化为基础，在面对价值观的差异和冲突时，日本比较分析了西方教育文化与日本教育文化的异同,制定了相应的教育改革方案,并予以实施。历经 20 世纪七八十年代的调整,日本建立了现代学校体系。一方面,日本大胆采用西方的教育内容;另一方面,日本又注重其自身文化精神的传承。在教育方面,日本也从国家主义迈向了民主主义的轨道。日本教育改革从一开始的被动适应,到后来的主动适应,其强大的适应性是日本文化的一大特质。因此,从发生方式上看,日本的课程文化经历了与西方文化冲突、吸收和适应的过程,完成了外在融合转型。

可见,当发生碰撞的两种课程文化具有较大差异时,会出现从强势方向弱势方的单向流动,而弱势方可能会对本国的学校课程文化加以保护和控制。当弱势方试图接受强势方的课程文化并改造本国的学校课程时,就开启了对原有文化的创新过程。这一过程必然经历对强势方文化的课程内容、课程目标、课程理念等诸多方面的接受和融合,也会存在盲目接受或盲目排斥的情况,但最终会从盲目走向自觉,课程文化的创新得以通过外在的方式完成。

第三节　技术驱动课程变革的分析框架

如前所述,技术是引发社会文化变迁的主要动因,技术进步推动社会文化变迁,而课程文化是社会文化的一部分,社会文化变迁必然导致课程文化的转型。因此,技术进步也就直接推动了课程文化的转型。技术不仅渗透于课程文化诸要素之中,还带来了课程整体上的变革。课程变革实质上是课程文化的变革,课程文化是否完成转型,决定着课程变革能否成功。

技术与文化一体化或"技术—文化"系统的相关论述表明,技术不是外在地作用于课程文化的,而是与课程文化形成一个"整体系统"。在时间发展上,技术发展与课程文化的发展是同步的,也就是说技术所处的阶段对应课程文化所处的阶段,技术与社会文化制约着课程文化的发展。课程文化也会反作用于技术,课程诸要素与技术的融合,存在一个从排斥到接受再到融合的过程。相应地,课程文化也是从一个稳定状态到非稳定状态再到稳定状态的变化过程。从空间结构上看,技术驱动课程变革的过程先从课程文化表层再到课程文化深层,即从课程物质文化逐渐进入课程精神文化。为详细阐述技术驱动课程变革的时空进路,下面分别从时间和空间两个维度,构建技术驱动课程变革的分析框架。

一、"技术—社会文化"发展框架

人类社会历史是一个复杂、多维、动态的系统,可以用不同的标准和方式对其进行划分。马克思从生产力与生产关系矛盾的角度出发,将人类社会划分为原始社会、奴隶社会、封建社会、资本主义社会、共产主义社会五种社会形态。[①] 从经济发展的角度对社会历史进行划分,也是一种常见的方式。例如,《中国现代化报告 2005》按经济、时间刻度将社会历史划分为原始社会、农业社会、工业社会和知识社会等四个阶段[②],并用其分析教育在不同时期的显著特征。雅斯贝斯从文化领域考察了社会历史发展的过程,他把人类历史划分为史前、古代文明、轴心时代和科技时代四个时期。[③]

本书旨在从技术推动社会文化变迁的角度,探讨教育与课程文化转型的问题。因此,本书以技术发展为线索,建立技术与社会文化以及技术与课程文化的发展框架。在关注社会生产技术的同时,重点考察教育技术学领域关注的传播媒介技术,分析其对教育变革的影响。对此,国外方面,阿什比于 1966 年提出了"四次革命论"的理论。阿什比认为,"可以用四次革命来概括漫长的教育史""第一次革命是教育的职责由家庭转移到基督教会或犹太教堂""第二次革命是书写文字作为教育工具""第三次革命是印刷术的发明""在本世纪,我们又在教学上采用了电影、广播……电视、计算机等新技术,因此我们进入

---

① 赵家祥.马克思主义的社会形态理论简论[M].北京:北京大学出版社,1985.

② 对于人类社会历史阶段的划分,不同学者有着不同的看法。一般而言,经济是社会的基础,社会时间和经济时间应该是基本一致的。《中国现代化报告 2005》建立了经济时间,时间刻度为原始社会、农业经济、工业经济和知识经济时代。参见 http://www.china.com.cn/chinese/zhuanti/2005xdh/798826.htm.

③ 雅斯贝斯.历史的起源与目标[M].魏楚雄,俞新天,译.北京:华夏出版社,1989:30-35.

了第四次革命"①。波兹曼认为,媒介技术变革使得西方教育史上发生了三次危机:第一次是公元前5世纪,从口头文化向书面文化的过渡;第二次是16世纪,印刷机的出现;第三次是电子信息技术。② 国内方面,南国农提出了教育传播技术演进的四阶段理论,包括口语传播、文字传播、电子传播和网络传播等③;郭文革给出了一个五阶段的教育的"技术"发展史框架,主要有口头语言、手抄文字、印刷文字、电子媒介、数字媒介等。④

　　上述关于人类社会发展阶段的论述都包含了一些重要的生产技术,如农业技术、工业技术、信息技术等,以及影响教育发展的重要媒介技术,如口头语言、手抄文字、印刷文字、电子媒介、数字媒介等。本书在前人研究的基础上,梳理了媒介技术发展史、社会生产技术发展史以及社会文化变迁史,建立了技术与社会文化之间的映射关系,形成了如表4-1所示的"技术—社会文化"发展框架。

　　表4-1中分别使用前技术、生技术、熟技术和富技术来概括这一时期媒介技术和社会生产技术的总体特征。前技术是指一种纯自然的技术方式,所加工的对象主要来自天然物质,如石块、木材等。此时的媒介技术主要依靠体力和简单的智力思维,是一种身体技术。生技术是指一种能对自然进行加工改造的技术方式,所加工的对象依然主要是天然物质,但是已经能够进行复杂的改造,即便只是物理层面而非化学层面的改造。此时的媒介技术,已经出现了离体的存储技术。例如文字的发明和手抄技术,其是一种外在的传播媒介。熟技术是指一种更加复杂的对自然进行加工改造的技术方式,所加工的对象除了天然物质以外,还包括对天然物质的提取物的再次加工,其表现在化学层面、生物层面的复杂加工技术以及规模化的大工业生产技术上。此时的媒介技术出现了成熟的印刷术、造纸术以及电视技术,能够大批量、高速度、大范围

①　阿什比.科技发达时代的大学教育[M].滕大春,等译.北京:人民教育出版社,1983:37.
②　波兹曼.娱乐至死[M].章艳,译.北京:中信出版社,2015:188-189.
③　南国农,李运林.教育传播学[M].北京:高等教育出版社,2005:11.
④　郭文革.教育的"技术"发展史[J].北京大学教育评论,2011,9(3):137-157,192.

地进行知识复制和传播,但主要还是一种单向传播方式。富技术是在熟技术基础上的进一步发展,其趋向于一种超越自然的设计与实现方式,如航空航天技术、生物医学技术、新能源技术等现代高新技术。此时的媒介技术是以计算机和互联网为代表的信息技术,其快速发展带来了前所未有的开放性、虚拟性、交互性、智能化等新技术特性。在从前技术、生技术、熟技术再到富技术的发展过程中,每一技术时期的技术都引起了社会政治、经济、文化和教育的变革。详细的历史发展进路将在第五章作重点论述,下面对每一技术时期的社会和教育的特点作简单阐述。

表 4-1 "技术—社会文化"发展框架

技术时期	媒介技术	社会生产技术	社会形态	社会文化
前技术 (公元前4世纪中叶以前)	口头语言、手势、面部表情等	石器、人工制火、制陶、渔猎、农耕等	原始社会	经验、神秘型
生技术 (公元前4世纪中叶至15世纪中叶)	手抄文字、羊皮纸等	冶炼、青铜器、铁器、水车、巨石建筑、马车、灯、蒸馏器等	古代农业社会	哲学、神道型
熟技术 (15世纪中叶至今)	印刷文字、图书;广播、电视等	蒸汽机、纺织机、大机器工厂、四大发明、发电机、电器、内燃机等	现代工业社会	科学、理性型
富技术 (20世纪80年代至今)	计算机、网络等	原子能、电子计算机、空间技术、生物工程等	当代信息社会	融通、创新型

前技术时期,人类社会处于原始状态,人们依靠集体狩猎采集的生产方式,过着刀耕火种、茹毛饮血的生活。这一时期,生产方式落后,生活条件艰苦,社会成员人人参加劳动,以获取食物、维持生存为目的。这一时期的教育,以家族部落为组织,主要通过言传身教、讲故事、举行部落仪式等方式开展,有

专门的吟诵诗人负责记忆和传承本部落的文化。教育水平低下,教育全员参与,教育与社会生产生活相结合。

生技术时期,人类进入第一个文明社会即农业社会。农业社会的生产工具已经从新石器转变为手工的金属工具;物质生产生活资料开始有了剩余,出现了私有制;社会形成了对立的阶级;人们的自然、社会知识水平有所提高,出现了古代哲学、科学、文学、艺术、道德伦理以及宗教等,诞生了一些古代文明国家,如古埃及、古巴比伦、古印度以及古代中国等。例如在古希腊和古罗马,出现了初等学校、文法学校和雄辩术学校等,教授天文、数学、逻辑、伦理等学科,教学方法采用演讲和辩论。教育具有阶级性,教育成为少数人群的特权。学校教育与生产劳动相脱离,专门从事知识活动的人群普遍轻视和鄙视生产劳动。

熟技术时期,人类从农业社会进入工业社会。工业社会以机器大工业为标志,科学技术的进步成为社会发展的推动力,社会关系由人身依附关系转为对物的依赖之上的人的独立性交往;法律的地位上升,与道德、宗教一起成为人类的行为准则。这一时期,教育方面主要有以下变化。第一,应大工业生产的要求,现代学校建立。现代学校的教育系统更加完备,包括学前教育和高等教育;采用班级授课制,大大提高了教学效率;主要传递现代科学技术知识,为工业生产提供劳动力。现代教育更加世俗化,教育的阶级性依然存在,但教育的普及性提高。第二,教育与生产劳动又一次走向结合,教育为生产服务。教育成为经济发展的杠杆,世界各国普遍重视教育,教育成为社会公共事业。教育的复杂性和理论自觉性越来越高,教育实践迫切需要教育理论的指导和创新。

富技术时期,人类进入信息社会,或称为"后工业社会""知识社会"等。知识和创新成为社会经济发展的基础,智力资源成为首要因素。信息社会的生产技术已从大机器时代进入智能时代,物联网、人工智能等技术使当代社会的生产、生活和管理方式发生重大变革。民主开始进入社会的每一个领域,人与人之间的关系是充分尊重个性的民主和平等关系。这一时期,教育方面主要有以下几个变化。第一,学校发生变革。以泛在技术为基础的泛在学习空间增加,传统学校形态逐步发生变化,传统班级授课制将得到改造和发展,教育进一步市场化。进一步提高学校教育的服务性、可选择性、公平性和公正性将成为其发展方向。第二,教育功能健全。教育的文化功能凸显,教育文化从单纯的社会适应走向适应、批判、创造和超越。教育成为社会变革的中心和公众关注的首要社会问题。第三,教育趋向国际化、终身化、个性化。知识在全球范围内的交流变得方便快捷,世界趋于一体化,教育要解决本土问题和全球问题。知识爆炸打破了原有只满足正规教育的传统,教育应贯穿人的一生,非正规教育助力学习型社会的形成。

二、"技术一课程文化"发展框架

以上述"技术一社会文化"发展史为依据,在课程文化发展史上以媒介技术和社会文化为刻度,形成了"技术一课程文化"发展史的分析框架(见表4-2)。

表4-2 "技术一课程文化"发展框架

技术时期	媒介技术	社会文化	课程文化		
			课程物质文化 载体、设备、资源、环境……	课程制度文化 组织形式、教授方式……	课程精神文化 知识观、目的观……
前技术	口头语言	经验、神秘	口头教材:人脑、记忆、圆形剧场、表演舞台	信息传播者中心,面对面,口头对话,讲故事,诗歌,神话,吟诵诗人	"仿制课程";经验、神秘型知识观;关注继承、面向生产与生命延续的目的观
生技术	手写文字	哲学、神道	手抄教材:文字、莎草纸、羊皮纸	教师中心,手抄书中心,讲授、记忆、辩论,抄书匠,智者	"经书课程";哲学、神道型知识观;关注社会规范、面向社会秩序与道德建立的目的观

技术时期	媒介技术	社会文化	课程文化		
			课程物质文化 载体、设备、资源、环境……	课程制度文化 组织形式、教授方式……	课程精神文化 知识观、目的观……
熟技术	印刷 电子	科学、理性	标准教科书：印刷、出版、图书； 视听教材：音、视频电视节目	书本中心，教师中心，课堂中心，班级授课制，现代学校制度，远程教育，义务教育	"程式课程"；科学、理性型知识观；关注工业范式、面向工业生产与制造的目的观
富技术	信息技术	融通、创新	数字资源：数字化、多媒体、交互式、智能化、个性化	学生中心，混合式学习，终身学习，个性教育，全人教育，核心素养教育，科学人文融合教育	"智慧课程"；融通、建构、动态、生成型知识观，关注个性与创新、面向资源的智能调适与高效分配的目的观

表 4-2 全面呈现了每一技术时期技术—社会—课程三者的对应关系。其中，在课程文化部分，按照课程文化的结构又细分为课程物质文化、课程制度文化、课程精神文化。下面简要叙述每一技术时期的媒介技术与教育、课程的总体状况，其他相关内容则在第五章详细论述。

前技术时期形成了"仿制课程"，当时社会主要关注继承，以及面向生产与生命延续的教育。教育和交流主要依靠口头语言，人的交流表达主要靠喉咙等发出声音，以及手势和面部表情等。人自身成为传播的载体和内容的创作者，人类知识经验完全存储在人脑里，靠群体记忆保存文化内容。因此，当时的人们发明了有韵律的诗歌和谚语来表达和记录所发生的事情，吟诵诗人专门负责记录和传承这些内容。但是，这些口头表达的内容还是经常会被遗忘、记错或改编，一些事实逐渐变成了故事、传说甚至神话。人与人之间的协作交流也仅限于一定的范围之内，这就决定了当时人们的生产、合作以及教育的形式和规模。

生技术时期形成了"经书课程"，当时社会主要关注社会规范，以及面向社会秩序与道德建立的教育。教育和交流主要依靠手抄文字，人类发明了文字这种表达符号,可以将信息记录在外部载体上,突破了人类记忆的限制和共时传播的局限。内容与创作者的分离,给人类社会生产、生活、组织方式带来了革命性变化。由于手写数量的有限、莎草纸等载体比较昂贵等原因,这一时期的读、写等活动还是精英阶级的特权,普通人依然依靠口头表达来交流和生活,读写技能远远没有普及。

熟技术时期形成了"程式课程",当时社会主要关注工业范式,以及面向工业生产与创造的教育。教育和交流可以借助印刷术、人造纸快速发展,给社会带来了前所未有的冲击,彻底改变了西方中世纪时期的黑暗愚昧,使西方开始了现代化进程。印刷术使阅读物得以大量生产,阅读和写作走进了普通大众的生活,为科学革命和工业革命提供了土壤。与此同时,现代学校制度得以建立,并逐渐在全社会普及。进入工业社会以后,技术发展日新月异,电话、广播、电影、电视等电子媒体产生,文字、声音和视频同时出现在传播屏幕上,生动、形象、逼真,人类从文字时代进入影像时代,电子传播的加速使得世界文化交流加速,"地球村"成为可能。但电子传播仍是一种单向传播方式,电视等媒体慢慢演变成政治宣传和商业广告的阵地,这种单向传播特性制约了它对教育教学的变革作用。

富技术时期形成了"智慧课程",当时社会主要关注个性与创新,以及面向资源的智能调适与高效分配的教育。这一时期出现了计算机和互联网等信息技术,计算机和互联网技术用数字信号取代了电子模拟信号,用开放互动的网络取代了单向封闭的电视广播。互联网联结了全世界每一个人,成为全人类共同创作和思考的"大脑"。每个人在互联网上可以自由发布个人作品,开放、民主、创新、共享成为这一时期的时代主题,人类社会和教育进入一个新时期。

三、技术驱动课程变革的"客观"过程

(一)技术推动课程文化变革的过程

课程变革在本质上就是课程文化变迁的过程。技术革新是推动社会文化变迁的原动力,现代信息技术的持续进步引发了课程文化的不断变迁,从而使

得课程发生了深刻的变革。从社会文化发展与变迁的一般规律来看,课程文化经历物质—制度—精神的变迁过程,具体分为课程物质文化变革、课程制度文化变革和课程精神文化变革。这一过程具有一定的客观性和必然性,它不以人的意志为转移,呈现出一定的顺序性和连续性。

课程物质文化变革最易被人感知,也较易被接受,具体表现为课程载体、课程实施的硬件条件以及教学软件等有形资源的不断改善与建设,是由技术不断发明、积累的过程直接带来的。因其具有外显、易感知等特点,本书用"显性阶段"来描述。课程制度文化变革是在课程物质文化发生变革之后,对主体的行为方式和运行制度等方面进行调整和适应,具体包括教学方式和课程标准和评价制度等方面的改变。这一过程的持续时间往往较长,也会出现曲折反复,因此这一阶段可以称为"调适阶段"。课程精神文化变革是一个"隐性阶段",主要指人们已经内化了的新的课程理念和价值观,其建立在成熟的课程物质文化和课程制度文化的变革之上,标志着新文化的全面形成和整个课程的系统性变革。

需要特别指出的是,课程变革的"客观"过程并没有为我们设定期限,这种一般意义上的"必然"也并不等于具体的和绝对的"必然"。辩证唯物认识论告诉我们,发挥主观能动性与尊重客观规律并不矛盾。一方面,课程文化变革的"客观"过程的确制约着课程主体,其是课程主体发挥主观能动性的基础和前提。这意味着,课程主体任何盲目、激进的改革必定无法收到积极的效果并达到应有的程度。另一方面,这一"必然"过程并不会独自凭空发生,它永远离不开课程主体。实际上,课程主体本身推动了课程文化变革,亲手创造了课程的"客观"和"必然"。因此,在尊重变革的本质与规律的基础上,充分发挥课程主体的能动性,才是实现课程文化变革的正确态度。

(二)当下信息技术推动课程文化变革的实践与认识

技术和社会的进步不断推动着课程文化的持续发展、建构和创新。然而,在教育实践中,受实践者的认识水平和思维方式的限制,这一变革过程会受到一些正面或负面的影响。当实践者的认识与"真实"发生错位时,实践者就会把部分看作整体,用形式代替目的。这种认识一旦形成"主流",就会以强大的力量主导话语方式。例如,当下被热炒的大数据、慕课、翻转课堂等新名词,就其本身而言,并没有改变实质上的教学关系,却被一种无形的力量推动着,主导着我们的教育实践。在课程文化变革的过程中,这种现象时有发生,下面对此进行考察,以加深我们的认识。[①]

1. 显性阶段:课程物质文化变迁与工具性思维

信息技术进入课程教学的初期,最先引发了课程物质文化层面要素的改变。随着技术和社会的发展,教学设施、教学装备、学习工具等物质条件逐步改善更新。在我国,这一阶段主要集中在20世纪90年代末到21世纪初的几年里。当时,政府非常重视教育信息化基础设施建设的速度与规模,希望能快速获取收益,相继出台了《关于在中小学实施"校校通"工程的通知》《农村中小学现代远程教育工程试点工作方案》等政策,对新技术的应用起到了强大的推动作用。随着新技术和新产品逐渐进入大众视野,教师在课堂教学中开始尝试使用新技术,提高教学效率。自此,技术引发课程变革的显性阶段逐步展开并迅速发展。

首先,技术的不断更新换代是这一阶段发展的主要特点。由于技术更新的倍增趋势,当技术直接作用于课程物质文化层面时,就会促使教学物质环境和设备不断升级换代。例如,20世纪60年代计算机辅助教学产生后,由于当时机器自身性能和价格的限制,一开始并没有得到大规模的发展和应用,直到1980年微机出现后,计算机辅助教学的发展才进入普及阶段。1990年,多媒体电脑的诞生被认为是计算机发展的一场革命,成为计算机辅助教学的重要发展方向。而后的互联网技术更是在20世纪90年代迅速掀起了一场革命,其影响比以往任何一项技术都更加深远,信息技术与课程整合的探索也从此展开。可见,在显性阶段,技术发明和积累的速度是不断递增的,使用者每隔

① 邱相彬,李艺,沈书生.信息技术作用下的课程文化变革思维[J].教育研究,2017,38(9):92-98.

一段时间就要更新技术手段以适应新的发展环境,而技术的每一次更新,都能以更低的价格带来更高的便利性。由此,不断地追赶新技术渐渐成为一种习惯,技术应用的工具性思维随即产生。

其次,工具性思维是这一阶段教育实践的典型思维特征。教育者往往过于注重技术的工具性价值。在使用技术的过程中,受应用恰当性的影响,技术可能发挥了较大的作用,弥补了实际教学的不足;也可能费时费力,但效果并不明显。这种工具性的应用有时会带来教学创新,有时也会让人盲从。总的来说,这种技术应用所带来的影响是局部的、不系统的,主要集中在课程实施的外在条件和显性方面。仍须肯定的是,技术的层出不穷促使这种工具性应用的持续不断。随着人们对新技术的不断适应,教学变革向更深层次发展。工具性思维虽然能在某种程度上促进教育技术的应用热情,但从长远来看,具有工具性思维的人把手段当成了目的,曲解了“教育技术”的内涵。

最后,这一阶段的学术研究领域同样具有工具性思维。20 世纪 80 年代,泰勒曾把计算机教育应用概括为 3T 模式:“tutor”(计算机作为辅导教师)、“tutee”(计算机作为学习者)和“tool”(计算机作为工具)。[①] 在这一模式中,计算机被定位为三种角色,即辅导者、被辅导者和一般工具,其明显的工具性思维局限使其在之后并没有得到很好的发展。“tutor”模式虽然是一种能满足个性化学习的计算机辅助教学模式,但到了 20 世纪 90 年代,在大众认识其过于强调技术工具性价值的弊端后,逐渐被冷落;“tutee”模式也由于其编程的单一化和专业化,逐渐被学校所抛弃;“tool”模式把计算机看作工具,仍保持“工具”的原初含义。我国学者也有类似的经历。比如,有学者认为“数字化学习的关键是要把信息技术作为学习的认知工具”,强调“数字化学习环境、数字化学习资源和数字化学习方式的重要性”[②]。也有学者指出,“信息技术作为一种重要工具,要被用来系统地处理课程的各个方面并与课程的学习活动

---

① 何克抗.信息技术与课程深层次整合理论[M].北京:北京师范大学出版社,2008:11-12.
② 李克东.数字化学习:信息技术与课程整合的核心(上)[J].电化教育研究,2001(8):46-49.

相结合,以便更好地完成课程目标"①。从中可以看出,这一时期,学者们虽然能意识到过分重视工具的弊端,但也普遍强调技术的工具性价值。

可见,工具性思维是显性阶段的主要思维方式,它往往会给教育研究和教育实践带来一些负面引导,使教育技术应用的目的和价值被忽视。不过,这种"工具性思维"的局限性并不代表对"工具"本身的否定,工具依然是实现目的的必要手段,任何发展阶段都需要工具的存在,只不过工具的使用要建立在合理的工具观之下。此外,伴随着"工具性"思维的发展,一种"整合"思维开始萌芽。一开始的"整合"思维倡导把技术当作工具应用于学科教学之中,这种实践方式被学界称为信息技术与课程的"浅层次整合"。随着"技术工具"应用范围的不断扩大,以技术为基础的信息化教学环境逐步得到完善,技术的教学应用逐步走向系统化,一些新的教学方式和教学制度逐渐形成,技术逐步脱离"工具"的角色定位。此后,课程文化变革逐渐进入更深层次的"调适阶段",但依然频受"工具性思维"的困扰。

2. 调适阶段:课程制度文化变迁与整合思维

伴随着课程物质环境的信息化进程,教师和学生接受并适应了这种环境,新的行为文化与制度文化逐步建立,课程进入制度文化变革阶段。在信息技术环境下,已有课程形态和教学方式逐渐与技术环境不相适应,一些新的课程形式和教学行为频繁亮相。在课程形态方面,数字教材、电子书包、在线课程、慕课、微课等被大规模地开发和应用;在教学方式方面,传统讲授式教学逐渐受到挑战,主题资源式教学、网络探究式教学、翻转课堂教学等越来越多地被采用;在课程制度方面,一系列信息化课程标准和评价标准被制定实施,教育部印发了诸如《网络课程评价规范》《基础教育信息化建设标准》等文件,从教学媒体到课程制度都逐渐"信息化"。

首先,学者们开展了大量的信息技术与课程"整合"研究。在日新月异的信息技术环境下,课程改革显得尤为迫切,学者们对此展开了各种"整合"研

---

① 刘儒德.对信息技术与课程整合问题的思考[J].教育研究,2004(2):70-74.

究。有学者指出，"已有的信息技术与课程整合是从信息技术的角度思考整合问题，而整合的出发点应该是课程"，强调要站在"信息技术与教育相整合的宏观历史进程之上，从学习理念、学习目标、课程标准、学习内容及进度、学习方式、传统教学活动及媒体等六个方面着手，展开信息技术与课程整合的实验与研究"[①]。在这种整合思路的基础上，有学者进一步提出了"信息技术与课程的双向整合"，也给出了"知识的整合、经验的整合、价值的整合和课程研制的整合"等四条基本原理。[②] 前者的观点是从课程出发整合信息技术，试图达到"课程信息化"的目的；后者则更进一步，提出了"信息技术"与"课程"的双向整合，两者也都给出了"整合"的路径与策略。仔细分析这两种观点不难发现，两者在认识方式上都不自觉地把"信息技术"与"课程"分裂开来看待，试图探寻两者的结合方式，其结果便是得出了较相似的静态整合模式与策略方法。虽然学者们也曾提出要站在"宏观历史进程"之上审视课程变革，但从其提出的具体路径来看，又聚焦于静态的整合操作层面。

其次，"融合"观对"整合"思维进行了"突破"。为超越多年来"整合"思维的局限，努力在"整合"实践的基础之上有所进展，一种"融合说"被提出。2012年，教育部发布了《教育信息化十年发展规划（2011—2020 年）》。文件指出，"促进优质教育资源普及共享，推进信息技术与教育教学深度融合，实现教育思想、理念、方法和手段全方位创新"[③]。对此，有学者进行了解读，认为"用深度'融合'观念取代'整合'观念的目的是想要找到一种真正有效的、实现教育信息化的途径方法"[④]。那么，融合说能否真正突破整合的困境？我们可以先从其词义上来理解，"融合"一词的本义是指不同事物经熔化后融成一体。例如，金银两种金属经熔化后，可混合成一种合金。从字面上说，"整合"注重事

---

① 刘儒德. 对信息技术与课程整合问题的思考[J]. 教育研究，2004(2)：70-74.

② 黄甫全. 试论信息技术与课程整合的实质及基本原理[J]. 教育研究，2002(10)：36-41.

③ 教育部. 教育部关于印发《教育信息化十年发展规划（2011—2020 年）的通知. [EB/OL].(2012-03-13)［2022-12-07］. http://www. moe. cn/srcsite/A16/s3342/201203/t20120313_133322. html? eqid=ff4e98260000bee80000000664528851.

① 何克抗. 如何实现信息技术与教育的"深度融合"[J]. 课程. 教材. 教法，2014，34(2)：58-62.

物间结合的秩序和协调性,"融合"则强调不同事物组合前经过物理变化,以便两者能更紧密地结合。因此,"融合"概念只能促进技术与课程在形式上的紧密结合,在推动课程深层次的变革上收效甚微。由此,仅仅借助新概念来推动课程变革的方法是欠妥的,实效上是徒劳无益的。

可见,以上"整合说""融合说"等观点的工具思维逻辑依然明显。这种思维在显性阶段开始出现,并在调适阶段大行其道。虽然它们在口号上似有差异,但本质上都没脱离二元论思维方式。它们都将"信息技术"与"课程"看成两个不同的事物,探求两者之间的结合方式,其典型的操作方式是将课程的各个要素进行分解,并分别与信息技术进行结合,以形成一种新型的"信息化要素"。虽然多年来这种"整合"实践存在种种缺陷,但不可否认的是,这是一种有益的探索和尝试,对课程改革也起到了一定的推动作用。这种带有"局限性"的探索与努力,正体现了课程文化变革"调适"过程的艰难性、复杂性,以及文化滞后现象的不可避免性。

3. 隐性阶段:课程精神文化变迁与变革思维

与传统文化相比,信息文化更多的是一种包括数字文化、互动文化和共享文化等在内的技术文化,其中的课程文化也遵从信息文化的自由、开放、共享等核心价值观念。课程文化在时空上逐渐从区域转向全球,在状态上从分散转向同步,在权力上从垄断走向平等。从表现形式上看,这些核心价值观念对课程的知识观、价值取向以及课程的设计理念等方面产生了深刻的影响。

首先,课程知识观由静态、封闭转向动态、关联。知识观是课程观的基础,不同的知识观决定了对课程的不同认识。传统的课程知识观植根于工业社会和科学主义的土壤,以理性主义或经验主义为指导,认为知识是客观的、普遍的,可以一劳永逸地获得,是静态的、封闭的。而在信息社会,人类生活和学习的物质文化、行为文化均已发生了重大变化,知识的创新和发展变得更加重要,知识不再一成不变,其性质向动态性和关联性转变。

信息时代的知识半衰期大大缩减,已从以往的几十年缩短到十几个月,学校课程所提供的内容已无法满足学生的终身需求,知识学习已不再一劳永逸。

同时,技术让学习内容变得随处可见、唾手可得。云计算、大数据等新兴技术的快速发展,使得移动学习、泛在学习等非正式学习方式越发普及,正式与非正式学习的界限已变得模糊,知识呈现形式变得复杂、多样。今天的学生认为"知道在哪里"和"知道谁"比"知道什么"和"知道怎样"更重要,将知识连接起来变得越发关键。正如关联主义知识观所指出的,"管道比管道中的内容更重要"①。也就是说,拥有这样一种能力,即知道知识存储在哪里,并能在需要之时,快速准确地找到它,更为重要。

信息时代的知识学习更多的是一种"自我建构"和"自我组织",学生通常基于个体的以往经验和所处的历史文化背景,通过主动建构的方式,形成个体知识积累和知识创新,知识可以看成相对于个体的"再生产"过程。此外,学生除了"自组织"知识外,还需要与同伴和学习资源共同"组织"知识,知识的边界变得模糊且动态。可以说,今天的知识大量存储于各种网络"节点",学习就是学生在不同节点和网络间建立联系,编织适合自己的个性化"知识网络",让知识在其间不断地流动和创造。总之,在知识互联的世界里,"关联"知识比记忆知识更重要。

其次,课程在价值取向上追求为每一个数字公民提供终身学习服务。课程价值取向是人们对课程价值所持有的认识和观念,是课程的核心和基础,随着时代背景和社会观念的不同而变化。随着信息时代的知识转型和学习方式的改变,技术支持的主动学习和建构学习成为每个学生的必然选择。为满足这种需要,课程必须建构终身学习服务,为每一个数字公民提供终身发展服务。一方面,课程要进一步凸显学生的主体地位。以往单一、线性的学科知识体系过于强调对知识的掌握,学生呈现出较多的被动性和接受性。而信息时代的终身学习课程,更加重视学生的"自我建构"过程,学生的主体性需要得到进一步凸显,课程要主动地、更加生活化地走进学生的经验世界之中,连通其"知识网络",为其提供"个性化""情景化"的知识体系。另一方面,课程要以培

---

① 王竹立.关联主义与新建构主义:从连通到创新[J].远程教育杂志,2011,29(5):34-40.

养学生的可持续发展能力为终极目标。今天的课程要改变以往终结式的教育模式,让学生学会信息化学习,加强学生的主体反思性和创造性实践,帮助其建构完整的人生意义。课程应致力于满足学生的个性化发展需要和学习需要,倡导多元课程目标、多样课程内容以及多种课程形态,最大限度满足学生的发展与成长。

最后,课程设计理念由单一、封闭转向开放、互动。伴随着课程观的转变,课程设计理念由单一、封闭的目标模式转向开放、互动的生成模式。课程设计更具开放性,更加注重对学生的适应性。课程已成为建立在多方需求之上的动态方案,课程开发是学科专家、学生和教师共同参与制作的产品。课程设计更加注重互动性,课程应更多地考虑如何用技术给学生提供便利,通过技术创设情境、激发主动性、增强高阶思维和人格社会化。未来的智慧课程将借助人工智能技术、深度学习技术,具备更强的交互性和智能性。通过大数据与学习行为分析技术,掌握学生的个性化学习风格与需求,以可视化的形式向学生进行智能推送。智慧课程通过信息接入、泛在资源创设和智能交互应用,力求营造全球资源无缝接入的环境,促进虚拟与现实连接的情景体验,为学生提供立体化、交互式的个性化学习空间。

可见,课程精神文化变迁带来的种种变化,为我们提供了一幅新的课程图景。无论从课程知识观、价值取向,还是课程设计等,无不显示出信息时代课程文化的嬗变。未来,课程必将遵循其文化变迁的历史轨迹不断向前发展。同时,课程也由课程主体亲手创造。

第五章　技术驱动课程变革的文化进路

从漫长的教育发展史来看,"技术"与"课程"在教育发展之初就已经存在,只不过当时它们以一种"隐性"的方式存在,既没有被人们意识到,也没有人专门对其进行研究。因此,我们在讨论技术与课程整合的演进过程时,可将其分为两个发展阶段。第一个发展阶段是在教育技术与课程两个领域正式产生之前。在这一阶段,"技术"与"教育"没有被正式提出,但它们确实存在,而且相互之间不断发生互动,共同影响教育的发展,因此可以称其为技术整合课程的自发状态。第二个发展阶段是在两个领域产生之后,"技术"与"课程"开始进入人们的视野,人们对技术与课程的关系展开理论研究。在这一阶段,技术整合课程的实践有了理论指导,不再是自发的、盲目的,因此这一阶段可以被认为是技术整合课程的自觉状态。本章将对这一历史发展过程进行梳理,并将其细分为四个阶段,即自发阶段的前技术—仿制课程、生技术—经书课程,自觉阶段的熟技术—程式课程、富技术—智慧课程。

第一节　经验、神秘型文化:前技术—仿制课程

约公元前 4 世纪以前,人类教育尚未与生产活动和社会生活分离,也未进行专门化和制度化。在人类发展的最初阶段,口耳相传和行为模仿是基本的学习方式。随着史前教育的演化,出现了"成年礼"等较为专门的教育形式,从而为更高形态教育的出现奠定了基础。

一、经验、神秘型社会文化

前技术时期对应历史领域划分的原始社会阶段。这一时期还没有发明外在于人的存储媒介,社会交流主要依靠身体器官和人体自身的功能。前技术时期除了包括对社会文化、教育发展最为关键的"口头语言"外,还涉及与口头语言相关的肢体语言、手势表达等,以满足当时的社会生产生活和教育活动。口语在促进人类社会进化的过程中起着重要作用,是其他一切媒介的基础,即便在拥有众多发达媒介技术的今天,口语仍是无可替代的。

神秘主义是前技术时期社会的一大特点,当时人类的力量相当微弱,有限的技术很难战胜和改造恶劣的自然条件。因此,人们借助神秘知识解释世界,形成了神秘型文化。这一时期传播的知识,既是一种"经验的",也是一种"神秘的"。人们认为,知识是由一些来自宇宙或自然的神秘力量所赐予的。人们在解释某种自然或社会现象时,往往诉诸某种神秘的启示,认为任何经验的背后都是由神秘的力量所支配。这种神秘的力量规范着人们的思想,使人们的行为合法化。[①] 这种神秘的启示是前技术时期唯一合法的知识,它的获得显然不是通过自身,而是一种神秘的直接显现,这种获得也谈不上主体对客体的被动反映,而是接受了所谓的"天机"。然而,这种神秘的启示需要通过某种特殊的人才能得到,"巫"的职业由此出现。"巫"在神秘启示的转述中起着决定性作用,充当社会的"知识分子",他们控制了社会的精神生活领域。"仪式"和"神话"是获得神秘启示的途径,神话成为原始社会的一种"课程内容"。因此,可以说"仿制课程"也是一种"神话课程"。在考察这一时期留存的民族史诗、故事等时,可以发现大部分作品具有神话色彩。需要指出的是,这里所说的神秘性与中世纪时期的"神学"完全不同,后者属于一种成熟的宗教文化。

对于当时的人们来说,用来延续生命的生产生活经验是异常重要的。在漫长的原始社会,人们积累了大量的生产生活经验,以言传身教的方式代代相

---

① 石中英.知识转型与教育改革[M].北京:教育科学出版社,2001:47.

传,这些"经验课程"更能让人们生存下来。不过,在以仪式和神话传播形式为主的原始社会里,这种生产生活经验的积累和传承显得非常零散,而且缺乏系统性,有时某些经验还会遗失。因此,原始社会各方面的发展极其缓慢。

前技术时期的经验、神秘型文化,在社会发展中起到了重要作用。它至少给当时的人们提供了一种解释世界的方式,化解了人们对自然的无知和恐惧,使人们"坦然"面对生老病死和风雨雷电等自然规律,世世代代得以繁衍生息。此外,经验、神秘型文化不仅包括精神层面的文化还包括制度层面的文化。它用一种特别的方式让当时的人们凝聚在一起,建构了原始社会的组织制度和生活方式。

二、前技术下的仿制课程

仿制课程文化为仿制课程提供了物质基础、制度保障和理念指导,而仿制课程通过具体的教学实践反映和推动仿制课程文化的发展。理解和把握仿制课程文化的三个层面,对于科学设计和实施仿制课程、提升教育质量是具有重要意义。仿制课程文化包括物质文化、制度文化、理念文化三个层面,下面具体阐述每一层面仿制课程文化的主要特征。

(一)仿制课程物质文化

教育活动和技术活动都是人类社会所特有的活动,教育和技术与人类社会起源有着密切的联系,两者伴随人类社会的产生而出现。原始社会,人们的生活非常艰难。一开始,他们依靠极其简陋的工具如石头、木棒等,与自然界进行不断的斗争,从而获得生存和发展。"他们的工具虽然简单粗糙,经验也极其有限,但是把制造工具和使用工具的经验和方法教授给年轻的成员,使他们知道群体生活和生产活动的要求,是非常必要的。这种教育活动是原始人群在生产实践的过程中进行的。劳动场所即教育场所,人的感官、肢体就是主要的教育工具和信息载体。有时,教授经验者还会借助实物,使受教育者易于理解和模仿。通过这种活动向年轻一代教授社会生活和生产劳动的知识和经验,使他们获得身心发展。"①这种教育活动虽然不具有组织上的严密性,但已表现出一定的目的性。原始教育活动一直没有脱离技术的支持,年长者和掌握知识的人依靠自己的身体向年轻一代教授工具制造和捕猎等知识技能,其教育方式是"以身示范",其使用的技术是"身体技术"。而这些生存生活知识和技能就是最原始的"课程"内容之一,它存在于年长者的大脑和记忆中。

语言是在劳动和社会协作活动中产生的,其本身也经历了一个长期发展的过程。音韵史研究观点认为,口语最早是从用不同的声音为周围事物命名开始的,这种命名活动具有革命性意义——事物的归纳和分类正是根据命名而来的。正如伽达默尔所说的,"语言本身就是一种世界观,因为人有了语言,所以就有了一个'世界'"②。可见,一开始口语只是一种将声音和周围环境、事物相联系的符号。在不断的社会实践中,人类慢慢提高了口语的抽象能力,使其成为一种表达复杂含义的声音符号系统。在这一发展过程中,口语也大大促进了人类思维能力的发展。

口语加速了人类发展的进程,成为人类最基本的交流手段。随着口语的发展,它也显示出了一些局限性。首先,口语的作用范围有限,只能在特定的距离内进行交流。其次,口语符号是即时性的,难以记录和保存,对人的记忆力有着极强的依赖性。因此,口语深受时空限制,只能在小规模的群体内传播。

实际上,即便是在以口语交流为主的时期,口语也不是唯一的交流手段。为了适应日益复杂的自然环境和成熟的社会生活,人们开始采用一些简单的体外媒介。比如,利用约定的实物传达信息,使用图形符号、结绳记事的方式记录重要的生产情况和社会事件,以及通过燃放烟火等方式远距离传递信息。这些原始媒介能更久更远地传递信息,其已经开始接近文字的功能。原始媒介的使用,给人类进入新的发展阶段提供了基础,预示着人类开始走向一个体外信息系统社会。

---

① 孙培青.中国教育史(修订版)[M].上海:华东师范大学出版社,2005:25.

② 伽达默尔,慎之.语言作为解释学经验的媒介[J].哲学译丛,1986(3):58-61.

（二）仿制课程制度文化

前技术时期的教育目的主要是人的生存和延续，其教育内容、方法、行为与制度都是为此目的而实施的。教育内容主要包括社会常识、劳动技能、原始宗教知识等；教育方法主要包括模仿、说教、举行仪式等。[1] 具体体现在以下两个方面。

在课程内容方面，主要包括社会常识、劳动技能、原始宗教等知识。为了生存，要培养儿童适应社会的能力，让他们学习社会规范和生活方式，包括有关部落、氏族的风俗习惯等。随着儿童的成长，学习内容有所扩展。儿童开始学习人际交往与协作知识，学会尊重长辈，懂得为部落服务。

劳动技能也是学习的主要内容之一，劳动教育可以让儿童尽快地参与集体劳动，维持部落的生产需要。一开始，儿童在成人旁边观看采集果实、捕猎等活动，然后充当助手，最后慢慢学会应用这些技能。儿童长大后，再学习制造和使用简单的工具。此外，原始畜牧业和农业也是学习的内容。例如在印第安人原始部落，儿童从小就学习驯养小动物，安置营地、使用弓箭等。到原始社会后期，生产力得到了提高，劳动技能进一步包括了种植、筑房、制陶、炼制铁器等重要技术内容。可以说，劳动技能教育伴随着整个原始社会教育发展的始终。

原始音乐和舞蹈成为一种集体生活方式。在劳动之余，人们会模仿动物的声音和形态，开展载歌载舞的休闲活动。原始音乐和舞蹈也是人们用来宣泄情感的一种方式。在丰收、胜利的欢乐场合，或者哀悼、战败的悲伤场合，都会举行一些音乐和舞蹈活动。随着时间的推移，这些活动成为一种原始的风俗习惯和教育内容，一代又一代地传承下去。

在教育方法方面，原始社会没有专门化的教育，教育方法总是与社会实践活动相结合，主要包括模仿、说教、举行仪式等。观察模仿是原始社会重要的学习方式，有些部落的儿童以游戏的方式模仿成人活动。例如，设置捕猎游

---

[1] 杨捷.外国教育史[M].开封:河南大学出版社,2010:8.

戏、陶器制作的游戏等。早期人类知识的贫乏和思维的低下,决定其只能通过观察模仿、听从部落首领或祭司的指示来获得生存技能。正如孟禄所指出的,"原始社会的教育是一种通过模仿适应现实生活和服从传统习俗的活动,具有保守性,缺乏创新性"①。

由于没有文字等体外信息媒介,口头讲述和说教成为传递知识的重要方式,原始人类通过代代口头相传完成早期的文化积淀。前辈常常向后辈讲述如何劳动和捕猎的故事,结合神话和歌曲讲解部落中的伟大人物、英雄事迹等,帮助后辈成长。

原始部落的各种仪式也是一项重要的教育方式,主要包括宗教仪式、庆典仪式、成年礼等。成年礼具有专门性,部落中达到一定年龄的青年成员必须参加,经受考验和磨难,如文身、鞭打、火熏、割礼等,蕴涵着对被考验者品德、能力、行为方式等多方面的要求。沙巴耶娃认为,成年礼表明原始社会开始分化出专门的教育机构,如原始社会后期"青年之家"的出现。② "青年之家"逐渐演化为后来专门的教育机构——学校。

总之,前技术时期的教育方法比较简单实用,总是与社会实践活动紧密联系,是适合当时生存条件的最行之有效的方法。

(三)仿制课程理念文化

在知识观方面,神秘型知识被认为是最有价值的知识。前技术时期可以称得上是一个泛灵论的社会,原始人类即使拥有必要的生活实践经验,也仍然无法解释生老病死、天灾人祸等自然规律。因此,他们将万事万物都看成有灵魂的,一切事务都是由灵魂来安排的。神秘型知识被认为是最有价值的知识,支配着人们的日常生活和生产经验。

仪式具有最特别的教育价值和意义。可以说,仪式是完成这种神秘型知识传递的最重要的方式,原始人类生活在各种仪式之中。仪式的主持者被称作"巫","巫"有着特殊的身份,其地位甚至可以高于部落首领,扮演着神秘力

---

① 陈竞蓉.孟禄与 20 世纪 20 年代的中国教育[J].河北师范大学学报(教育科学版),2004(1):5.
② 张斌贤.外国教育史[M].北京:教育科学出版社,2008.

量和神秘型知识转述者的角色。仪式是原始社会最强有力的社会纽带，它超越了血亲关系，是促进社会成员彼此认同的最根本因素。毋庸置疑，在前技术时期，仪式具有最普遍、最强烈的教育价值。

神秘型文化对原始教育具有支配作用，这在英文"education"一词的词源内涵上可以得到体现。英文"education"一词源于拉丁文"educare"，其动词意义是"出来"和"引导"，其假定在人的身上已经"预先"存在某种有价值的东西，教育的作用就是通过一定的方式，让其完成"自我显现"和"心灵转向"。可见，拉丁文"educare"一词在创制时所蕴含的神秘意义。

因此，前技术时期的教育是受神秘型文化支配的，是以神秘性、情景性和仪式性为主导的教育活动，其与生活、生产中自发的经验性教育活动一起构成这一时期的全部教育形式。

第二节　哲学、神道型文化：生技术—经书课程

公元前4世纪左右，世界各地出现了文字，文字的发明是人类文化史的里程碑。如果说语言的产生使人类彻底摆脱了野蛮状态，那么文字的出现则让人类进入了一个更高的文明发展阶段。公元前4世纪至15世纪中叶，人类社会处于一个相对稳定的社会文化阶段。

一、哲学、神道型社会文化

哲学、神道型文化的产生是时代和社会发展的必然结果，其背后有着深刻的动因。在前技术后期，随着社会生产技术的进一步发展，生产经验和生产力大大提高，人们的生活资料逐渐丰富，开始出现剩余。一些部落首领和少部分人占有了剩余生产生活资料，私有制开始出现，阶级和阶级对立形成。这种私有制和阶级对立与当时的经验、神秘型文化是不相适应的，是一种"非法的"制度和行为。因此，新兴的社会阶级急需抛弃原有的文化范式，建立一套新的文

化体系,以便为自己的合法性进行辩护。与此同时,私有制的出现引起了大规模的战争。部落之间为了争夺财产和人口,时常发生战争。大规模战争导致了部落兼并或联盟,这种兼并或联盟带来了激烈的文化冲突,不同的部落有着不同的神灵和神话,新的部落为寻求安定和统一,急需建立唯一正统的神和神话。因此,原有的神秘型文化面临着被替代或转型的危机。

可见,在前技术社会后期,这种基于经验的、神秘的文化范式遭到了质疑,失去了引导社会发展的合理性。一种新的文化范式亟需建立,这种新文化必须抛弃原有神秘型文化的"泛灵论"。西方社会建立了统一思想的探究世界本源的形而上学本体论哲学,诞生了辉煌的古希腊哲学。在宗教方面,"一神论"的基督教逐步取得最高地位,并与哲学相结合形成神道文化。在西方中世纪时期,神道文化一直统治着人们的思想。在中国,形成了以儒家思想为主流的哲学思想,并与佛教、道教等宗教相融合,形成了独特的中国式哲学文化。中国主流社会文化尊崇天人合一的思想,注重社会等级秩序的伦理规范。

文字的发明催生了知识分子阶层的形成。文字最初被使用时,只能手工书写在莎草纸等载体上,文字材料少且比较零散。然而,文字具有重大的历史意义,文字使人类第一次拥有了可以永久留存自身思想和知识的能力,后人正是依靠前人记录下来的这些知识,不断积累产生智慧。文字符号使知识进一步系统化,系统化的知识建立在社会群体的观察和交流的基础上,弥补了以往个体、孤立的观察和思考的局限。在这种社会建构的基础上,知识分子阶层逐步产生了。

哲学、神道型文化便是建立在这种社会建构的系统化知识基础上的一种新型社会文化,其是对前技术时期经验、神秘型文化的解构与否定。当时,统治人们思想的这些知识具有浓厚的形而上学的色彩,充满了哲学思考和理性智慧。因此,这种社会文化也体现为一种"形而上学文化"。而在西方中世纪时期,这一文化被宗教利用以维护其合法性,因此这一时期的文化也是一种神道型文化。

当时,西方哲学是一种形而上学的哲学,倾向于对世界万物的本源进行形而上学的思考,是一种本体论的哲学。这种思考具有抽象的、逻辑的、追根溯源的特点,大大超越了前技术社会那种经验的、隐喻的、神秘的思维方式。在古希腊,出现了一些哲学家,他们致力于思考万事万物的起源和存在的依据,提出了火、气、原子等多种主张。比如,柏拉图提出了理念论,亚里士多德提出了著名的"三段论"。在中国,也出现了孔子、老子等哲学家,产生了《易经》这样的哲学著作,其用简单的概念和符号来解释世界。这种形而上学的思考,改变了人们认识世界的方式、思维方式和价值理念,从而摧毁了经验、神秘型文化的统治地位。

4 世纪以后,西方社会的基督教排除了其他宗教和原始神话,成为统治社会的正统宗教。基督教的神学家为了维护自己的正统地位,需要寻找逻辑支撑,哲学成了他们维护教义的最好的工具。哲学不仅帮助他们进行有关"上帝存在"的本体论证明,还让他们演绎出了庞大的、绝对的神学知识体系。哲学与神学结合在一起,成为统治社会的唯一合法知识。这种知识观不仅控制着整个社会的精神文化,还控制着这一时期的世俗生活。社会各项制度和活动只有得到宗教神学知识的支持才能成为合法的制度和活动。特别是在中世纪,神道型文化成为社会生活"绝对""专横""神圣"的主宰。

二、生技术下的经书课程

经书课程文化为经书课程提供了物质基础、制度保障和理念指导,而经书课程通过具体的教学实践反映和推动经书课程文化的发展。理解和把握经书课程文化的三个层面,对于科学设计和实施经书课程,提升教育质量具有重要意义。经书课程文化包括物质文化、制度文化、理念文化三个层面,下面具体阐述每一层面经书课程文化的主要特征。

（一）经书课程物质文化

文字技术让人类实现了知识的外部存储,人类大脑可以"离体记忆",从而克服了记忆的局限。更重要的是,文字突破了时空的限制,摆脱了多年来"面对面"口耳相传的限制,是人类进入物化媒介阶段的标志。[①] 文字把语言表达的信息以符号的形式加以固定,使表达的内容能够独立于表达者而存在,大大拓展了人类的自然记忆。恩格斯就曾指出,"文字的发明及其应用于文献记录使人类过渡到文明时代"[②]。

最早的文字一般记录在莎草纸上,如荷马史诗,后来才出现了一些新的写作表达形式。有了莎草纸这种外部存储载体,人们开始把散落的知识,以文字符号的形式加以汇集。这些都为知识的系统化提供了物质基础,也让我们深刻地理解了媒介技术与知识、文化之间的密切关系。借助文字和莎草纸的帮助,早期的知识分子开展了研究工作。比如,亚里士多德曾征集上千人把各地的口头传说记录在莎草纸上。亚里士多德无疑对知识的整理和传承起到了重要作用;与此同时,也必须承认莎草纸、文字等技术作出的贡献。

随着手抄资料的增多,图书馆开始出现。据记载,在公元前 2—3 世纪,托勒密王朝通过各种手段,建立了亚历山大图书馆,该图书馆是当时世界上藏书量最大、种类最多、书目最全的图书馆。其藏书量最多时达到 50 万卷,包括希腊文《旧约圣经》的译稿、荷马的全部诗稿、《几何原本》等。除了图书馆以外,托勒密王朝还建立了博物馆、天文台、实验室、解剖室、植物园、动物园等,成为人类历史上最早设立研究院和教育机构的国家。

与口语交流不同,掌握文字并不是一件容易的事,需要进行专门的文字学习。因此,专门从事文字教学的活动被组织起来,专门的教授人员和施教场所开始出现。可见,文字促进了教育的专门化,也产生了专门进行教学活动的场所。古代斯巴达建立了以军事体育训练为主要内容的教育制度,古代雅典形成了重视身心和谐教育的学校体系。古罗马的学校分为三级:初等学校、文法学校和修辞学校。事实上,由于莎草纸稀少、手工抄写慢,当时阅读物的数量相当少,识字教育仍是少数人的特权。

---

① 王伦信. 从纸的发明看媒介演进对教育的影响——技术向度的中国教育史考察[J]. 华东师范大学学报(教育科学版),2007(1):78-85.

② 李培栋. 马克思主义文献中的"文明"概念[J]. 齐鲁学刊,1983(1):2.

西方中世纪时期,教育基本处于停滞状态。教会控制着羊皮纸,使得教育无法普及,而且教会对羊皮纸手稿的制作过于花哨,非常不利于阅读,因此大多数人仍是文盲。教师控制着教材,这些教材需要他们自己抄写或找人代抄,且页码混乱缺少组织性。学生没有教材,只能通过听讲来抄写记录,"死记硬背"是最重要的学习方式。

(二)经书课程制度文化

西方社会先后经历了古希腊时期、古罗马时期、中世纪和文艺复兴等几个不同的阶段。其中,中世纪之前的教育发展较快,中世纪时期的教育发展基本处于停滞状态。下面对前三个阶段分别加以介绍。

古希腊由奴隶制城邦组成,其中最典型的是斯巴达和雅典。斯巴达采取的是军事化教育与军事化行政管理的方式,教师和学生对国家绝对服从。而雅典的教育形式则相对和谐,重视德智体美的培养,教师来自各个阶级,但教师地位低、待遇差。在古罗马,家庭教育成为一种重要的形式。儿童到了7岁以后通过观察和实际操作学习各种知识。家庭教育教授的内容以道德教育为主,培养儿童爱国、守法、节俭、勇敢、诚实等品质,十二铜表法成为唯一的教材。此外,体育技能的训练特别受到重视如骑马、投枪等,其目的是培养既能从事生产活动,也可为国征战的公民。

公元前3世纪,罗马兼并了希腊大多数城邦,希腊文化和希腊知识分子进入罗马,大大促进了罗马的学校教育。古希腊文化与古罗马文化相交融,形成了古罗马的学校教育体系,这一体系的特点是以哲学思辨为核心,重视文雅教育,同时也强调培养实干有用的人才。古罗马的学校主要包括初等学校、文法学校和修辞学校。初等学校是为12岁以下儿童开设的机构,教授的主要内容为十二铜表法,读、写、算等,国家不予管理,学校简陋,教师和学生都来自奴隶和贫民;贵族子弟则以聘请家庭教师的方式来学习。文法学校主要培养12—16岁的贵族子弟,文法学校完全由希腊人创办,开设的学习内容是希腊语和希腊文学。后来,拉丁文、地理、历史、数学和自然科学也相继成为其学习内容。修辞学校是一种更高级的学校,招收16—20岁的贵族子弟,以培养演说家为主,课程有修辞学、哲学、法律、希腊语、数学、天文学和音乐。

中世纪早期的教育具有明显的等级性和宗教性,封建主子弟按照其所处的不同阶级接受相应的教育,他们接受的教育决定了他们的社会地位。教会也建立了同样的教阶制度,其层级分为教皇、大主教、主教、神父、牧师,各自具有不同的教育权利。除此之外,劳动者无权接受教育或只能接受一些简单的劳动技能教育。教会垄断了教育,成为唯一的教育机构,宗教神学取得知识霸主地位,僧侣成为法定的教育者,课程内容主要是神学、宗教教义等。因此,中世纪教育具有强烈的宗教性质。正如恩格斯所指出的,“中世纪把古代文明、哲学、政治和法律一扫而光,它所继承的唯一事物就是基督教以及一些残破不全、失掉文明的城市,其结果与一切原始发展阶段中的情形一样,僧侣们获得了知识教育的垄断地位,教育本身也渗透了神学的性质”①。

教会中的经院哲学进一步发展,促进了中世纪大学的产生。经院哲学学派为辩护自己的教义,大力宣扬自己的思想,这些辩论场所成为大学的萌芽。一方面,经院哲学家成为最早的大学教师,其哲学著作成为大学教科书,其争论的观点成为主要的教授内容。另一方面,约11世纪,手工业进一步发展,并逐步从农业中分离,手工业者和商人的大量出现进一步催生了中世纪大学。中世纪大学由一开始的单科大学,逐渐发展成为由文、法、医、神四科组成的综合性大学。课程内容以“七艺”和逻辑学为主,同时包括法科课程、医科课程和神学课程。教学采用拉丁语授课,讲课、复述、辩论是主要的教学方法。教师的讲课包括评论、注解、推演、归纳等,学生被分成小组,展开讨论和辩论。中世纪大学虽然带有浓厚的经院习气,但还是培养了学生思维的敏锐性和逻辑性。中世纪大学还产生了最早的学位制度和考试制度。学位包括学士、硕士、博士三种,这些学位最初是为培养大学师资而设立的,后来学位成为认定从教者胜任能力的标准。具备拉丁语基础、掌握“三艺”,就可以获得学士学位;修完专业课程可继续申请攻读硕士和博士学位。

---

① 姜文闵.欧洲大学的兴起及其特点[J].河北大学学报(哲学社会科学版),1982(4):6.

在中国，也出现了专门的学校和经书课程制度。学校的主要目的一方面是培养古代统治阶级所需的人才，如官吏、牧师、骑士、君子等，另一方面是对劳动人民进行宗教、道德或政治的教化；课程内容主要是一些人文学科和工具性知识，如中国古代教育的"六艺"（礼、乐、射、御、书、数）、"四书"（《论语》《大学》《中庸》《孟子》）和"五经"（《诗经》《尚书》《礼记》《周易》《春秋》）；教学方法强调严格的纪律和严酷的体罚；教师没有统一的计划，没有严格的班级和学年，学生入学与结束学业都比较自由随意，师生关系反映了农业社会的阶级关系和等级关系；劳动人民基本上被排除在古代学校教育体系之外，只在日常生活和生产中接受一些朴素的教育，有的也通过师徒制的形式接受一些民间专业技术教育。

（二）经书课程精神文化

在知识观方面，经典的经书内容成为最有价值的知识。这些知识蕴含了哲学思想和道德规训，是凝结了很多智慧的"思辨"知识，成熟的"经书"知识取代了以往的神话、神秘、经验知识。人们开始将这些传统知识视为不可靠的，甚至错误的，唯一可靠的知识被认为是经过深入哲学思考的知识。对概念、范畴以及语言形式的掌握和运用是获得知识的有力工具，只有哲学知识才能为人们的认识和行动提供最可靠的基础。原始的哲学家们更是这种知识观的守卫者，他们极力希望使自己的知识发挥社会政治效力，维护统治阶级的地位。中世纪时期，哲学知识与神学知识的结合，形成了具有强大控制力的神道型知识。在中世纪大学，哲学知识被宗教利用，成为神学研究的重要组成部分。例如，对唯名论和唯实论的辩论就是一种充斥着形而上学的神学论辩。从表面上看，大家进行的是形而上学的思辨研究，实质上都是对神学问题的争论。慢慢地，这种本体论研究成为一种机械的、僵化的、静态的思维方式。

在教育目的方面，哲学知识取代神秘知识后，教育和课程的目的发生了转变。西塞罗认为，教育的最高目的就是培养雄辩家。[①] 他在《论雄辩家》一书

_____

① 刘文明.古罗马著名的雄辩家西塞罗［M］.北京：商务印书馆，1984.

中指出,雄辩家必须具有对任何问题进行论证、推理和演说的能力。具体来说,包括五个方面:(1)思考和理解对方的言论;(2)将自己的思想系统化,形成合理的次序;(3)对演讲的内容做到过目不忘;(4)会使用华丽的词语进行修饰;(5)演讲仪表威严,姿势优雅。除此之外,还要有广博的知识和经验才能成为名副其实的雄辩家。因此,必须好好学习文学、修辞学、历史、哲学、法学、天文、几何和音乐等课程。不过,西塞罗认为,人先天能力的重要性大于后天的学习,并不是任何人都能成为雄辩家,因为这需要一定的天赋。① 此外,道德教育也被认为是教育的重要目的之一,伦理学的学习非常重要。即使是雄辩家,也必须拥有良好的道德,必须公正、忠实地为公民们服务。而基督教神学家则论证了神学的教育价值,奥古斯丁认为,教育的目的就是要帮助人们认识神的存在,每个人都应该具有如基督教教徒一般的良好品德,以便为来世的生活做好准备。② 教育不是单向地教授知识,而是充分激发学生自己的心灵,让心灵主动寻找知识,心灵先在地具有知识的观念。整个教育过程就是用符号唤起心灵对观念的再认,这是一个完全的自我修炼。因此,神学家主张神学教义应该是教育的主要内容,其他文化都是为基督教服务的,如文法、修辞、逻辑等。对基督教有益的知识可以保留,并纳入神学经典,而其他没有用的世俗文化则应该加以抛弃。

　　发挥知识的社会政治效力、建立规范的等级制度,也是当时哲学家著书立说的教育目的。西方典型代表柏拉图在《理想国》中论述了一个理想社会的状态:他将公民分为金、银、铜三等,包括哲学王、军人、手工业者和农民,这些人都必须经过层层学习和层层考核,并明确提出要将那些所谓的戏剧家逐出雅典,因为戏剧家创作的作品都充斥着原始神话,非常危险。东方典型代表孔子是儒家思想的开创者,他把"仁"作为最高的道德准则和道德境界,提出了仁、义、礼、智、信、恕、忠、孝、悌等伦理思想结构。孔子提出的严格的等级思想和政治改良思想,符合当时统治阶级的利益,也有利于当时社会的稳定和发展。

---

　　① 刘文明.古罗马著名的雄辩家西塞罗[M].北京:商务印书馆,1984.

　　② 吴式颖,李明德.外国教育史教程[M].北京:人民教育出版社.2015.

第三节　科学、理性型文化：熟技术—程式课程

熟技术包括印刷术和电子技术，从 15 世纪开始到 20 世纪中叶，形成了科学、理性型文化。15 世纪以来，印刷术和造纸术的发明使人类掌握了复制文字信息的能力，信息和知识开始批量生产。随着知识的普及，人们对知识的要求越来越高，以形而上学为基础的古典文科知识和神学知识开始遭到批判，科学知识被认为是一种真正的、可靠的知识。

一、科学、理性型社会文化

10 世纪以后，手工业和商品经济迅速发展，形成了比较发达的城镇，意大利最先进入资本主义萌芽期。随着经济结构的变化和政治结构的逐步转型，民族意识开始觉醒。一方面，意大利处于古罗马文化的中心地带，有许多古文化研究者，新兴资产阶级形成后，纷纷招揽博学之士为其服务。另一方面，中世纪大学的研究也保持着理性传统。意大利形成了开放自由的文化氛围，产生了世俗知识分子，文艺复兴运动率先在意大利爆发。文艺复兴运动以古希腊、古罗马文化为依托，大力宣扬人文主义，在思想和文化领域展开了一场反封建思想文化运动。

与此同时，11—12 世纪，东方阿拉伯文化传入西方社会。与西方社会形而上学的思维方式不同，阿拉伯文化采用的是一种实用的科学思维方式。阿拉伯世界的实用知识不以概念和逻辑为基础，而依赖于经验观察，是一种与形而上学完全不同的思维方式的产物。因此，意大利、法国等地建立了自然博物馆、天文台和解剖室等机构，这些机构对西方经验主义思维的发展起到了推动作用。后来，中国人蔡伦发明的造纸术传遍了整个欧洲，再加上德国人古腾堡发明的活字印刷机，使知识的普及率大大提升，打破了教会对知识的垄断。在此后约 400 年的时间里，欧洲历史上的"科学的世纪"得以形成。在这一时期，

出现了牛顿、哥白尼、伽利略等科学巨人,他们对整个现代科学的发展作出了巨大贡献。现代经验主义和理性主义对哲学、神道型知识观展开了批判,一种新的科学知识观形成。

15—19世纪,西方社会从哲学、神道型文化向科学、理性型文化转变。其主要特征包括以下几个方面。第一,科技进步大力推动了生产力的发展,资本主义制度逐渐取代封建制度,西方社会从农业社会进入工业社会。第二,科学技术的发展和文化的交流传播带来了新的知识体系和思维方式,观察、实验和定量推理成为获取真理的唯一方式,神道型知识和思维方式遭到抛弃。第三,西方社会理性、求知的传统为自然科学的发展奠定了基础,使其发展达到了一个前所未有的高度。第四,旧文化的保守性和滞后性使得新文化的形成经历了一个曲折的过程,直到19世纪末,科学、理性型文化才完全成熟,人们的世界观、人生观、价值观发生了重大转变。

科学性和理性是科学、理性型文化的第一个特征。科学取代了哲学和宗教,成为引导人类社会发展的新“教义”。它赶走了人们心中的“上帝”,代之以科学理性与工具理性。科学成为永恒的真理和唯一可靠的知识。这种知识是客观的、普遍的、价值中立的,它的获取需要发挥认识主体的理性,是主体对客体本质的“反映”和揭示。它必须通过观察、实证和逻辑推理的方式获得,是“外在的证实”(即经验的证实)和“内在的完备”(即理论之间的逻辑一致性)的统一。科学是人类全部文化中最有价值的部分,是评判全部文化的基础、标准和尺度,客观主义是基本原则,确定性和自明性是基本标准,经验和实证则是正确的研究方法。在科学和理性的基础上,西方现代社会建立了高效的经济运行机制和社会管理体制,社会各领域得到快速发展。随着工业社会的发展,文艺复兴运动中共同反对神权和专制的人性和理性彻底分离,科学理性占据了统治地位,人文理性被逐步放逐。

世俗性和功利性是科学、理性型文化的第二个特征。科学与理性的张扬,意味着上帝的隐退和世界的“祛魅”,人们重新回到世俗生活中,尽情地追求物质、爱情和幸福。正如黑格尔所说的，从此"人的目光过于执著于世俗事物了"①。人们不再借助虚幻的上帝，一切都由自身掌控。对于这一世俗性的转变，韦伯进一步指出，"只要他想知道，就什么时候都能够知道；也就是说，再也没有某个神秘的、不可控制的力量在起作用了，人类可以通过科学和理性来掌握一切，从而为世界祛魅"②。人类将目光转向了当下和世俗。科学、理性给人类带来了实际的物质利益，满足了人们追求世俗生活所需的物质条件。因此，功利性成为现代社会发展的巨大推动力，最高的效率和最大的效果成为必然的追求。机器大工业成为现代社会的主要生产模式，它能最有效地配置资源、最大限度地生产商品；市场经济成为现代社会的经济运行机制，它能最大限度地给资本带来增值和利润；科层管理制度成为现代社会的管理模式，它能对个人和社会进行最有效的治理。③

二、熟技术下的程式课程

程式课程文化为程式课程提供了物质基础、制度保障和理念指导，而程式课程通过具体的教学实践反映和推动课程文化的发展。理解和把握程式课程文化的三个层面，对于科学设计和实施程式课程，提升教育质量具有重要意义。程式课程文化包括物质文化、制度文化、理念文化三个层面，下面具体阐述每一层面程式课程文化的主要特征。

（一）程式课程物质文化

印刷术和造纸术的发明给阅读物的生产方式和呈现形态带来巨大的变化。充足的人造纸取代了稀有的羊皮纸，而印刷机则能准确而高效地复制文字。阅读物的数量变得十分充足，人们能够方便地获得书籍和纸张。印刷术营造了一个全新的社会媒体生态，一个建立在纸和文字之上的"知识社会"形成了，其为欧洲文艺复兴、地理大发现、科学革命、工业革命等提供了良好的

---

① 黑格尔.精神现象学（上卷）[M].贺麟，王玖兴，译.北京：商务印书馆，1979：5.
② 韦伯.学术与政治[M].冯克利，译.北京：生活·读书·新知三联书店，1998：29.
③ 韦伯.经济与社会（上卷）[M].林荣远，译.北京：商务印书馆，1997：223.

土壤。

随着印刷业的成熟,图书出版业、报纸杂志业得到了迅速发展。借助强大的印刷术,人们总结整理了世界各地从古到今的历史、文学、地理、科学、文学等知识,形成了一套全方位、多角度、多层次的庞大的学科知识体系。在此基础上,现代学校制度得以建立,并在全社会普及,读、写、算成为每一个人的必备技能。

图书出版出现了标准化制作方式,16世纪出版的《新约全书》首次使用了页码。随后,又出现了目录、索引和注释等排版技术。到16世纪末,机器印刷的图书的质量已达到较高水平,与今天的图书并无太大差别。教科书的出版格式和内容编排方式有了重大改变,开始了标准化制作,字体大小、插图比例、页码目录和索引都有了统一的格式要求。

18世纪末,幻灯机、胶片放映机、无声电影等视觉媒体技术问世。一些幻灯教学材料和电影教学材料被开发使用,受到了教育界的欢迎。基于此,生产投影教学设备的公司纷纷成立,"1908年,凯斯通图片公司首次出版了以《视觉教育》为名的幻灯片和立体图片教师使用手册,向教师介绍其产品"[①]。之后,无声电影也得到了大量应用。

"1924年,电影技术获得了突破性进展,有声电影开始出现。有声电影既具有视觉的图像又具备听觉的声音,在教育中具有很大潜力。一些精明的商家更是看到了其中的商机,推动了教育电影的商业化发展。20世纪30年代,美国的教育电影形成了很大的市场,竞争激烈。例如,有关食物消化内容的电影就有800多个不同的厂家生产。"[②]日本在20世纪40年代为学童开展了电影教育运动,同一时期,我国南京的金陵大学等教育机构也开展了电影教育。

20世纪50年代,电视机制造技术获得突破性进展,电视机的普及率大幅度提高。"1955年,美国家庭电视机的拥有率已达78%,到1960年上升到87%。"[③]在电视机普及的情况下,电视成为一种快速、经济、有效的教育手段,

---

① ②　张立新.美国教育技术发展史研究[D].保定:河北大学,2002:12.
③　德弗勒,等.大众传播学诸论[M].杜力平,译.北京:新华出版社,1990:129.

使教育发生了革命性变化。1952年,美国联邦通信委员会拨出"242频道"供教育使用,五年后实施"资助小学电视教学方案"。20世纪五六十年代,教育电视台如雨后春笋般在世界各地发展起来,日本有100多个,美国有300多个。同时,闭路电视系统在各大学校和地区建立起来,如美国马里兰大学有100多门课程使用闭路电视进行教学。

(二)程式课程制度文化

印刷术推动了学校制度的建设。印刷术产生100年后,阅读物的数量越发充足,标准化的教科书出现,为现代学校制度的形成和发展奠定了基础,"班级授课制"成为现代学校制度的主要组织形式。现代学校制度按照不同内容进行分科教学,并根据内容的难易程度分为不同年级和班级开展教学活动。此外,拉米斯确立了"教科书"的编写规范,开创了当时所有学科(辩证法、逻辑、修辞、语法、算术等)的教材编写方式。[①] 这种规范化的教材体现了一种"程式化"的特征,"首先是冷冰冰的学科定义和分类,由此再引导出进一步的定义和分类,直到该学科的每一个细枝末节都解剖殆尽,处理完毕"[②]。不同的内容归入不同的学科之中,学科之间的界限明显,用教科书这一封闭的空间形式框定学科内容,从而推动了教育史上"教科书"范式的确立,拉米斯编写的《逻辑学》《辩证法》等教科书在当时广为流传。随后,考试制度、基础教育制度等不断完善,逐步形成了今天的现代学校和课程体系。

学校制度建立后,程式化课程的内容和结构逐步成熟和完善。18—19世纪,随着工业革命的发展和社会生产方式的转变,传统的课程内容和结构如西方的"自由七艺"、中国的"四书五经"已无法适应社会发展的要求。正如恩格斯所述,"随着中等阶级的壮大,科学也大大地复兴了,对机械学、天文学、物理学、解剖学和生理学的研究又重新发展起来。资产阶级需要探索自然物理特性和物体活动原理的科学来发展工业生产。而在此以前,科学只是教会的恭顺的婢女……现在科学起来反叛教会了,资产阶级没有科学是不行的,所以也

---

①② 郭文革.彼得·拉米斯与印刷技术时代的教育变革——媒介技术作为一种"元认知"框架[J].教育学报,2022,18(3):184-195.

不得不参加这一反叛"①。培根提出了"知识就是力量"②,夸美纽斯回答了"什么知识最有价值"③,他们共同指向了科学知识。社会的快速发展推动着学校课程范围的持续拓展,天文学、地理学、化学、物理学等课程先后被纳入学校课程体系,教授自然科学知识慢慢成为学校课程的主要目标。20世纪初,专门研究课程的领域诞生了,博比特1918年出版的《课程》一书,成为教育史上第一本课程理论专著。博比特深受当时工业界盛行的"科学管理原理"的影响,把工业科学管理的原则运用于学校教育,继而又把它推衍到课程领域本身。他倡导依据科学的精确性和具体性,按社会需要确定课程目标,并提出了"活动分析法"④,后来发展为现代社会盛行的泰勒的"课程目标模式"⑤,从而将程式化课程模式推向了顶峰。

远程教育与教育技术的兴起,成为影响教育的重要方式。第一,媒体技术与直观课程。班级授课实行统一管理和统一教材,大大提高了教学效率,但知识讲解越来越抽象,仅靠语言和文字作为传播媒体,学生不易理解。因此,直观教具作为一种教学媒体首先被开发使用。夸美纽斯主张"让一切学校布满图像"⑥,他编写的《世界图解》将图片和文字结合在一起,力求文字解释的形象化。此后,直观教具得到了进一步发展。在平面视觉教具方面,有图片、图表、照片、地图等;在立体视觉教具方面,有模型、标本、计算器、地球仪等。最为值得一提的一种平面教具是黑板,黑板的出现可以说是近代学校的象征。直到今天,黑板依然在课堂教学中使用。第二,视听技术与视听课程。随着视觉教育的发展,无线电广播技术也进入了教育领域。"1930年,哥伦比亚创办了美国广播学校(The American School of the Air),播放系列教学广播节目;1935年,波士顿创办了世界广播大学(The World Radio),播放有关文学、音

① 马克思,恩格斯.马克思恩格斯选集第三卷[M].中共中央马克思恩格斯列宁斯大林著作编译局,译.北京:人民出版社 2012:761.

② 培根.培根散文集(中英对照全译本)[M].盛世教育西方名著翻译委员会,译.上海:世界图书上海出版公司,2012:254.

③ 斯宾塞.教育论:智育、德育和体育[M].胡毅,译.北京:人民教育出版社,1962:1-6.

④⑤ 邹静.教育目标分类评析[J].高等师范教育研究,1992(5):5.

⑥ 杨佳,杨汉麟.夸美纽斯和他的《世界图解》[J].教育研究与实验,2019(1):5.

乐、经济、天文等系列广播课程。"①"二战以后,随着美国人口的增长、要求受教育人数的激增,教师短缺成为美国教育需要解决的一个迫切问题。为了减轻这种压力,教育界人士寻求各种解决问题的方法。其中,在教学中推广电影可以在一定程度上缓解燃眉之急。由此,针对特定的课程内容和特定的学生拍摄的教学电影开始大量地在课堂教学中使用,有人把这种电影称为课本电影。这种电影与学科内容紧密联系,一般没有故事情节也没有完整的结构。"②第三,电视技术与远程课程。20世纪70年代中期开始,教育电视向远距离、大范围发展,电视节目通过通信卫星向全国甚至全球播放。1974年,美国发射"6号实用技术卫星",直接转播地面站发射的电视教学节目。印度由联合国发展计划资助,租用卫星开展"卫星电视教育实验",每天向儿童广播2小时的教学节目,大约有350万人受益。我国于20世纪60年代初开始试办电视大学,先后成立了中央广播电视大学、中国电视师范学院、中国燎原广播电视学校。以中央广播电视大学为例,从1979年到1994年,共开设359个专业,1000多门课程,培养了157万名大专毕业生和2000多万名非学历毕业生。中央广播电视大学包括省(区、市)、县(市、区)分支,是一个庞大的教育系统,重点开发了大量的多媒体远程教材。

(三)程式课程精神文化

科学、理性型文化与现代社会的政治、经济等各方面紧密联系,对现代程式课程的产生和发展具有重大影响。现代社会的教育现代性和课程现代性在很大程度上是由科学、理性型文化塑造而成,由此形成了现代程式课程的精神文化。

在科学主义理念的引导下,程式课程具有科学性的特点。程式课程是以传承和发展科学知识为目的的课程。科学、理性型文化认为,真正的知识是科学知识,是最有教学价值的知识。只有掌握这些知识才能促进个体和社会的发展,科学课程在学校课程体系中占据核心地位。其他领域的知识早晚要达

---

①② 张立新.美国教育技术发展史研究[D].保定:河北大学,2002:12.

到科学知识的标准，某种内容体系只有被证明为科学知识体系，才能获得出现在学校课表中的资格。学校课程评价的标准是：学生是否具有正确的科学态度和信念，是否具有强大的理性思维能力，是否熟练掌握了科学知识和方法。这种课程理念支配着学校和教育者的教学决策及教学行为。

科学性还是现代课程行动的指导理念，无论国家层面的课程政策，还是教师层面的教学行为，都受到科学理念的支配。调查、分析、数据、量化成为查找、诊断和解决各种课程问题最保险的手段。教育科学理论和心理科学理论是指导课程的可靠知识，而传统的、民间的、个体的知识则不受重视。尤其是20世纪中叶以后，西方国家对教育理论和教育政策中遗留的形而上学进行了"清理"，主张把自然科学的实证方式和科学研究的严密性应用于教育科学研究，从而使教育成为一门真正的科学。唯有如此，才能从根本上解决教育和课程上的种种分歧，达成统一的共识。

在功利主义理念的指导下，程式课程具有功利性的特点。现代程式课程抛弃了古代课程的神秘性和神圣性，其最大的功能是满足社会和个人发展的功利性需要。课程是为满足个体谋求工作和社会经济发展需要而开设的，是个体在追求幸福和成功道路上的身份、财产和标签。世界各国开展了教育领域的竞赛，不断制定和出台各项课程改革措施，"效率""效益""发展"和"平等"等代替了"心灵""德性""来生"等，成为表达现代课程理念的词汇。课程与经济发展的联系愈发紧密，受到来自国家、家庭和个人的共同关注。正规学校教育已无法满足这种强烈需求，社会资本纷纷进入教育领域，教育成为一个庞大的消费市场。个体在选择专业和课程时，看重的是未来的职业前途和经济效益，而促进个人精神修养的人文课程遭到冷落。

在普适主义理念的引导下，现代程式课程暗含着一种普适主义。首先，这种课程体系适合每一个学生。每个学生通过学习这些课程，都能获得成长和提高。一方面，课程知识是客观的、中立的、绝对的，建立在课程知识基础上的课程体系也是科学的、规范的，是所有人共同遵守的标准。另一方面，课程的标准性和正确性适合每一个个体，因此个体只须按照标准学习和要求自己，就能掌握全部的课程知识。其次,课程的普适性要求国家开展普及教育。人人遵循统一的教育标准,享受同样的受教育的权利。每个人通过参加统一的考试,获得公平的机会。每个人都在争取受教育的权利,普及教育得到了"自上而下"和"自下而上"两股力量的推动,成为现代社会一种世界性的教育理念和运动。最后,现代课程体系以科学知识为主要内容,以满足个体和社会的功利性需求为主要目的,以普及教育为发展方向,以理性开发为主要方式。可以说,现代学校课程的基本理念就是科学主义、功利主义和普适主义。

第四节　融通、创新型文化:富技术一智慧课程

在科学与理性的推动下,人类社会进入了由"第三次工业革命"①引发的后工业时代。以计算机和互联网为代表的信息技术是一种形式丰富、功能强大的富技术,富技术加速了社会的信息化和知识化进程,因此后工业社会又被称为信息社会或知识社会。本节主要论述信息社会的融通、创新型文化产生的背景及其特征,详述了智慧课程文化的三个层面。

一、融通、创新型社会文化

现代媒介技术的功能大大超越了传统口头语言和印刷文字,具有更丰富的内涵和更强大的功能,是一种包含多种媒体形式的富技术。富技术是一种建立在互联网之上的综合媒体技术,它是多种媒体技术的组合,例如富文本(HTML/doc/pdf 等文本组合)、视频、声音、动画、游戏或交互性平台等。富技术颠覆了人类几千年来文化传承的"读、写、算"三大基石,给社会文化带来了革命性影响。富技术与可再生能源技术的结合,更是奠定了第三次工业革命的技术基础。3D 打印、新材料、大数据、人工智能等新兴技术,改变了传统

---

① 里夫金.第三次工业革命:新经济模式如何改变世界[M].张体伟,译.北京:中信出版社,2012:6.

工业社会的生产方式和人们的生活方式。

在生产方式方面，大机器工业生产方式转向了以科技为基础的知识生产方式。现代工业生产大量应用 3D 打印、数字制造、人工智能等技术，个性化定制取代了大规模生产，社会化、家庭化生产方式取代了工厂化生产方式，分散式、社会化生产模式成为新的发展趋势。在知识经济时代，知识取代了原材料和资本，成为第一生产要素。与以往以提高劳动强度来提高劳动生产率的方式不同，知识经济时代主要依靠技术进步和高素质劳动者来提高生产率。对此，吉登斯曾有过这样的表述，"信息通信技术是这种新经济的动力媒介，但它的承担者是知识工人，他们是拥有知识和技术却并不直接创造物质产品的新式工人，这些工人的知识和技术是企业最值钱的财产"①。"若要评估微软公司的价值，如果只考虑土地、工厂、原材料等传统估值因素，你肯定收获甚少，微软的有形资产同它的市场价值相比微不足道。"② 在知识社会里，那种向自然界无情掠夺的生存方式已走到尽头，知识、人才和创新成为决定经济发展的关键因素。

在交往方式方面，随着交通与通信技术的发展，人们的交往更加自由、开放、多元。工业社会的交往主要围绕生产和消费，而计算机和互联网技术大大拓展了人与人之间的联结范围。人类智慧得到了最大的激发和交流，不同国家和地域之间的联系更加紧密，智能手机、无线网络等技术给大多数人的不在场交流方式提供了可能。这些技术改变了人们的生活方式和传统的价值观念，人类进入了经济、文化等全方位全球化的时代。在全球化时代，信息变得更加透明，每一个个体都能成为赛博空间的信息发布者。个体创造信息并通过社交网络与全世界的人分享，成为一种运行模式。人们可以自由地获取信息、交换信息和评论信息，社会文化变得更加自由、开放、多元。不仅如此，在权力关系和组织管理方面，合作性权力取代了传统的权力结构，自上而下的集权模式正在发生改变；垂直管理结构转向了扁平化结构，遍布世界的数千万中

---

①② 吉登斯.第三条道路及其批评[M].孙相东,译.北京:中共中央党校出版社,2002:79.

小企业和组织正发挥着越来越大的作用。因此,在全球互联与融通的环境下,最大限度地利用人才和知识创新,成为一个国家可持续发展的必要条件。

从科学自身的发展来看,传统主客二元论的科学观转向了主客统一的融通科学观。传统科学观以主客二元论为基础,以本质主义、理性主义、客观主义和普遍主义等为主要表现形式,是一种唯科学主义的科学观。本质主义假定存在一个独立于人之外的客观世界,它具有一个绝对的本质。这一绝对本质是客观事物的本质总和,整体还原为部分,部分相加成为整体;理性主义强调对本质的探索必须诉诸人的理性,任何非理性探索都是不可靠的,认识主体不能有任何价值因素和感性意识的介入;正是有了认识对象的客观性和认知主体的理性作保障,这种认识就具有了确定性、永恒性和普遍性。然而,传统科学的不断发展也逐渐暴露出种种缺陷并遭到质疑。随着耗散结构理论、协同学理论、超循环论、突变论、混沌学等理论的出现和成熟,现代科学进入了复杂性科学理论阶段。复杂性科学是研究复杂系统行为与性质的科学,它的研究对象得到了扩展,包括自然科学和人文科学里的众多学科;它的研究方法得到了更新,用整体论取代了还原论,弥补了传统科学简单性思维的不足;复杂性科学提供了运用"整体"或"系统"处理复杂性问题的一个新方向,建立了一种主体与客体统一、整体与部分统一、科学与人文统一的融通的科学思想。

复杂性科学将科学理解为人的一种存在方式,试图用融通消解传统科学的各种对立。在主客体的关系上,其认为主体与客体是统一的。观察主体被纳入观察活动之中,主体无法脱离整体和环境,整体和环境也不能凌驾于主体之上。客观规律不是先在的,而是主体创造的,是生成的而不是预设的;在整体和部分的关系上,两者是统一的。系统的整体性是最为核心的特性,系统的本质在于其整体涌现性(whole emergence),系统是由部分构成的有机整体,具有独特的结构和功能。整体并不是部分的简单相加,而是"整体大于部分之和"。可见,整体具有部分所不具备的特性,整体不能还原为简单;在理性与感性的关系上,理性与感性是统一的。正如波兰尼所指出的,"知识的产生并不是一个纯粹理性的过程,它伴随着个体的多种非理性因素,包括理想、信念、激情和主观判断等,缺少了这些因素,任何科学发现都是不可能的。在估价哪些事实具有科学价值或具有较大科学价值的问题上,科学的激情可以起到向导的作用"①。与爱因斯坦一样,他强烈反对实证主义的知识观,反对狭隘的科学主义的科学教育,强调激情和灵感在科学发现中的巨大作用。

知识创新和科技发展成为社会的价值追求,传统积累的、分化的、理性的知识观转向了整体的、批判的、情境式的知识观。科技进步推动人类进入知识社会,知识决定生产力的发展,知识创新变得愈发重要。知识创新的核心就是知识的增长与进步,建立在科学主义之上的传统知识观认为知识的增长是一个积累的、分化的、理性的、个体化的过程。② 培根、洛克和笛卡尔等都为这种知识观作过精当的辩护,他们的主要观点有:在知识与认识对象的关系上,知识增长是一个"反映"和"揭示"客观事物本质的过程,是一个"确定性"的积累过程;在知识与认识主体的关系上,知识增长是一个主体进行纯粹的"理性"探索的过程,任何非理性的因素必须排除在外;从认知个体来看,个体必须经过专业的经验主义和理性主义的训练,知识增长是一个不受社会文化影响的个体性过程。③ 随着科学的进步,这种知识观正在发生转变。人们开始认识到,知识的增长是整体的、综合的、批判的、情境式的。在知识的积累性方面,波普尔指出,人们根本不可能获得完全被证实的知识,所有的知识都是对问题的一种"暂时的""猜测性解释",而真正的科学发现的逻辑是进行"猜想"和"反驳",即不断地进行"证实"和"证伪"。④ 因此,他曾称自己的观点为知识"达尔文主义"。库恩的观点稍有不同,但同样对这种知识"积累式"增长观提出了批评。在库恩看来,知识的增长并不是一个连续的过程,而是当整个科学知识的"范式"遇到危机后,发生的一个根本性转换的过程:这种转换不是某个要素的转变,而是整个认识视角和框架的转换;这种转换有可能不符合常规传统,甚至

---

① Polanyi M. Personal knowledge: Towards a post-critical philosophy[M]. Chicago, Illinonis: University of Chicago Press, 1958.

②③ 施雁飞.皮尔士土论归纳问题[J].自然辩证法研究,1990,6(6):7.

④ 张华夏.波普尔的证伪主义和进化认识论[J].自然辩证法研究,2003,19(3):5.

动摇原有的知识信念,但只有经过这种转换,科学才能获得重生。[①]　可见,无论波普尔在微观层面的"猜测—反驳"模式,还是库恩在宏观上的"范式革命"模式,都提供了关于知识增长的新的认识。在知识增长的理性与非理性关系上,波兰尼认为,"就科学而言,理性并不都是普遍的,非理性是不能被排除的"[②]。他提醒人们,"纯粹的观察主体和理性主体是不可能存在的"[③]。爱因斯坦也曾有过类似的表述,他认为,"每一个发现的背后都包含了非理性因素""没有什么逻辑道路可以通向普遍性的规律,它们只能通过建立在对于经验客体理智之爱的基础上的直觉来达到"[④]。他们的这些论述都具有较强的认识论意义,揭示了人类认识事物所具有的完整性,有助于我们在认识活动中克服理性与非理性的分裂、科学知识与非科学知识的分裂。

　　总之,第三次工业革命再一次引发了生产方式的变革,大规模生产转向个性化定制,智能工业技术把人类从重复性的机械劳动中解放出来。互联网等技术打造了一个前所未有的开放空间,带来了人类思想和智慧的联通,人类思想更加开放、自由、多元。传统的崇尚理性、寻求基础、追求同一性、宏大叙事的思维遭到了质疑并发生了转变,而去中心化、追求边缘、文化差异、多元价值观成为一种趋势。复杂性科学和高新技术的发展,促进了主体与客体、科学与人文、理性与感性的融通。知识创新方式随之转变,知识以一种整体的、综合的、批判的、情境式的方式增长,"融通""创新"成为未来社会新的价值追求。

二、富技术下的智慧课程

　　智慧课程文化为智慧课程提供了物质基础、制度保障和理念指导,而智慧课程通过具体的教学实践反映和推动智慧课程文化的发展。理解和把握智慧课程文化的三个层面,对于科学设计和实施智慧课程,提升教育质量具有重要

---

　　① 王阳.论库恩的"科学共同体的社会学"[J].南京社会科学,2008(6):7.
　　② 黄瑞雄.波兰尼的科学人性化途径[J].自然辩证法通讯,2000,22(2):9.
　　③④ 杨建飞.爱因斯坦与老子科学发现方法论的相似与区别[J].自然辩证法研究,2005,21(10):5.

意义。智慧课程文化包括物质文化、制度文化、理念文化三个层面,下面具体阐述每一层面智慧课程文化的主要特征。

(一)智慧课程物质文化

传统标准课程的呈现形态主要是印刷文本,包括教科书、教学大纲、教学计划以及教学参考资料等。随着信息技术等富技术的出现,传统课程的形态也发生了改变,课程呈现数字化、多媒化、网络化、交互性等特征。课程资源更加丰富多样,出现了课程资源库、网络课程、视频公开课等。近年来出现的电子书包、微课、慕课、直播课等,更是引发了一场教育改革的热潮。

丰富的课程资源给学生营造了前所未有的学习环境,随着 Web3.0 时代的到来,富技术融合泛在技术,出现了泛在学习和智慧课程的概念。"泛在计算(ubiquitous computing)技术"以超微计算机和无线网络通信技术为基础,融合了移动通信、全球网络服务、嵌入式操作系统、P2P 对等计算、网格、蓝牙等多项技术。泛在学习突破了一人一机的限制,实现了一人多机的对应关系。基于统一通信技术的课程是一种联结了人、资源设备、学习活动、网络空间和知识内容的课程,营造了"人人皆学、处处能学、时时可学"的学习环境,使学习型社会成为可能。[①]

智慧课程打破了传统学习时间和空间的限制,学生可以随时随地学习,也可以使用任何终端按照自定的时间、地点和步调进行学习。智慧课程提供移动学习方式,学生可以在家里、学校、户外,以及任何其他地方接受教育。基于大数据的人工智能技术,能够提供全方位学习支持和智能导学服务。利用智慧教室,教师在交互白板上的讲解和注释,会立刻成为处于任何地点的学生的网上教学资源,系统向处于远方的学生智能推送和切换教师讲解视频镜头或白板内容,上课内容被自动记录,以备智能检索和复习,学生节省大量的记笔记时间以用于课堂交流,"隐藏"状态的设备让学生的注意力集中在知识的学习和思考上。

---

① 祝智庭.关于教育信息化的技术哲学观透视[J].华东师范大学学报(教育科学版),1999(2):11-20.

总之,智慧课程的特性主要体现在学习的联结性和技术的联结性两个方面。第一,学习的联结性体现为学习行为、学习接口和学习服务等的联结。学习行为联结保证在任何时间和任何地点,学生可随时进行学习;学习接口联结保证学生通过多种途径和方式与人和物进行交互,以便获取学习资源;学习服务联结保证学生能够通过感知技术、智能推送技术等获得全方位的学习支持服务。第二,技术联结性体现为学习设备、学习网络和学习环境等的联结。泛在网络将人和学习设备连接在一起,构造出一种何时何地都能无缝衔接的“透明”学习环境,让学生“沉浸”在自己的学习中。

（二）智慧课程制度文化

在课程体系上,智慧课程旨在构建人人能学、处处可学,联结校内校外的大课程体系。当今社会,人类正步入终身学习时代,仅仅依靠校内教育,很难满足学生未来生活的需要。首先,对现有学校课程进行优化,打破基础教育、职业教育、高等教育之间相互封闭的现状,让每一阶段的学生都有继续上升的通道,每一阶段教育的课程都有特色和差异。其次,在现有学校课程的基础上建设校外课程体系,让每一个学生都能够持续地接受教育。最后,充分利用政府、社会、家庭三者的力量,建立校外大课程体系。智慧课程体系要充分融通家庭、社区、企业、正规教育、非正规教育、现实课堂、网络课堂、学校学习、在线学习、学历教育、终身教育,打破工业社会一元化教育格局,打造虚拟学习空间,构建学校、家庭、社会一体化的人才培养体系,为学习型社会奠定制度保障。

在学校课程组织上,大批量、标准化的培养模式转向分散式、个性化的培养模式。智慧校园为学生提供了无处不在的学习支持服务,大数据分析技术为每一个学生提供个性化指导方案,学生带着真实的任务进行学习和体验。教师与学生之间不再是单纯的教与学的关系,而是变成一种沟通与合作的关系。在教师的帮助下,学生通过认知工具、网络平台、仿真环境建构学习,学习将成为一种自主的、主动的、自组织的行为,校园学习与真实生活、现实社会的联结更加紧密。

在课程内容上,注重基于核心素养的课程标准与内容建设。在以前,学生只要掌握一定的知识和技能,就能应对未来的工作和生活;而今天,学生必须具备面向未来的持续学习的能力,才能适应日益复杂的工作环境。因此,围绕学生的核心素养培养,需要对课程标准和课程内容作出调整。不同于知识与技能,素养是人们通过学习获得的知识、能力与态度的综合体,每个人必须达到的最关键、最重要的素养就是核心素养。富技术社会对教育提出了高度知识创新的迫切要求,世界各国必须回答"培养什么人、怎样培养人"的问题,才能应对未来社会的挑战。近年来,在欧盟(EU)、经济合作与发展组织(OECD)等国际机构的推动下,基于核心素养的课程设计已成为国际共识,发达国家纷纷研制基于核心素养的课程标准和课程内容,并把它作为教育改革的新目标。

在课程内容的编排上,做到纵向和横向的联结。既要注重纵向跨年段的编排,促进学科素养的连续性发展,又要注重横向课程间的整合或主题式课程的内容编排。在课程内容的遴选上,关注各个学科的最新进展,将学科的前沿知识和学科思维引入课程。在课程内容的呈现形态上,由注重传统教科书向数字化学习资源转变,从而适应以学习者为中心的学习范式。

在课程教学方式上,采用学习者中心模式。基于微视频的个性化自组织学习,是课内学习的重要补充。在校内课堂上,教师更多采用支架式、抛锚式、随机进入式等教学方式,帮助学生完成交流、建构和生成。师生学会利用大数据技术支持学习过程,用数据记录学习、生成学习计划、指导学习、评价学习。

(三)智慧课程精神文化

与传统文化相比,信息文化更多的是一种包括数字文化、互动文化和共享文化等在内的技术文化,身在其中的课程文化也遵从着信息文化自由、开放、共享等核心价值观念。课程文化在时空上逐渐从区域转向全球,在状态上从分散转向同步,在权利上从垄断走向平等。从表现形式上看,这些核心价值观念对课程的功能、目的、知识观、价值取向以及课程的设计理念等方面产生了深刻的影响。

在课程功能上,智慧课程秉持一种"大课程"观。其以泛在技术为支撑环境,构建智慧课程体系,应对学习型社会的需要。在终身学习时代,教育的目的不再是培养标准化的知识接受者,而是让每个人能够持续接受教育。传统课程体系遵循的是一个等级筛选体制,一切都在学校内完成,并且基础教育、职业教育以及高等教育之间无法贯通,是一种封闭的、静态的课程体系。智慧课程体系正是要打破这种封闭的状态,构建面向学校、社会和个人的大课程,为任何希望学习的人提供机会。课程面向终身学习服务,每一阶段或种类的学习都有继续上升的通道,每一类型的教育课程都有特色和差异。因此,当国家现有学校制度暂时无法充分满足多样化的学习需求时,教育的部分责任正从国家层面重新回归家庭和个人,标准化的学校教育转向按需定制的满足特定学生兴趣和能力的个性化教育。智慧课程体系拓展了现有的学校教育,将教育拓展至家庭、社区和企业,模糊了正规教育和非正规教育的界限。智慧课程融通了现实课堂与网络课堂、学校学习与在线学习、学历教育与终身教育,打破了学校教育的一元化格局,打造了虚拟学习空间,构建了学校、家庭、社会一体化的人才培养体系。

在课程目的上,从侧重标准化选拔到关注学生的持续发展。自现代学校建立以来,其核心使命就是为工业社会选拔和培养标准化人才。在这种情况下,课程必然也是标准化和程序式的。受当时知识观的影响,人们认为要从事科学和生产工作,最重要的是要具备扎实的学科基础。因此,掌握基本知识和基本技能成为课程的主要任务。斯宾塞就曾构建了一个包括几乎所有学科在内的,满足"完美生活"的综合知识体系,并成为现代学校科目的雏形。20世纪中叶以后,人类知识呈爆炸式增长,学校课程所涵盖的知识越来越丰富。由此,20世纪60年代,美国掀起了"结构课程"改革运动,围绕"学科基本结构"进行课程设计,以应对日益膨胀的知识,减轻学生的学业负担。然而,这次轰轰烈烈的课程改革运动却以失败告终,企图让所有学生掌握所有知识的做法并不可行。可见,标准化选拔式的知识教授模式难以适应这个时代的需求,学生个性发展和面向未来的持续发展必须受到关注。

关注学生,让学生具备面向未来生活的能力。杜威是这一思想的早期开拓者,杜威代表的进步主义教育理论,强调儿童的经验、动手能力和解决问题的能力[①];布鲁姆的掌握学习理论认为,几乎所有的学生都能通过足够的时间和恰当的帮助达到成功[②];人本主义教育理论强调,教学中注重学生的情感、态度、自信自尊和人格发展[③],这些都给我们提供了有益的启示。根据知识创新观的"综合的""批判的""情境的"观点,智慧课程目标的价值取向包括:激发学生的内在动机和学习热情;发展学生的自我调节技能即如何学的能力;对知识和技能的掌握,包括向不同或真实的情景迁移;发展知识批判意识、知识综合意识、沟通合作意识;情感、社交、性格的发展,包括对共同体的认同和贡献。

在知识观上,课程知识观由静态、封闭转向动态、关联。知识观是课程观的基础,不同的知识观决定了对课程的不同认识。传统课程知识观根植于工业社会和科学主义的土壤,以理性主义或经验主义为指导,将知识看作客观的、普遍的,认为知识可以一劳永逸地获得,是静态的、封闭的。而在信息社会,人类生活和学习的物质文化和行为文化均发生了重大变化,知识的创新和发展变得更加重要,知识不再一成不变,其性质正向动态性和关联性转变。

信息时代的知识半衰期大大缩减,已从以往的几十年缩短到十几个月,学校课程所提供的内容已无法满足学生的终身需求,知识学习已不再一劳永逸。同时,技术让学习内容变得随处可见、唾手可得。云计算、大数据等新兴技术的快速发展,使得移动学习、泛在学习等非正式学习方式越来越普及,正式与非正式学习的界限变得模糊,知识呈现形式变得复杂、多样。今天的学生认为,"知道在哪里"和"知道谁"比"知道什么"和"知道怎样"更重要,将知识连接起来变得越发关键。正如关联主义知识观所指出的,"管道比管道中的内容更重要"[④]。也就是说,知道知识存储在哪里,并能在需要之时,快速准确地找到

---

① 单中惠.杜威的反思性思维与教学理论浅析[J].清华大学教育研究,2002,23(1):8.
② 徐碧波.布鲁姆的掌握学习理论[J].湖北大学学报(哲学社会科学版),1992(3):6.
③ 方展画.当代西方人本主义教育理论评述[J].河北师范大学学报(教育科学版),1999(1):8.
④ 王竹立.关联主义与新建构主义:从连通到创新[J].远程教育杂志,2011,29(5):34-40.

它的能力，更为重要。

信息时代的知识学习更多的是一种"自我建构"和"自我组织"，学生通常基于个体的以往经验和所处的历史文化背景，以主动建构的方式，形成个体的知识积累和知识创新，知识可以看作相对于个体的"再生产"过程。学生除了"自组织"知识外，还需要与同伴和学习资源共同"组织"知识，知识的边界变得模糊且动态。可以说，今天的知识大量存在于各种网络"节点"，学习就是学生在不同节点和网络间建立联系，编织适合自己的个性化"知识网络"，让知识在其间不断地流动和创造。总之，在知识互联的世界里，"关联"知识比记忆知识更重要。

在价值取向上，智慧课程追求为每一个数字公民提供终身学习服务。课程价值取向是人们对课程价值所持有的认识和观念，是课程的核心和基础，它随着时代背景和社会观念的不同而变化。随着信息时代的知识转型和学习方式的改变，技术支持的主动学习和建构学习成为每个学生的必然选择。为了满足这种需要，课程必须构建终身学习服务，为每一个数字公民提供终身发展服务。一方面，课程要进一步凸显学生的主体地位。以往单一、线性的学科知识体系，过于强调对知识的掌握，学生呈现出较多的被动性和接受性。而信息时代终身学习的课程，更加重视学生的"自我建构"过程。学生的主体性需要得到进一步的凸显，课程要主动地、更加生活化地走进学生的经验世界之中，连通其"知识网络"，为其提供"个性化""情景化"的知识体系。另一方面，课程要以培养学生的可持续发展能力为终极追求。今天的课程要改变以往终结式的教育模式，让学生学会信息化学习，加强学生的主体性、反思性和创造性实践，帮助其构建完整的人生意义。课程应致力于满足学生的个性化发展需要和学习需要，倡导多元课程目标、多样课程内容以及多种课程形态，最大限度地满足学生的发展与成长。

在课程设计理念上，由单一、封闭转向开放、互动。伴随着课程观的转变，课程设计理念由单一、封闭的目标模式转向开放、互动的生成模式。课程设计更具开放性，课程设计更加注重对学生的适应性，课程已成为建立在多方需求之上的动态方案,课程开发是学科专家、学生和教师共同参与的产品。课程设计更注重互动性,课程应更多地考虑如何用技术给学生提供便利,通过技术创设情境、激发主动性、增强高阶思维和人格社会化。未来的智慧课程将借助人工智能技术和深度学习技术,从而具备更强的交互性和智能性。其通过大数据与学习行为分析技术,掌握学生的个性化学习风格与需求,以可视化的形式向学生进行智能推送。智慧课程通过信息接入、泛在资源创设和智能交互应用,力求营造全球资源无缝接入的环境,促进虚拟与现实连接的情景体验,为学生提供立体化、交互式的个性化学习空间。

可见,课程精神文化变迁带来的种种变化,为我们提供了一幅智慧课程图景。无论在技术功能、课程知识观、价值取向上,还是在课程设计上,无不显示出信息时代课程文化的嬗变。未来课程必将遵循其文化变迁的历史轨迹不断向前发展,也必定会由课程主体亲手创造。

三、智慧课程思想释义

本部分从四个方面详尽阐述智慧课程的思想。从课程文化转型来看,作为一种课程文化范式的智慧课程存在一个物质—制度—精神的客观形成过程;从工业生产隐喻来看,智慧课程提供的是一种基于学习结构的个性化定制方案;从联结的内涵来看,联结重在"关联"成为"整体",关注系统的全局性和动态性;从联结思想的形成来看,智慧课程是一种实践的、理解的课程,是与教学一体化的课程,它联结了学生的过去、现在和未来。

（一）从课程文化转型看智慧课程

在当今融合、创新型文化的背景下,课程文化正在发生转型。"智慧课程"是本书对这种课程文化范式的描述,这一描述未必最"恰当",但这种课程范式正在形成的趋势已成事实。如前所述,课程文化转型的规律表明,任何一种新的"实然"课程文化的形成,都存在一个"客观"过程。一般来说,处于表层的课程物质文化最先发生改变,也最容易被人们觉察和理解;然后是处在中层的课程制度文化的变化,包括教学行为、学习方式和各种课程教学的政策、制度、模式等的演变与重构,因此它是联结表层与内核、承上启下的关键一层;最为核心的内层是课程理念文化层,它决定着课程文化的性质,也最难发生改变。随着人们的精神理念和思维方式的彻底转变,整个课程文化转型才得以完成。

从当前的教育实践来看,教育信息化已经受到国家层面的极大重视,而课程改革也正在推动着课程文化的转型。但新的课程文化范式仍处于形成过程中,有关课程制度、行为层面的建设和完善的研究,还需要深入地探索和提升。站在课程文化变革的高度认识和设计课程,就是要不断扩大认识视野、拓宽认识思维、丰富研究成果。此外,还需要更多的实证研究,将教学理论与实践工作紧密结合。例如,有学者对"信息技术应用如何导致组织文化变迁"进行了实证研究,研究结果显示"变革的三重机制包括顶层设计(观念素质和制度激励)、技术强迫(更新技术设备)和工作者群体自我调适(自我学习与适应)"[①]。而技术应用能否成功的关键是"信息技术能否获得足够强大的组织合法性,信息技术蕴含的生产力能否被充分发掘"[②]。这些实证研究,无疑给当下课程范式走向成熟,带来了有益的启示。因此,富技术支持下的智慧课程范式的形成,还需要一个理论引领实践的持续探索和完善的过程。

(二)从工业生产隐喻看智慧课程

(1)课程与工业生产隐喻

程式课程于1910年后走向成熟。这一时期,博比特、蔡特斯等课程学者开始了对课程开发范式的研究,并成为社会效率主义的代表人物。他们将企业工厂的科学管理制度引入课程领域,试图提高学校教学的"生产性"和"效率性"。博比特将泰勒关于劳动管理制度的"科学管理原理"引入课程领域,作为课程研究的框架。他将学校看作大工厂,把儿童看作"原材料",将成人比作"产品",把教师看作制作产品的熟练"技师",通过课程开发与评价,就像工业流水线一般有效达成学校的"生产目标",并进行"品质管理"[③]。

———————————

①② 任敏.信息技术应用与组织文化变迁——以大型国企 C 公司的 ERP 应用为例[J].社会学研究 2012,27(6):101-124,243-244.

③ 吴式颖,李明德.外国教育史教程[M].北京:人民教育出版社.2015.

这种产业主义思维方式和工厂管理理论,对 20 世纪的学校教育产生了巨大影响。学校、班级、铃声、课时安排、标准教科书,演绎了大工厂的生产制度,成为现代学校的模板;分学段的教育大纲,目标—成就—评价的教学组织方式,基于标准化测验的教学评价等,构成了程式课程范式的基本框架。而"泰勒原理"的形成,将程式课程范式推向了极致。泰勒的《课程与教学的基本原理》一书给出了课程开发的标准程序:学校应该达到哪些教育目标,学校应该提供哪些教育经验才能达到这些目标,这些经验如何才能有效地加以组织,如何确定这些目标正在得到实现?并形成了目标、内容、组织、评价的四步骤课程开发模式。实际上,直到今天,泰勒模式依然在课程开发与研究领域中发挥着重大作用。

在泰勒行为科学主义的影响下,斯金纳提出了"程序学习"理论①,布鲁姆开创了"掌握教学"原则②,展开了更为精致化的课程开发研究。20 世纪 60 年代以来,布鲁姆又编制了教育目标分类体系,开展了形成性评价的研究,以实现其面向所有学生的"掌握学习"的教育追求。最终,布鲁姆的教育理想以失败告终。虽然分层教学在某种程度上带来了学生成绩的提高,但是让所有学生习得所有内容的理想是不现实的。这些失败的经验告诉我们,课程与教学是一个复杂的系统,单靠行为主义理论的科学控制,是存在局限的,也是远远不够的。

程式化教育模式所形成的课程结构是一种"教学结构","教学结构以教师和学科为中心,是教师为达成预设的教学目标,对教学内容、活动方式、时空分配等相关要素,进行系统化的组织和安排后所呈现的表现形式"③。在实施过程中,教师主要围绕"教"的实现,确立支持"教"的要素,进而设计教的过程,形成教学结构。教学结构中的核心要素常常被确定为教师、学生、媒体和内容等

① 吴式颖,李明德.外国教育史教程[M].北京:人民教育出版社.2015.
② 徐碧波.布鲁姆的掌握学习理论[J].湖北大学学报(哲学社会科学版),1992(3):6.
③ 沈书生.从教学结构到学习结构:智慧学习设计方法取向[J].电化教育研究,2017,38(8):99-104.

方面,传统教学围绕教学结构形成了一种闭环的线性设计方式,最终形成了统一的教学过程。但这种"同一性"假定了学生具有相同的认知特性,回避了学生的个性差异,难以促进所有学生的全面成长,造成了某种程度上的教育不公平。

（2）课程与后工业生产隐喻

如果将程式课程比作大工厂的流水线制作方案,那么智慧课程则可以被看成信息社会数字化、智能化和个性化的定制工艺。流水线制作方式试图将所有的"原材料"（儿童）依照同样的工艺流程,批量制作成标准化"成品"（成人）;而个性化定制方式则根据"原材料"（儿童）的不同特性,按照个性化的工艺流程将之打造为与众不同的"成品"（成人）。从工业生产方式的隐喻中我们可以很好地理解,智慧课程是不同于程式课程的一种课程范式,两者在生产理念和工艺流程上是完全不同的。在同样的原材料的基础上,前者产出了标准化的成品,而后者得到了个性化的成品。后工业生产方式转型的关键是新技术的出现,新技术（后工业生产技术）为新的模式（个性化定制工艺）奠定了物质基础,离开新技术的支撑,新模式难以实施。同时,新模式和新理念又引领新技术不断进步,新技术借助新模式定位其发展方向。

智慧课程借助富技术,拓展了学习时空,为学生提供了个性化学习的支持条件。学生根据自身情况,采取相应的学习路径,形成了特有的学习结构。"所谓学习结构,是指学生为达成个性化的学习目标,借助学习空间的支持,形成关于学习内容的呈现方式、组织序列、时间分配、自我检测等要素的特有组织形式。"[①]

工业生产模式的隐喻表明,程式课程范式是工业社会文化在教育领域演绎的结果,它是为一定时代的社会生产、发展和进步服务的,是一定时代的产物。当社会发展到后工业时期,工业生产技术、信息通信技术等的迅猛发展推动了社会文化的快速变迁,促使学校教育与课程拓展出新的内涵。从教学结

---

① 沈书生.从教学结构到学习结构:智慧学习设计方法取向[J].电化教育研究,2017,38(8):99-104.

构转向学习结构,并不意味着学习要素的改变,而是对学习要素的理解和组织方式发生了变化。一种由富技术推动的融通、创新型文化正在慢慢消解工业时期的各种二元对立和局限,从而回归人的全面发展和人性关怀。

(三)从"联结"的内涵看智慧课程

"联结"具有联系、联络、结合等意思,重在"关联"成为"整体",多指比较抽象的事物间的融合。"联结主义"曾是心理学领域的一个概念,最早是指一种强调刺激与反应之间联结的行为主义学习理论。随着心理学的发展,联结主义已发展为认知心理学的一种新兴研究范式和学习理论。联结主义的思想灵感来自人的大脑或神经系统,将人的认知看成一种基于网络的整体性活动。"网络是个动态的系统,它由类似神经元的基本单元和结点构成,每个单元都有不同的活性。"[1]"联结主义赋予网络以核心性地位,采纳分布表征和并行加工理论,强调的是网络的并行分布加工。"[2]受联结主义的启示,智慧课程中的"联结"不再指向单纯追求预期目标和最优化的"硬系统",而是指向系统与系统之间、系统与环境之间的关联性、开放性、混沌性和复杂性的"软系统"。[3]软系统思维关注课程所处的社会环境,着眼于系统的全局性和动态性,回应了信息社会课程文化的转型。

"联结"的技术功能,关注联通与智能,面向资源的调适与高效分配。富技术是一系列现代高新技术的总称,包括互联网、大数据、泛在计算、人工智能等,已成为推动社会变革的焦点技术。在技术功能方面,富技术关注联通与智能,面向资源的调适与高效分配等。互联网等技术打造了一个前所未有的开放空间,带来了人类思想和智慧的联结,人类思想变得更加开放、自由、多元。传统崇尚理性、寻求基础、追求同一性、宏大叙事的思维遭到了质疑并发生了转变,去中心化、追求边缘、文化差异、多元价值观成为一种趋势。在科学与技

①② 沈书生.从教学结构到学习结构:智慧学习设计方法取向[J].电化教育研究,2017,38(8):99-104.

③ 高文.教学系统设计(ISD)研究的历史回顾——教学设计研究的昨天、今天与明天(之二)[J].中国电化教育,2005(2):13-17.

术的一体化推动下，复杂性科学得以出现和发展，从某种意义上消解了科学主义的局限，促进了主体与客体、科学与人文、理性与感性的联结。科学观的转变带来了知识观的变化，知识以一种整体的、综合的、批判的、情境式的方式增长，"联结""创新"成为未来社会新的理念文化。

"联结"的知识观是一种动态的、关联的、情境式的知识观。信息时代的知识半衰期大大缩减，已从以往的几十年缩短到十几个月，学校课程所提供的内容已无法满足学生的终身需求，知识学习已不再一劳永逸。同时，富技术促进知识的联结，学习内容变得随处可见、唾手可得，云计算、大数据等新兴技术的快速发展，使得移动学习、泛在学习等非正式学习方式越来越普及，正式与非正式学习的界限已变得模糊，知识呈现形式变得复杂、多样。今天的学生认为"知道在哪里"和"知道谁"比"知道什么"和"知道怎样"更重要，将知识联结起来变得越来越关键。正如关联主义知识观所指出的，"管道比管道中的内容更重要"[①]。也就是说，知道知识存储在哪里，并能在需要之时，快速准确找到它的能力，更为重要。

信息时代的知识学习更多的是一种"自主建构"和"自我组织"，学生通常基于个体的以往经验和所处的历史文化背景，通过主动建构的方式，形成个体的知识积累和知识创新，知识可以看作相对于个体的"再生产"过程。学生除了"自组织"知识外，还需要与同伴和学习资源共同"组织"知识，知识的边界变得模糊且动态。可以说，今天的知识大量存在于各种网络"节点"，学习就是学生在不同节点和网络间建立联系，编织适合自己的个性化"知识网络"，让知识在其间不断地流动和创造。总之，在知识互联的世界里，"关联"知识比记忆知识更重要。

"联结"的课程观旨在追求为每一个数字公民，提供现在与未来之间的"联结"服务。随着信息时代的知识转型和学习方式的改变，技术支持的主动学习和建构学习成为每个学生的必然选择。为了满足这种需要，课程必须构建终

---

① 王竹立.关联主义与新建构主义：从连通到创新[J].远程教育杂志，2011，29(5)：34-40.

身学习服务,为每一个数字公民提供终身发展服务。一方面,课程要进一步凸显学生的主体地位。以往单一、线性的学科知识体系,过于强调对知识的掌握,学生呈现出较多的被动性和接受性。而信息时代终身学习的课程,更加重视学生的"自我建构"过程,学生的主体性需要得到进一步的凸显,课程要主动地、更加生活化地走进学生的经验世界之中,联通其"知识网络",为其提供"个性化""情景化"的知识体系。另一方面,课程要以培养学生的可持续发展能力为终极追求。今天的课程要改变以往终结式的"一次性"教育模式,让学生学会信息化学习,加强学生的主体性、反思性和创造性实践,帮助其构建完整的人生意义。课程应致力于满足学生的个性化发展需要和学习需要,倡导多元课程目标、多样课程内容以及多种课程形态,最大限度地满足学生的发展与成长。

"联结"的课程观使课程设计由单一、封闭转向开放、互动。伴随着课程观的转变,课程设计理念由单一、封闭的目标模式转向开放、互动的生成模式。课程设计更具开放性,课程设计更加注重对学生的适应性,课程已成为建立在多方需求之上的动态方案,课程开发是学科专家、学生和教师共同参与的"过程性"产品。课程设计更加注重互动性,课程应更多地考虑如何用技术给学生提供便利,通过技术创设情境、激发主动性、增强高阶思维和人格社会化。未来的智慧课程将借助人工智能技术和深度学习技术,从而具备更强的交互性和智能性。其通过大数据与学习行为分析技术,掌握学生的个性化学习风格与需求,以可视化的形式向学生进行智能推送。智慧课程通过信息接入、泛在资源创设和智能交互应用,力求营造全球资源无缝接入的环境,促进虚拟与现实连接的情景体验,为学生提供立体化、交互式的个性化学习空间。

可见,丰富的"联结"内涵为我们提供了一幅智慧课程图景,无论在技术功能、课程知识观、价值取向上,还是在课程设计上,无不显示出信息时代课程文化的嬗变。"联结"课程必将遵循其文化范式不断成熟完善,也必定会由课程主体亲手创造。

（四）从"联结"思想的形成看智慧课程

事实上，"联结"思想在 20 世纪早期已经出现萌芽，只不过在特定的时代，难以形成完善的社会实践。从历史上看，首先对程式课程的种种弊端展开批判的是美国进步主义教育运动。这次运动以"儿童中心主义"和"社会改造主义"为指导理念，对传统课程的科学主义范式发起了冲击。进步主义教育运动极大地扩展了课程的内涵，课程内涵由学校组织的教材体系，拓展为儿童的学习经历和学习经验。杜威提出了实用主义的认识论，他认为"认识和有目的地改变环境的活动之间具有连续性"①。智慧课程中的"联结"思想在哲学认识上指出了传统教育中课程与教学对立的根源在于二元论思维，二元论思维认为心理和世界彼此分离，课程与教学没有关联，课程教材被理解为有关自然界的种种事实和知识，教学方法是把既有事实传递给学生的规则和"管道"。知识逻辑与学生心理构成了对立关系，教学"好像要钻进坚硬的岩石一般，试图使教材钻进学生的脑子"②。教学方法成为"钻"的技巧和策略。由此，教学独立于课程，成为一套单独的规范体系，一种心理控制工具。

杜威试图用"连续性"的认识论原则消解课程与教学的分离和对立。他提出，经验的性质决定了课程与教学的统一，因为经验是对所尝试的事情和所承受的结果之联系的知觉。③ 在这里，"只有一个活动，它包括个人所做的事和环境所做的事两个方面"④。在教育经验中，"个人所做的事"对应方法或教学，"环境所做的事"对应课程教材。完善的经验是物我两忘，真正的教育是心理与逻辑、方法与教材、教学与课程水乳交融、相互作用、动态统一。

20 世纪 70 年代，一种转向"课程理解范式"的"概念重建"运动（reconceptualist movement）又一次对"课程开发范式"展开了批判，其旨在突破课程领

①　Dewey J. Democracy and education[M]//Boydston J A. John Dewey the middle works，1899—1924，volume q. Carbondale and Edwardsville：Southern Illinois University Press，1916：167，353-354.

②　杜威.民主主义与教育[M].王承绪，译.北京：人民教育出版社，1990：177.

③　单中惠.杜威的反思性思维与教学理论浅析[J].清华大学教育研究，2002，23(1)：8.

④　张华.走向课程理解：西方课程理论新进展[J].全球教育展望，2001，30(7)：9.

域长期以来存在的"工具理性"和"技术理性"的束缚,破除"泰勒原理"的统治性地位。派纳指出,个体要获得自由和解放,学校课程绝对不能局限于系统化的书本知识,而是要关照个体作为"具体的活生生的存在"的"生活经验"。①格鲁梅特则更明确地指出,课程是关于我们的过去、现在和未来的集体的经历,这是我们要向儿童告知的,但实际的课程用概念化的东西掩盖了这些,使儿童无法理解和体验"生活世界"。② 进入 20 世纪 80 年代,又出现了存在主义、解释学、现象学、解构主义、后现代主义、女性主义等理论,它们从各自不同的角度对课程进行了探讨,产生了种种"课程理解"。课程由"事实"变成了一种"文本",这些不同角度的解读形成了各自的"课程话语"。从此,对课程进行的研究突破了课程开发程式争论的局限,把课程放在了更广阔的社会、政治、文化、种族等背景下来理解,从人类的精神世界和生活体验中寻找课程的意义。

可见,无论杜威的"连续性"认识论原则,还是种种"后现代"理论的"课程理解范式",都在试图消解传统的二元对立,促进课程与教学的联结。如果说杜威是以"实践兴趣"为追求来达成两者的联结,那么当今各种理论则是以"解放兴趣"(emancipatory interest)或"解放理性"(emancipatory rationality)为追求来实现两者的联结。"解放"意味着"从外在于个体的存在中获得独立",是一种自由、自主和责任。这种"解放"只有通过自我反思(self-reflection)才能实现,"解放兴趣"的核心是给主体"赋权",其指向主体的真正"诞生"。③ 由此,教师和学生不仅是既定课程计划的实施者,还是课程开发者与教学设计者。课程不再是僵硬的书面材料,而是师生在教学情境中共同创生的"事件",是共同建构的内容和意义。教学也不再是单纯的与内容无关的一种传递"管道",而是"创生"课程的一种情境。我们对课程和教学的研究也不再致力于寻找普遍的、中立的"课程开发"程式或精准的"教学设计"模式。课程与教学再次联结和融合起来,有学者提出用"课程作为教学事件"(curriculum as a

---

①② 张华.走向课程理解:西方课程理论新进展[J].全球教育展望,2001,30(7):9.

③ 张华.课程与教学整合论[J].教育研究,2000(2):52-58.

pedagogical event)和"教学作为课程开发过程"(teaching as a curriculum process)[①]的认识方式,再次联结和融合课程与教学。韦迪用"课程教学"(curriculum'instruction)[②]来表达这种新的理论和实践样态。今天,在富技术营造的"联结"文化里,"课程教学"获得了更加丰富的实践形式。例如在智慧学习空间中,教师和学生实现了对课程前所未有的动态建构,不仅"丰富的课程资源能够进行个性化的调配和推送"[③],而且师生还能共同设计、生成和完善课程内容和资源。

四、智慧课程设计

寻找"普适"性的、"程式"化的课程开发框架,显然不是智慧课程范式的价值追求。学校教育具有情境性,课程是一个复杂的动态过程。课程设计是"课程所采纳的一种特定的组织方式,包括课程目标、课程内容的选择和组织"[④]。在我国,"课程设计包含三个层次——宏观、中观和微观"[⑤]。宏观层次的主体是国家,主要解决课程"公共框架"和课程结构体系的问题,中、微观层次主要指学校和教师对具体课程的设计。本部分重点考察微观层次的课程设计,并尝试创建指向技术、课程和教学三者融合的课程设计(教学设计)思路。

(一)智慧课程系统

通过对"联结"的解读,我们认识到智慧课程观反对从单纯的、静态的视角看待课程,而是主张从动态性的、过程性的角度把握课程,其秉持的是一种"课程教学一体观"。[⑥] 由此,课程的内涵得到进一步的扩展。在这里,课程被看成一个由传统意义上的课程、教学与技术等构成的系统。由于技术、课程、教

① Doser G J. Models of curriculum planning[M]//Beyer L E, Apple M W. The curriculum: Problems, politics, and possibilities. Albaty: State University of New York Press, 1988.

② Weade R. Curriculum'n' instruction: The construction of meaning[J]. Theory into Practice. 1987, 26 (1): 15-25.

③ 景玉慧,沈书生.智慧学习空间的建设路径[J].电化教育研究,2018(1):21-25,38.

④ 施良方.课程理论[M].北京:教育科学出版社,1996:81.

⑤ 丛立新.课程论问题[M].北京:教育科学出版社,2000:254-255.

⑥ 高文.试论课程与教学的一体化研究[J].外国教育资料,1996(6):13-17.

学本身就包含多个要素,智慧课程构成了一个复杂的大系统。智慧课程系统既包括"物—物"关系、"人—物"关系,又有"人—人"关系;既有时间进程的关系,又有空间结构的关系。从时间进程来看,智慧课程系统包括目标、内容、活动、评价等要素;从空间结构来看,智慧课程系统包括教师、学生、学科、媒体等要素。从系统结构上看,由于教师、学生、学科地位的不同,形成了"教师中心""学习者中心"和"学科中心"等不同的结构类型。智慧课程系统不是传统的以"教"为中心的"教学结构"型系统(见图 5-1),而是一种以"学"为中心的"学习结构"①型系统(见图 5-2、图 5-3),系统各要素以学习者为中心构成,系统的主要功能是促进学习者学习。

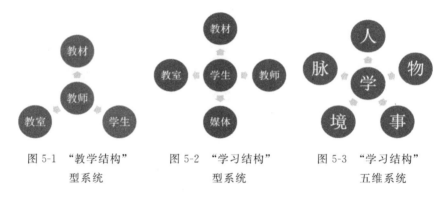

图 5-1 "教学结构"　　　图 5-2 "学习结构"　　　图 5-3 "学习结构"
　　　型系统　　　　　　　　型系统　　　　　　　　五维系统

从系统论的视角认识智慧课程系统,会让我们获得更深入的理解。霍兰认为,"若系统由具备主动性的个体组成,并且在适应环境的过程中不断地进化,就可以被称为复杂适应性系统"②。判断一个系统是否属于复杂适应性系统,须满足两个条件:一是由具有主动性和环境适应性的个体组成,这些个体是系统的主体,主体自身能与其他主体以及环境进行持续不断的交互作用;二是整个系统依靠个体与环境的相互作用不断学习,主动与环境协调,系统处于不断地进化之中。智慧课程系统是由课程主体构成的、不断发展变化着的系

① 沈书生.从教学结构到学习结构:智慧学习设计方法取向[J].电化教育研究,2017,38(8):99-104.

② 郭炳发.霍兰的复杂适应系统理论及其应用[J].华中科技大学学报(社会科学版),2004,18(3):2.

统,显然符合这种特征。智慧课程系统中的主体包括课程研制者、教师和学生等,这些都是具有主动性的个体;三者之间相互作用、不断发展,适应环境;整个系统也会根据环境的变化,不断发生变革。因此,智慧课程系统具有复杂适应性系统的特性和机制。

作为复杂适应性系统的智慧课程系统具备四个特性和三个机制:四个特性分别是聚合、非线性、流、多样性;三个机制分别是标志、内部模型和积木。其中,聚合主要指课程内的主体因相似性而集合在一起。通过聚合,主体之间有了分类,这是简化系统的一种标准方法。此外,通过聚合既可以形成更高级的主体,也增强了适应性。非线性是指个体之间、个体与环境之间的作用是复杂的,不是简单的因果关系。这种非线性作用不仅体现为当前环境的影响,还包括历史经验的影响,非线性作用的增强有助于系统的演化。流是指个体之间、个体与环境之间的物质、信息和能量的交换流动。多样性是指随着系统对环境的适应和演化,个体之间的差异会增大,呈现出多样性。

根据系统的聚合特征,智慧课程系统各要素会发生聚合作用。传统课程、教学、技术三分法指向以"教"为中心的"教学结构"的聚合方式,而当系统指向以"学"为中心的"学习结构"时,系统各要素需要进行重新聚合。因此,需要对智慧课程系统所涉及的要素进行进一步的分析和归类。关于课程所包含的要素,学者们给出了多种分类方式。有学者认为,"从课程的空间结构来看,课程要素包括课程研制者、课程学习者、课程内容和环境,四者缺一不可"[1]。关于教学所包含的要素,有学者提出"五要素"说,认为教学包括"教师、学生、课程、方法和媒体五个方面"[2]。李秉德认为,教学活动可以从"学生、目的、课程、方法、环境、反馈和教师"[3]等七个要素来阐述;而技术则以"媒体、设备""资源、软件""方式、策略"等多种方式融入课程与教学的全过程。不同的学者之所以给出了不同的分类方式,主要是由课程教学系统的复杂性决定的。当复杂系

① 黄甫全.课程与教学论[M].北京:高等教育出版社,2002:117-119.
② 丛立新,郭华.当代中国课程与教学论研究[M].北京:北京师范大学出版社,2010:6.
③ 李秉德.教学论[M].北京:人民教育出版社,1991:12-14.

统没有受到外力作用时,它会处于一种平衡状态,这种平衡状态就会形成一些稳定的共性元素。而课程教学系统并不会一直处于稳定状态,随着师生等个体或群体之间的交往,整个系统的自组织状态会发生一定的变化。因此,从静态的角度观察课程教学系统,必然会产生对共性元素的一些不同的描述方式,用闭环结构描述课程教学系统各要素及其设计模式会存在一定的局限性。例如,互联网改变了传统的学习方式,在线学习逐渐成为一种常态。此时,如果再用闭环结构设计课程,就会难以应对如何合理使用新技术、如何组织教学、如何建立知识关联等新问题。

在重新审视课程教学系统,利用开环结构思考智慧课程的设计时,站在形态学①的视角寻找基础性观察维度是一种可行的方式。形态学强调,单一的要素需要在一定的情境中才能形成比较明晰的意义。为此,教学活动可以和商家推销产品类比。一个好的商家在推销产品时,必然会关注用户体验(学习体验)、产品包装(课程形态)、使用说明(课程内容)、理解用户(分析学生)、激发使用欲望(学习动机)等维度。借助这一隐喻,我们对教学过程和学习过程中涉及的要素进行了系统归纳,提炼出了"人、物、事、境、脉"②的"五维"描述方式(见图5-3)。整个系统形成了一个有机的"学习结构",这种学习结构呈现出不同元素之间的关联和协同,构建了一个有层次、机构的学习体系。图5-3的中心是学生的"核心素养"③,即整个系统设计的目标指向如何培养学生的核心素养。外围的五个共性元素是由原有的课程、教学、技术三个子系统所包含的诸多要素重新聚合而成。具体来说,一是人的维度,关注的是促进共同成长的教师和学生;二是物的维度,关注的是促进有效学习的各种支持条件;三是事的维度,关注的是帮助学生知识建构的教学活动和事件;四是境的维度,关注的是教学行为发生以后,学生能否理解该行为可能对其生活产生的影

---

① 形态学(morphology)是语法学的一个分支,研究单词的内部结构和构词规则。强调单一的语素需要在一定的语境中才能形成比较明晰的意义.

② 沈书生.形态视角下的信息化教学设计探析[J].电化教育研究,2015(12):65-69.

③ 核心素养研究课题组.中国学生发展核心素养[J].中国教育学刊,2016(10):1-3.

响;五是脉的维度,关注的是促进学生知能发展的学习内容间、不同学科间的逻辑关系。

(二)智慧课程设计的三个层次

课程设计是"课程所采纳的一种特定的组织方式,包括课程目标、课程内容的选择和组织"①。在我国,课程设计有时会用课程开发、课程编制等词语表达,其意义基本一致。一般来说,"课程设计包含三个层次——宏观、中观和微观"②。宏观层次的主体是国家,主要解决课程"公共框架"和课程结构体系的问题,也就是所谓的"制度课程";中、微观层次主要指学校和教师对具体课程的设计。针对信息化课程的设计(研制),有学者也提出了存在不同层次的观点,认为"课程研制具有全国、地方、学校和班级的不同层次,研制主体的差异性决定了信息化课程研制模式的多样性"③。从过程来看,课程设计一般包括确定教育目标、选择学习经验、组织学习经验和评价学习经验等方面,其遵循"泰勒原理"的框架。后来,有学者针对这一经典开发模式作了补充,加入了"形成教育理念""组织学习活动"等环节④,使课程设计过程更加科学、合理。

从课程设计的层次来看,"不同层次的设计,完成不同的任务,产生不同的结果"⑤。宏观层次课程设计的主体是国家,主要解决课程价值、根本目的、主要任务、基本结构等问题,最终形成课程标准、课程门类、开放顺序、实施要求等指导性方案和材料。中观层次课程设计的主体一般为学校,学校根据宏观课程设计的要求,对地方课程进行设计,或者开发具有本校特色的校本课程。这一层次的课程设计在西方国家开展的较多。在我国,由于大部分课程属于国家课程,中观层次的校本课程开发一般占比不大。微观层次课程设计的主体是教师,解决的是宏观、中观课程如何落地的问题。在课程与教学一体化⑥

---

① 施良方.课程理论[M].北京:教育科学出版社,1996:81.
② 丛立新.课程论问题[M].北京:教育科学出版社,2000:254-255.
③ 黄甫全.试论信息技术与课程整合的基本策略[J].电化教育研究,2002(7):24-29.
④ 哈利特,褚献华.在线课程设计的六个环节[J].远程教育杂志,2003(3):3.
⑤ 丛立新.课程论问题[M].北京:教育科学出版社,2000:256-259.
⑥ 高文.试论课程与教学的一体化研究[J].外国教育资料,1996(6):13-17.

以及课程与教学整合①的发展趋势下，微观层次的课程设计逐渐受到重视，以往"内容与过程二元论""目的与手段二元论"的观点遭到了抛弃。微观层次的课程设计主要解决的是"课堂上的课程与教学，包括课的结构与过程，也就是课堂上知识产生的过程"②。微观层次课程设计的重要途径是"现代教学模式"的应用，以及"教学系统设计"技术的运用。随着系统化教学设计的发展，微观层次的课程设计逐渐与教学系统设计融为一体。

对课程教学系统的不同认识，会产生不同的微观层次的课程设计方式。如前所述，"教师中心""学习者中心""学科中心"是典型的三种认识课程教学系统的思想。在不同思想的指导下，形成了基于"教学结构"的程式化设计模式和基于"学习结构"的开放式设计模式。"所谓教学结构，是指教师为达成预设的教学目标，对教学内容、活动方式、时空分配等相关要素，进行系统化的组织和安排后所呈现的表现形式"③。在实施过程中，教师主要围绕"教"的实现，确立支持"教"的要素，进而设计"教"的过程，形成教学结构。教学结构中的核心要素常常被确定为教师、学生、媒体和内容等方面，传统教学设计围绕教学结构形成了"上百种设计模式"。④ 不过，所有模式几乎都包括分析、设计、开发、实施、评估等要素和步骤，因此形成了经典的 ADDIE 模型。⑤ 该模型包括分析（analysis）、设计（design）、开发（development）、实施（implementation）、评估（evaluation）五个步骤。ADDIE 模型是一种闭环的线性设计方式，其最终形成了统一的教学过程。这种"同一性"假定了学生具有相同的认知特性，回避了学生的个性差异，难以促进所有学生的全面成长，造成了某种程度的教育不公平。

① 张华.课程与教学整合论[J].教育研究,2000(2):52-58.
② 高文.试论课程与教学的一体化研究[J].外国教育资料,1996(6):13-17.
③ 沈书生.从教学结构到学习结构:智慧学习设计方法取向[J].电化教育研究,2017,38(8):99-104.
④ 高文.教学系统设计(ISD)研究的历史回顾—教学设计研究的昨天、今天与明天(之一)[J].中国电化教育,2005(1):17-22.
⑤ Molenda M. In search of the elusive ADDIE model [J]. Performance Improvement,2003,42(5):34-36.

　　现代技术的发展,拓展了学习时空,为学生提供了个性化学习的支持条件。学生根据自身情况,采取相应的学习路径,形成了特有的学习结构。"所谓学习结构,是指学生为达成个性化的学习目标,借助学习空间的支持,形成关于学习内容的呈现方式、组织序列、时间分配、自我检测等要素的特有组织形式"[①]。

　　从教学结构转向学习结构,并不意味着学习要素的改变,而是对学习要素的理解和组织方式发生了变化。采用智慧课程的"五维"方式描述教学结构和学习结构的要素,可以更全面地理解和分析整个学习系统(见表5-1)。围绕学习结构进行设计,是要秉持一种开环的设计思路,避免传统教学模式将教学划分为若干要素而产生的"只见树木,不见森林"的局限。本书从"五维"出发,尝试建构智慧课程微观设计模式。

　　自2014年以来,笔者所在团队就在一线开展了初步研究,探索从人、物、事、境和脉等五个维度进行课程与教学设计。结合实践中的经验,"五维"课程设计的指导价值主要体现在以下几个方面。

　　第一,拓展教师的课程设计知识,提高课程设计效果。教师在教学活动中,会不断遇到新问题和新知识。他们在学习过程中,需要更多的视角来理解教学知识。"五维"课程设计方式给他们提供了理解新方法和新技术的视角,将这种设计方式应用于教学,不仅增加了知识,而且提高了原有设计的效果。第二,帮助教师深化理解课程文本,突破知识点限制。帮助教师完整地理解课程的意图,体会宏观课程设计的理念。让教师不停留在某个知识点上,进行重复的讲解和练习,从而做到"既见到树木,又见森林"。第三,贯通已有的设计技术理论,升级教师的设计能力。已有设计理论大多具有较强的严谨性和科学性,这对初级阶段的教师具有一定的价值。教师在具备一定的理论与实践基础之后,借助"五维"设计方式反思以往的经验,以此提升自身的设计水平。第四,"五维"设计有助于教师解决教学中的重难点问题。时刻提醒教师不要只关注一两个维度,而忽视了其他维度的设计,从而影响学生对重点知识的多角度把握。

表 5-1　教学结构与学习结构的要素比较

形态要素		教学结构体系	学习结构体系
人	教师	教学活动的设计者与学习活动的组织者	教学活动的设计者与多样化学习活动的策划者
	学生	依据学习目标,在教师的统一安排下完成相应的学习任务	依据学习目标,并结合自身情况有选择性地进行学习
物		支持教学活动的各种教学条件,如教学环境、教学资源、设备设施、教学平台等	助力学生学习的智慧学习空间,包含了多样化表征的结构化学习资源、记录学习轨迹并支持学习决策的平台等
事		教师充分考虑学习的情况,组织和实施教学活动,对于所有学生而言,过程通常是相同的	学生可以借助学习空间的智慧诊断与智能推送,进行有差异化的学习
境		关注独立学科目标体系的达成,从学科的视角帮助学生理解知能与真实世界的关联	关注真实问题的解决,并能够注重不同学科对于学生综合能力养成的系统性支持
脉		学科之间往往相对独立,学生建立的是以独立学科为体系的心智结构	注重学科之间的贯通,学生建立的是体现未来核心素养需求的完整心智结构

"五维"是对智慧课程系统的一种把握方式,不排除还存在其他维度。但从富技术与课程教学深度融合的要求来看,如果能对这五个维度进行完善的设计,基本可以将课程目的、教学目标和技术应用很好地协同起来。

(三)"五维"设计详解

(1)人的维度:师生之间的联结

课程设计中涉及的人,包括课程所有的利益相关者。在微观层面,其主要指教师和学生。人是整个系统中最重要的因素,决定着系统的结构和发展方向。对人的维度进行设计,就是要将"以学习者为中心""以培养核心素养为目的""尊重学生的个性差异"等课程理念落到实处。教师在设计教学活动时,时常会无意识地完全控制学习,主导学习活动的全过程,造成学生始终以客体的姿态进行学习。因此,教师要学会换位思考,用移情的方式改善师生关系。有学者提出了"主导—主体"的师生观①,其实质是通过主客体关系持续互换的方式,突出学生的主体地位。

在富技术环境下,教学时空得到了延展,给师生关系的重塑带来了更多机会。基于此,课程设计要做好以下三个方面。第一,处理好实体与虚体的联结。根据学生在网络空间中的表现特性,设计丰富的学习活动,充分调动每一个学生的参与积极性,防止个别学生被边缘化。第二,处理好在场与在线的联结。随着在线学习的增加,混合式学习设计显得非常重要。如何衔接好线上和线下活动是需要特别关注的,以防止出现一些没必要的重复学习。第三,处理好同步与异步的联结。同步活动适合知识的交流、讨论和建构,异步活动适合基础性的知识。为了体现学习的个性化,可以设置一些不同路径的异步活动,同时也需要同步在线的思维碰撞。

(2)物的维度:环境与学习的联结

"物"主要指各种技术营造的环境和条件,包括信息传递媒体和信息传播方式等。对"物"进行设计,强调的是如何借助技术的各种功能,创造出更加有助于提升学习效果的活动形式。在教育技术的初期阶段,主要关注的是"物"的变化。例如在电化教育阶段,电声技术、电光技术、投影技术等成为设计的焦点。计算机和互联网技术出现后,掀起了一股网络热潮。因此,设计者容易盲目追赶新技术,导致不恰当的应用方式,可能对学习适得其反。设计时需要重点考虑,如何使用技术才能取得更佳的效果?技术革新后,在教育方式和制度上如何与之相适应?

富技术对教学的支持更是达到了前所未有的高度。一是使课程形态发生变化,出现网络课程、微课程、电子书包等新样式。承载这些课程的载体既可以是移动设备,也可以是智能设备,给教学活动的开展带来更多的可能性。二

---

① 张秋玲."主导主体说"内涵的理解及其辨析[J].中国教育学刊,2006(3):6-9.

是课程时空被大大拓展,实体课程和虚拟课程交织在一起,如何开发和利用好这些技术,给教师带来了不小的挑战。一般来说,处理好"物"与学习的联结,至少要做到以下两个层级。一是辅助层级,让原来的工作变得更轻松、更高效,大大提高教和学的效率。二是优化层级,用物来创造一些新的应用,如使用数据分析技术解决数据可视化问题,实现个性化推送等。这种应用使教学决策走向科学化、智能化,并逐步走向智慧教学。因此,强调关注物的维度的设计,就是从实体层面理解技术的应用,让技术的实体功能得到有效发挥,做到真正助力学生的学习。

(3)事的维度:活动与学习的联结

"事"就是事情、活动,是教与学的过程中涉及的授导活动、探究活动、合作活动等活动形式。教学活动的安排是否恰当,直接影响学生构建知识体系的效率和效果。教学活动除了"像那么一回事"之外,还要做到对教学各环节的序列化安排,使活动符合学生的认知规律。学生对课程世界的认识,分为已知领域和未知领域。做好教学中的"事",就是帮助学生通过已知领域探索未知领域,构建学生面向未来社会探索的知能结构。

在富技术的支持下,教学中的"事"丰富了许多。在设计中要处理好"事"与学习的联结,一是要确定活动过程中的核心要素,这些要素包括目标、方式、策略等。教师要明白决定学习效果的因素,从而避免活动流于形式。例如在安排翻转教学时,教学环节如何安排?微视频的作用是什么?如何巧妙地进行时间序列组合?只有做好这些,才能使教学之"事"既好看又好用。二是混合式学习的安排越来越成为一项必要的设计技能。虚拟时空的最大价值是弥补了课堂的局限,做到基于网络的探究与课堂交流活动的合理安排,以及云课程资源与课内教学、课外练习的有效衔接。三是借助富技术做好学生的过程性和表现性评价。超越使用单一考试分数的方式评价学生,让技术助力学习活动的同时,记录活动的过程。使用电子档案袋、数字讲故事等数字化方式存储学生的过程性作品,同时也让学生充分表现自我,展示他们在学习过程中获得的"隐性"知识。这些数据不只是单纯的评价材料,更是教师调整教学策略的重要参考变量。

（4）境的维度："生活世界"与学习的联结

"境"可以理解为情境、意境，是学习过程所依赖的真实的和虚拟的场所。对"境"进行设计，主要是帮助学生增加对知识的理解程度。设计合适的情景教学，将课程知识与学生的"生活世界"进行联结。但这种情境绝不是教师单方面的假设和一厢情愿，而是建立在有效合理基础上的学生能理解的"真实"情境。

富技术给学习提供了多种虚拟情境，如虚拟游戏、虚拟授课、虚拟实验、虚拟手术等。2013 年，神舟十号在太空运行时，航天员王亚平就进行了一次精彩的虚拟授课。她为中小学生演示了真空状态下液体的表面张力、单摆运动、牛顿定律等物理学实验和原理。这种以前只能靠想象的实验，立刻变得身临其境般真实起来，这种真实的"境"会给学生带来较强的学习价值。除了这种真实的或虚拟的场景之外，还有一种类型的境是意境。意境的应用能很好地促进学生的想象力和发散思维能力，调动学生的情感体验。尤其在语文学习中，文学作品可以在学生的头脑中形成优美的画面。教师要善于抓住这种机会，充分激发学生的情感和态度，促进学生对知识的个性化建构和理解，使其最终上升为一种情感素养。

（5）脉的维度：逻辑结构与学习的联结

对"脉"进行设计，就是让学生在学习新知识时，清晰地认识知识体系的"学科结构"，掌握所学知识的"脉络"。这就要求教师设计的各项活动能形成一条清晰的主线，以体现形式背后的逻辑线索。此外，这种"脉"的设计的最终目标，是让学生经过学习之后形成自己的"脉"。也就是说，学生要掌握课程内容的内在逻辑，建构自己头脑中的"图式"，以确保形成逻辑结构与学习的联结。

在谈到知识的逻辑结构时，会涉及学科内和学科间两个层面。学科内的知识结构相对好处理，可能会涉及跨单元的整合设计；而学科间的逻辑结构问题，也就是课程之间的横向整合问题。比如，物理和数学是两门知识结合紧密的课程,一些物理学问题必须用数学原理进行推导和运算。因此,物理课程的设计必须考虑数学知识的基础,将两者结合起来进行设计和引导,可能会让学生少走弯路,提高学习效果。

富技术对"脉"的设计的支持,体现在两个层面的运用上。一是在知识呈现方式上,如借助动画演示技术呈现抽象物理原理的变化,或者使用几何画板等软件,让学生探究数学问题的解决办法。二是在综合问题的解决和创新能力的培养上,如在创客教学中,让学生通过对某一创意作品进行设计,梳理数学、科学、技术等相关学科的知识结构,寻找它们交叉的地方,从而生成有价值的综合知识解决方案。

智慧课程是一个复杂的系统,涉及诸多因素的协同处理。本书倡导的围绕五个维度进行课程设计,并非刻意构建一个五维设计模式,而是主张还原课程的本真,让学生始终占据中心位置。课程教学活动不应是管理者、专家和教师的舞台,它更是学生发展的空间。所有要素的介入,都是为了帮助学生更好地发展而服务。

下 篇

技术驱动课程变革的实践向度

第六章　课程开发变革：从计划驱动到个性迭代

随着时代的发展与变化，课程开发的取向和需求不断更新，不同时期对课程开发的诉求也有所不同。当下的时代充满着不确定性、不稳定性、复杂性和模糊性，更加注重学生本位，且课程内容迭代迅速，对课程开发的动态响应能力提出了更高的要求。因此，课程开发模式从传统的注重计划驱动的 ISD 模型，向注重快速迭代的 RID 模型和注重敏捷开发的 AID 模型转变。本章将从课程开发模式的背景与内涵、流程以及案例三个方面对课程开发变革进行阐述。

第一节　ISD 模型

本节从背景与内涵、流程以及案例三个方面详尽阐述 ISD 模型。ISD 思想及其代表模型在教学设计与课程开发史上扮演着重要角色，曾长期并将继续作为教学设计与课程开发的重要指导思想。

一、ISD 模型的背景与内涵

ISD(instructional system design/development)又称教学系统设计、教学系统开发、教学设计、教学开发、课程开发等，其起源最早可追溯至 20 世纪 70

年代。① ISD是一种运用系统方法构建教学设计的过程，即一种将有关教和学的理论及其原理转换成对教学目标、教学条件、教学方法、教学评价等教学环节具体计划的系统化过程。②

1982年，罗森伯格在一本名为《培训与开发杂志》的刊物上发表了《教学系统设计的基础知识》。在这篇文章中，他提出了以下值得我们关注的论点：(1)前值分析(front-end analysis)是解决教学问题的最佳方法；(2)ISD模型在分析潜在培训问题时，主要针对组织需求、学生需求和工作需求进行需求分析以便准确把握问题的实质；(3)在ISD模型的开发阶段可以使用原型测试课堂所需的教材以确保它们能够发挥应有的作用；(4)ISD模型除了是一种序列之外，还代表着事件之间的关系，正是由于这种关系的存在，该模型在用于培训开发时才是有效的，因为它能确保每一个决策都能符合所有组织、学生与工作的真实和可确认的需求。③

1987年，罗森伯格进一步明确了他的观点：教学的目的是促进表现发展和提高学生的学习能力，ISD模型可以提供一个系统的过程来识别和操作教学过程的各个组成部分。④ISD模型通过提供和设计有意义和有效的培训示例实现教学目的。该模型包括五个主要阶段：分析、设计、开发、实施和评估。前四个阶段相互关联——前一阶段的输出成为下一阶段的输入，最后一个阶段是评估，其提供有用的输出信息，以确保整个系统的有效性，这是一个贯穿ISD模型整个过程的互动过程。总之，教学系统的设计模式不仅要考虑传输系统、信息材料、采用的策略和技术，还要考虑学生的需求、特点、学习风格、实施水平和行为入门水平，以确保教学设计能够满足学生的个性化需求。经过几代人的发展，ISD已经有了100多个模型，基本上采用了专家主导、自上而下的方法，并假设学习需求基本稳定。通过合理的分析、规划和设计，ISD模

① Branson R K. The interservice procedures for instructional systems development [J]. Educational Technology,1978,18(3):11-14.

② 何克抗,林君芬,张文兰.教学系统设计[M].北京:高等教育出版社,2006:2.

③④ Rosenberg M J. The ABCs of ISD * (* instructional systems design)[J]. Training and Devecompment Journal，1982，36(9)：44-50.

型可以保证教学设计和开发活动的有序开展。

从 ISD 模型开发背后的理念、需求、方法、交付四个方面来看，其由计划驱动，在对课程需求进行理性分析、规划和设计的基础上，确保教学设计与开发活动有序开展；强调对需求的管理和控制，前期对需求进行充分调研和分析，尽量减少开发过程中的需求变动；传统 ISD 模型采用线性方式、循序渐进的方法进行开发；在项目结束时一次性交付完整课程。

然而，传统 ISD 模型忽视了很多方面，比如学生特征与需求的不稳定性、知识技能的快速迭代性、设计本身带来的不确定性和复杂性。[①] 从实际情况来看，设计师们也很难从一开始就确定各种方案。由此，ISD 模型的重要代表 ADDIE 模型就受到了诸多类似的批评。学者们认为其线性僵化的流程暴露了诸多问题，费时低效。[②] 真实的设计过程并不是线性的[③]，线性设计方式已经不能满足和适应越来越复杂的现实问题。[④] 这种高度计划式、稳定性的设计模式，在后期需要耗费大量时间进行校正，已无法适应网络时代快节奏学习的要求。[⑤]

二、ISD 模型开发流程

ADDIE 模型是知名的 ISD 模型，大多数时候 ADDIE 模型甚至可以成为 ISD 模型的代名词。ADDIE 模型强调系统思维，形成了固定的五个步骤（见

---

① Schon D A. Designing：Rules，types and worlds[J]. Design Studies，1988，9(3)：181-190.

② Allen W C. Overview and evolution of the ADDIE training system[J]. Advances in Developing Human Resources，2006,8(4)：430-441.

③ Maher J H, Ingram A L. Software engineering and ISD：Similarities，complementaries，and lessons to share[C]//Association Educational Communications and Technology. Meeting of the Association for Educational Communications and Technology. Dallas：TX，1989.

④ Craweord C. Non-linear instructional design model：Eternal，synergistic design and development[J]. British Journal of Educational Technology，2004，35(4)：413-420.

⑤ Allen M W. SAM：A practical，agile alternative to ADDIE[M]//Biech E. ASTD handbook：The definitive reference for training & development. Alexandria：Association for Talent Development，2014：201-218.

图 6-1),分别是分析、设计、开发、实施和评估。^① 这种经典设计程序逐渐成为后续课程与设计领域的参照标准,之后开发的模型,都或多或少存在 ADDIE 模型的身影。因此,ADDIE 模型又被称为"底层模型"。^② 多年来,以 ADDIE 模型为代表的 ISD 模型经久不衰,其系统性的思维、固定式的设计步骤、逻辑严谨的设计思路可以让实践者快速上手,在理论研究和实践领域持续发展。^③

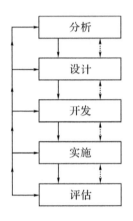

图 6-1　ADDIE 模型开发流程

　　ADDIE 模型是一种交互式课程设计方案,前一步的评估结果可以作为后一步开始的条件,设计者借助形成性评估来动态调整方案,不断优化各个阶段。在这种通用的教学设计模型中,教学目标起着引导方向的作用,教学内容是设计的核心。ADDIE 模型包括三个方面:学习什么(学习目标的制定)、如何学习(学习策略的运用)和如何评价学生的学习效果(学习评价的实施)。课程设计的五个要素是一种有机的、相互联系的、不可分割的关系:课程高效可行的前提是准确的分析与设计,课程稳定运行的核心是开发与实施,课程有效

---

　　① Molenda M. In search of the elusive ADDIE model[J]. Performance Improvement,2003,42(5):34-37.

　　② Branch R M. Instructional design: The ADDIE approach[M]. Berlin: Springer Science & Business Media,2009:2.

　　③ Allen M W. SAM: A practical,agile alternative to ADDIE [M]//Biech E. ASTD handbook: The definitive reference for training & development. Alexandria: Association for Talent Development,2014:201-218.

的保障是评价环节。

ADDIE 模型包括分析、设计、开发、实施和评价五个应用步骤。在分析阶段,需要确定教学目标和教学内容,以决定学生的学习内容和教师的指导方向;在设计阶段,依据教学目标和教学对象的特点,确定课程大纲和教学策略;在开发阶段,根据以往设计的课程,制作学习手册和教学手册;在实施阶段,在课堂上向学生传递学习内容,课程内容应与教学目标相符;在评价阶段,以学生的学习情况为准绳,对课程设计的有效性进行评价。

三、ISD 模型开发案例

为了更好地理解 ISD 模型的实际应用,我们以 ADDIE 模型为代表的 ISD 模型为理论依据,探索适应我国国情的综合实践活动课程的开发模式。就 ADDIE 模型下我国中小学综合实践活动的课程开发模式来说,其五步基本流程可以细化为以下五点。

(一)需求分析:了解综合实践活动课程的多维需求

需求分析,从字面意义来说,就是评估并实现主客观事物的需要。为了全面深入地评价我国综合实践活动课程的实际需求,需要充分调动人力、物力、财力,对学习主体、学习目标、学习需要、学习资源、学习条件等进行分析。详细而言,对于学习主体的分析,综合实践活动课程的开发者需要充分熟悉学生身心发展的客观规律及其阶段性学习任务。对于学习目标的分析,并不是简单地指综合实践活动课程的开发者以教学大纲、教材、课程标准和主体性教育风格为基础对学习目标进行的分析,而是指综合实践活动课程的开发者根据一定的学习目标,如部门要求、教育规则、学生发展等,对教育目标展开的多维分析,这也印证了卢梭的观点——"不要教他这样那样的问题,而是让他自己在学习中发现这些问题"[①]。对于学习需求的分析,其表现为多门学科的共同需求,比如学生对参与综合实践活动课程的需求,学校教学管理部门对设计课

---

① 卢梭.爱弥儿(上卷)[M].李平沤,译.北京:商务印书馆,1991:217.

程的需求,或者教师对教学环节的实施需求。对于学习资源和学习条件的分析,外部资源和条件在满足多维需求的同时,也为教学与课程的顺利进行提供支持和保障。因此,基于 ADDIE 模型的综合实践活动课程的需求是全方面、多维度的,并不能局限于满足单一学科的个别需求。

(二)悉心设计:依据各种需求系统设计课程

课程设计的重点在于教学要素,也就是课程开发与设计过程中涉及的相关结构要素。需要注意的是,ADDIE 模型强调系统整体观,这一观念贯彻了综合实践活动课程的教学要素,同时着重教学和课程的整体性,以此改变重学科标准轻课程结构的现状。[①] 因此,我们既要做到以教师为设计主导,以学生的调查需求为基础设计综合实践活动课程;又要做到以学生为设计主体,根据学生的真实需求开发设计综合实践活动课程的计划。此外,ADDIE 模型的课程教学要素理论涵盖了课程目标的具体化、课程内容的丰富化、课程秩序的不确定性和教学策略的自由化。具体而言,在设计综合实践活动课程的教学目标时,应避免空洞化、泛化、表面化的"目标陷阱",强调目标的实用性、聚合性和实践性;课程内容要丰富,即综合实践活动课程的内容要体现精细而不粗放、复杂而不繁杂的思想,不应存在虚薄的现象;课程秩序不固化,也就是说在综合实践活动课程的设计中应注意课程秩序的不确定性,即所谓生成性特征,综合实践活动课程的设计不应当固化、僵硬化;教学策略应当自由化,即综合实践活动课程教学策略的选择并不是固守成规的,而是根据具体的时间、空间、环境动态变化。这是因为教学内容具有特殊的属性,课堂情境总是多变的并充斥着不可控因素。因此,基于 ADDIE 模型的综合实践活动教学要素既具有固定属性,又具有生成适应性。

(三)有序开发:根据课程教学设计实施课程

课程教学的实施体现了课程教学设计理念的具体实现。在 ADDIE 模型视角下,开发综合实践活动课程不应局限单一学科,而应关注不同学科的教

---

① 张传燧.综合实践活动课程论[M].广州:广东教育出版社,2005:50.

师在课程开发过程中所处的地位和发挥的作用。因此，各个学科的教师应根据师生共同设计的课程大纲和教学设计，组成一支综合实践活动课程开发团队，井井有条地进行开发。同时，课程开发需要兼顾课程学习材料的综合、课程形式的丰富多样、课程学习的媒体支持、课程学习环境的安排和课程开发蓝图的考察。具体来说，教材要"接地气"，与学生生活息息相关，而不是空洞枯燥的刻板教条；课程形式应当积极主动，即以活动化的课程开发与设计代替传统的讲授式教学模式；课程学习的媒体支持，即在实际开发综合实践活动课程的过程中，要认识到教学媒体的充分支持是保障课程设计实施的重要条件之一；课程学习的环境安排，即在开发具体的综合实践活动课程的过程中，要做到课程内容与教学环境相符合，达到两者相辅相成的目的；课程发展蓝图的考察是不断审视和确保课程顺利进行全过程的综合实践活动，尽可能保证课程在具体实施时能够最大限度地符合一线教学的实际情况。因此，基于ADDDIE 模型的综合实践活动课程的实施，必须做到同时兼顾理论和实践两个层面，并尽量缩小课程与课堂的差距，这是在开发实施综合实践活动课程的过程中需要重点注意的方面。

（四）课程实施：学生自主实践视角下的教师

有效指导课程的实施不仅仅意味着具体实施课程开发的内容，更代表着课程开发成果对教学实践的有序安排。彼得森认为，"相比之下，ADDIE 模型是完善的课程教学理论模式，因为它是从学生的角度，而不是从教师的角度来审视课程发展的结果"[①]。因此，从理论上讲，ADDIE 模型下的综合实践活动课程应以学生自主实践为基础，教师给予有效的指导，这是合理且科学的，其遵循教育发展的规律。教师引导不只是字面意义上的教师引导，而是包括了控制引导和倾听引导，它起着引导者、参与者、倾听者和合作者的作用。[②] 课

---

① Peterson C. Bringing ADDIE to life：Instructional design at its best ［J］. Journal of Educational Multimedia and Hypermedia，2003，12(3)：227-241.

② 张华，安桂清.综合实践活动课程开发与案例研究［M］.北京：高等教育出版社，2008：177-188.

程准备环节主要囊括了课内外教学的教材准备、现场准备以及在课程实施中的实际操作。具体来说，课内外教学的教材准备要求教师熟悉和掌握所实施的综合实践活动课程的内容和顺序；课内外教学的现场准备要求教师充分发挥现场教学智慧；在课程实施中的实际操作要求教师根据实际教学情况灵活调整教学策略以符合课程实施的具体操作要求，以便适应综合实践活动的有序教学。

（五）多元评价：基于课程教学一体贯彻多元

评价思想通常认为，课程实施过程中的最后一环是课程评价。课程评价有多种方式，包括过程性评价、绩效评价和终结性评价。在课程开发的过程中，我们要充分发挥和运用各种评价方法的独有功能和价值。ADDIE 模型下的课程评价不仅涵盖了过程性评价和终结性评价，还代表了不一样的评价内涵。也就是说，与一般的课程开发不同，ADDIE 模型不受时间和空间条件的绝对限制，无论处于哪个环节或者要素，都可以随时指向课程评价环节。正如李树培基于核心素养理念的综合实践活动评价一样，他认为"综合实践活动课程的开发、实施和评价是一个综合的过程"[①]。因此，对于 ADDIE 模型视角下的综合实践活动课程评价，评价的内容主要为参与课程开发与设计的学生与教师、课程实施后期的维护与修改。就参与课程开发设计的学生而言，其主要评价的内容为综合实践活动课程内容的丰富性、综合实践活动课程环节的多样化，以及综合实践活动课程经验的满意度；就参与课程开发与设计的教师而言，其主要评价的内容包括综合实践活动课程实施的顺利度、综合实践活动教学互动的规范性，以及综合实践活动课程设计理念的前沿性；就课程实施后期的维护与修改而言，其主要评价的内容包括由课内外教学事故引起的综合实践活动课程大纲的修改，根据学生对综合实践活动课程设计的意见进行的修改，以及随着社会的发展对课程本身固有的时代属性的修改。从中可以看出，基于 ADDIE 模型的综合实践活动评价具有集成性、多主体性和方向性等特

---

① 李树培.综合实践活动课程核心素养与评价探析[J].全球教育展望,2016,45(7):14-23.

点,这些特点使综合实践活动课程在多维度评价中获得可持续发展。

第二节　RID 模型

本节从背景与内涵、流程以及案例三个方面详尽阐述 RID 快速迭代开发模型。以"迭代"为特色的 RID 模型是对 ISD 模型的改进,RID 模型的迭代方式让课程开发流程变得更加灵活、机动,开发速度和质量得到进一步提升。

一、RID 模型的背景与内涵

RID(rapid instructional design)又称快速教学设计或快速教学开发。20世纪 90 年代以后该模型开始出现,并随着时间的推移迅速流行起来。RID模型如其名所示,"快速迭代"是其最大的特点。RID 模型是在 ISD 模型的基础上吸收了软件工程领域的快速原型设计法[①],从而诞生的新型教学设计模型,其核心概念就是"迭代"。通过对原型产品的快速迭代,让用户提前看到产品的早期"原型",用户通过早期原型及时作出反馈并提供相关意见,开发者则在用户反馈的基础上对原型作出新的改进。RID 模型的出现和普及,引起了教育学领域的广泛关注。许多教育学家在该模型的基础上进行探索,其中最具代表性也最为人知的就是由艾伦提出的 SAM 模型(successive approximation mode)。艾伦认为,理想模型的过程必须符合四个标准:有迭代、支持合作、高效、便于管理。[②] 基于这四个标准,艾伦将"迭代"理念和原型设计法相融合,并对 ADDIE 模型的开发流程进行重构,形成 SAM 模型。SAM 模型继承了 RID 模型的鲜明特征,即强调通过快速迭代设计原型来加

---

① Tripp S D, Bichelmeyer B. Rapid prototyping: An alternative instructional design strategy [J]. Educational Technology Research and Development,1990,38(1):31-44.

② Allen M. SAM: A practical,agile alternative to ADDIE [M]// Biech E. ASTD Handbook: The definitive reference for training & development. Alexandria:Association for Talent Development, 2014:201-218.

快课程优化的过程。因此,相较于 ADDIE 模型,以 SAM 模型为代表的 RID 模型最显著的特征就是它的迭代过程。[1] 通过对早期原型的不断迭代,评估与反馈速度得到提升,项目团队可以在早期发现模型存在的潜在问题并及时解决,以较小的代价对原型作出调整,从而显著提升项目成功的概率。与此同时,迭代过程中学生不断给予的反馈,更有助于在提高课程质量的同时缩短开发周期。

从 RID 模型开发背后的理念、需求、方法、交付四个方面来看,其由质量驱动,通过快速连续的原型改进产品,追求课程质量的优化;需求管理变得更加灵活可变,允许开发者在开发过程中在一定程度上对需求进行变更,然而当需求变更过于频繁时,RID 模型依然存在不小的问题;在开发过程中只能通过不断交付原型获得连续反馈,从而提高课程质量,同时缩短开发周期;在项目结束时做到一次性交付完整课程。

以"快速迭代"为特色的 RID 模型是对 ISD 模型的改进,这种迭代的方式使得课程开发过程更加灵活多变,开发速度与质量得到显著提升。但此类模型仍存在以下问题。

(1)当需求高度模糊或变化时,RID 模型的适用性就不再那么广泛

已有学者指出,RID 模型明显不适用于周期长的项目。[2] 当周期过长时,用户的需求大概率会发生变化,导致开发团队花费大量时间不断创建原型。[3] 也就是说,尽管 RID 模型具备了一定的需求变化的弹性以应对学生的需求,但当学生的需求处于不稳定状态时,RID 模型的适用性就会明显降低。

(2)RID 模型没有在真正意义上实现课程的快速交付

尽管 RID 模型由于其"快速迭代"的特点,相比于 ISD 模型更加灵活,课程开发的速度和质量也得到了一定的提升,但必须承认的是,RID 模型在实

---

① Jung H, Kim Y, Lee H, et al. Advanced instructional design for successive E-learning: Based on the successive approximation model (SAM)[J]. International Journal on E-Learning, 2019,18(2), 191-204.

②③ Hutanua A, Prosteana G, Mnerieb A V, et al. Contemporaneous issues in E-learning projects of the European Union[J]. Procedia-Social and Behavioral Sciences, 2015(191): 540-545.

施过程中,只做到了交付原型,并不能提供最终的课程内容,课程内容的完整性完全依赖于学习群体全面的信息反馈。这就导致了实践中课程内容的完整性很难得到真正可靠的保障。大部分基于 RID 模型开发的课程的完整性都处于 60%～70%,就算是"黄金版本",其课程的完整性也不高于 80%。教育中的学习大多是储备学习,不同于企业中可以对员工技能进行及时训练。因此,课程是否完整对学生的学习效果至关重要。最新的科学研究表明,系统学习比分散学习具有更好的学习效果。因此,在 RID 模型的课程开发中,如何在保证课程完整性的同时不丧失其灵活性是一个大问题。对于学生来说,只有实践课程才能带来实用价值,这也是以 SAM 模型为代表的 RID 模型尚未解决的问题。

二、RID 模型开发流程

SAM 模型是最具代表性的 RID 模型。下文以 SAM 模型为例,说明 RID 模型开发的具体过程。SAM 模型是一种新的课程开发技术,它先通过快速实验找到正确的课程解决方案并验证预期的设计效果,然后通过独特的输出过程构建课程。如图 6-2 所示,以 SAM 模型为代表的 RID 模型开发流程可以分为三个阶段:准备阶段、迭代设计阶段和迭代开发阶段。

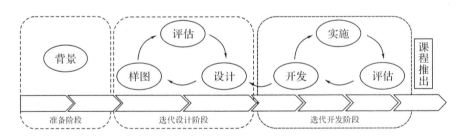

图 6-2　SAM 模型开发流程

准备阶段是 SAM 模型开发的基础,这一阶段包括两个任务——信息收集和认知启动,其目的是快速收集和评审产品所需的背景信息(如组织需求、预期目标、可用材料、培训职责、影响因素等)。迭代设计阶段是 SAM 模型开发的核心,这一阶段涉及两个任务——项目规划和附加设计,包括设计样本、评估样本等活动。迭代开发阶段是 SAM 模型开发的过程,包括标准设计、A版、B 版和黄金版四次迭代。其中,标准设计是课程的视觉化范例,相当于"教学大纲"。A 版是课程内容设计的初始形式,B 版本是 A 版的升级版本。如果 B 版没有问题,开发过程将提前终止;黄金版是课程内容设计的最终形式。值得注意的是,对于较大的课程开发项目,迭代设计需要单独设置;而对于较小的课程开发项目,迭代设计和开发往往是一体的。

三、RID 模型开发案例

为了更好地理解 RID 模型的实际应用,我们根据艾伦和赛茨提出的基于 SAM 模型的敏捷课程开发[①],并以"班级管理实践智慧"课程开发为案例,展示面向中小学教师的敏捷课程开发流程。

(一)基于 SAM 模型的敏捷课程开发

1. 准备阶段

准备阶段以学生为中心,这一阶段强调快速收集背景信息,提出正确的问题,并找到目标任务。在收集信息时,需要重点收集的信息包括教学目的、教学对象、教学手段、教学目标等。在启动认知时,以集体头脑风暴的方式讨论解决方案。课程开发团队和用户审查收集到的背景信息,并形成初步的设计思路,以此构建课程大纲。这一阶段的准备将直接影响迭代设计和开发阶段。

2. 迭代设计阶段

在迭代设计阶段,通过规划项目和提出附加设计,激发学生的学习积极性,并进一步提出迭代设计课程设计的新思路和新方法。在项目规划中,对项目进度和开发细节的定量评估需要仔细考虑成本和质量管理,以及相关的沟通、风险、范围和人员影响。在附加设计阶段,不断评估设计内容,分析和解决

---

① Allen M, Sites R. Leaving ADDIE for SAM: An agile model for developing the best learning experiences [M]. Florida: American Society for Training and Development, 2012.

问题,确定后续设计需求,寻找潜在的问题或机会。其中,实例图(课程内容设计图)是迭代设计阶段的核心部分。它为用户信息共享提供了不可或缺的方式,可以带来更多的创意设计。

3. 迭代开发阶段

在迭代开发阶段,通过不断迭代开发、实施和评估这三个步骤的循环实现"标准设计",并形成"A 版—B 版—黄金版"课程。这是一个不断迭代优化的过程,持续更替并在一定范围内进行修正,直到用户最满意的课程诞生为止。标准设计是第一个周期的产品,是课程内容的视觉演示,通常用于发现潜在问题。如果产品需要纠正,将返回迭代设计阶段重新进行设计。A 版是教学应用的完整版本,可通过团队成员批准的样图进行验证。A 版的完成表示第一个周期的结束。第二个周期,也称为验证周期,将在更正该周期中确定的错误后生成 B 版,专家和学生将对此进行体验和评估。如果 B 版通过评估,则直接升级为黄金版。

(二)面向教师培训的敏捷课程开发

以"班级管理实践智慧"课程开发为案例,其呈现了敏捷课程开发的过程,包括准备、迭代设计、迭代开发、完善四个阶段(见表 6-1)。

表 6-1　基于 SAM 模型的"班级管理实践智慧"课程开发

阶段	环节	内容
准备	课程背景	为新班主任准备课程,以便他们能够学习实用的班级管理方法
	课程名称	班级管理实践智慧
	参与人员	课程研发者、教育管理专家、优秀班主任、新入职班主任(后两类人群在不同阶段参加)
	模板准备	设计模板、开发模板、案例提取模板、评估模板
	需求收集	预先收集新入职班主任的学习需求

续表

阶段	环节	内容
	设计	根据设计模板分解班主任的工作任务
	评估	由教育管理专家、优秀班主任根据评估模板对设计成果进行质量评估(如需作出修正,重返设计环节)
迭代设计(多轮)	开发	根据班主任的工作任务,招募优秀班主任加入开发团队,有针对性地提取他们在不同工作任务中的最佳实践,并以案例的形式不断添加到课程中
	评估	由教育管理专家、课程研发者和优秀班主任等对"最佳实践案例"的质量进行评估(如需作出修正,重返开发环节)
	实施	举办由新班主任参加的研讨会(实际上是为了吸引他们加入开发团队)。新班主任学习现有的课程内容并提出问题,开发团队参与研讨会的整个过程并收集反馈。优秀班主任也会全程参与,不断回答问题和解决疑问,并将这些动态生成的内容再次添加到课程中(如有必要,返回开发环节)
完善	整理	完善并整理已完成的课程,形成可交付的课程

从以上开发过程中不难看出,在最终交付之前,"班级管理实践智慧"课程已经向用户(新班主任)交付了多轮,并吸收了宝贵意见,从而使课程更符合学生的需求。在这个过程中,优秀班主任也作为一线专家成为团队的重要成员,发挥示范、案例、修改框架等作用。

第三节　AID 模型

本节从背景与内涵、流程以及案例三个方面详尽阐述 AID 模型。敏捷理念的出现与兴起是时代的产物,是对这个快速变化、充满不确定性的时代的回应,其在推动其他领域变革的同时,也推动了教学设计与课程开发领域的变革。

一、AID 模型的背景与内涵

知识爆炸与时代瞬变给教育领域带来了巨大挑战。[①] 当今时代，不稳定性（volatility）、不确定性（uncertainty）、复杂性（complexity）和模糊性（ambiguity）已成为其典型特征，因此也被称为 VUCA 时代。[②] 不稳定性意味着事物处于频繁的动态变化之中，通常很难预测。不确定性源于人们对事物缺乏了解，只有不断收集信息才能减少不确定性。复杂性意味着环境的问题、人的问题变得越来越复杂。模糊性意味着不同的条件和因果关系混合在一起，情况往往模棱两可。如何应对这些挑战已成为人们日益关切的共同问题，迫切需要加以解决。敏捷理念提出了一种灵活的方法来解决这一问题，并提出了有效的应对措施。[③]

"敏捷"作为一种理念，起源于制造业领域，最开始在软件开发领域蓬勃发展，随后在许多领域掀起了敏捷改革的热潮。敏捷概念的出现和兴起是时代的产物，也是对这个快速变化和不确定时代的回应。它不仅促进了其他领域的改革，而且促进了教学设计和课程开发领域的改革。鉴于 VUCA 时代课程开发的挑战和需求，以及敏捷理念在应对这些方面挑战的巨大潜力，教学设计和课程开发的敏捷转型将成为 VUCA 时代的新趋势。在本书中，敏捷理念驱动的教学设计被称为敏捷教学设计/开发（agile instructional design/development，AID)，基于这种设计理念的课程开发被称为敏捷课程开发。

（一）敏捷开发的概念界定

从字面上看，敏捷有两个含义：一个是敏感，另一个是快速。敏感是指易于捕捉和感受细微差异，而快速则是指快速反应。简而言之，敏捷是指能够敏

---

① Johnson P E. Changing teaching for a changing world: Implications of the knowledge explosion [J]. Community College Review,1991,19(3): 54-58.

② Bennett N, Lemoine J. What VUCA really means for you[J]. Harvard Business Review, 2014, 92(1/2):27.

③ Thomke S, Reinertsen D. Agile product development: Managing development flexibility in uncertain environments[J]. California Management Review, 1998, 41(1):8-30.

感地感知细微差异并迅速作出反应。1991 年,制造业领域首次阐述了敏捷的含义,认为敏捷是 21 世纪企业的竞争优势,反映了企业对市场需求的响应速度和满足用户个性化需求的能力。① 随后,制造业领域重申并解释了敏捷的核心概念,指出敏捷是一种能够使组织在不断变化和不可预测的环境中茁壮成长的能力。② "不断变化和不可预测的环境"反映了组织的长期背景,"变化"是敏捷的重点,"茁壮成长"是敏捷的目标,而敏捷意味着组织需要具备快速响应变化的能力。③ 在敏捷的核心概念基本确立后,软件开发领域迅速掀起了研究热潮,《敏捷宣言》的诞生是未来各领域敏捷运动的共识和思想基础。《敏捷宣言》的发起人海史密斯认为,敏捷是一种在动荡的商业环境中促进变化和应对变化以创造利润的能力,是一种平衡灵活性和稳定性的能力,并进一步完善和丰富了敏捷的内涵:敏捷不仅是高效响应变化的能力,还是主动拥抱变化、促进变革的态度。④

综上所述,敏捷不仅体现了快速响应变化、在变化中生存和发展的能力,还体现了为了在变化中生存和发展而积极接受变化的态度。在方法论层面,敏捷关注灵活性和稳定性之间的平衡,即在框架或上下文中响应或保持灵活性。基于前文对敏捷的解释,我们认为课程和教学领域的敏捷是主动、有效和高效地响应学生个性化、差异化和不断变化的学习需求的能力,这也与积极接受变化的态度密不可分。

(二)敏捷开发的价值导向

《敏捷宣言》提出了敏捷理念的四个核心价值:个人和交互高于过程和工具;工作成果高于详细文件;客户合作高于合同谈判;对变化的响应高于遵循

---

① Nagel R N, Dove R. 21st century manufacturing enterprise strategy: An industry-led view [M]. Darby: Diane Publishing, 1991:2.

②③ Dove R. Knowledge management, response ability, and the agile enterprise [J]. Journal of Knowledge Management, 1999, 3(1):18-35.

④ Highsmith J A, Highsmith J. Agile software development ecosystems[M]. Boston: Addison-Wesley Professional, 2002: 29.

计划。① 敏捷的核心价值观是植根于敏捷运动并形成广泛共识的唯一核心价值观，它们是敏捷领域最大的共识和行动基础。在不改变敏捷核心价值观原义的基础上，我们对其在课程开发领域中的表述进行了以下本土化调整。

首先，开发团队的交互比流程和工具更好。敏捷理念坚持以人为本，倡导开发人员共同参与。课程开发人员之间的互动比过程和工具更有价值；项目的关键是人；关注员工将使团队更加注重创新和解决问题；流程和工具的作用是支持高质量课程的开发。因此，在敏捷课程开发项目中，我们将有意识地简化流程和工具，注重成员之间的互动，鼓励团队智慧的共同创造。

其次，可用的课程比详细的教学设计文件要好。敏捷项目是价值驱动项目，强调为学生提供频繁使用的课程，快速实现价值。可用的过程是评价团队是否达到过程要求的唯一依据，而不是要求文件或设计方案。因此，在敏捷课程开发项目中，开发团队应该简化文档工作，增强课程的可用性。这不仅可以迅速向学生传达价值，还可以得到学生的反馈，及时发现和调整问题，避免风险积累。

再次，将学生视为合作伙伴比客户更好。学生是课程开发的重要驱动力，而不是与客户协商或接触。在开发过程中，与学生的合作可以创造出更高质量的课程，尤其在需求不稳定和不确定的情况下。与学生的合作可以帮助开发团队及时了解学生的需求，灵活适应变化，最终开发出更高质量和更接近实际需求的课程。

最后，响应变化胜于遵循计划。每个项目都是已知和未知、确定性和不确定性的结合体，因此我们必须在"计划"和"变化"之间找到平衡。变革必将给课程开发团队带来挑战。传统的课程开发总是试图将变化控制在最小范围内，但这种严格的管理过程和思维方式很难适应需求的变化，从而错过创建更有价值课程的机会。敏捷理念相信变革是创造伟大和价值的工具，我们应该拥抱变革。

---

① Agile A. Manifesto for agile software development［EB/OL］．［2020-09-15］．http//agilemanifesto.org.

　　敏捷课程开发的兴起并非偶然。除了敏捷软件开发运动的影响之外,至少有三个因素在其中起着关键作用。一是学界对 ISD 模型的批评。21 世纪初,以泽姆基和罗塞特为代表的一些学者首先对 ISD 模型、ADDIE 模型提出了批评。例如,罗塞特撰写的《国际标准》详细说明了传统 ISD 模型在过程、实践以及应对新技术方面的缺陷。[①] 受这一批评的影响,很多学者探索了不同的课程开发模式,敏捷开发模型应运而生。二是网络发展的带动。网络颠覆了与学习密切相关的媒介和人文,引起了教育重点、教育设计和课程开发模式的变化。在网络时代,学生行为的变化代替知识转移,成为教育的重点。为了实现这一目标,课程开发必须与任务情况相匹配,以符合敏捷课程开发的快速性和迭代性的特点。三是企业改革的加快。随着知识的爆炸式增长和新技术的不断革新,企业的变革和转型更加频繁。传统的线性课程开发模式由于周期长、交付标准高、灵活性差等局限性,很难满足企业快速变革的发展需求。针对这一挑战,各种特色的敏捷课程开发模型相继推出。以安迪曼咨询公司自主开发的 AID 敏捷开发模型(FDD 模型)为标志,2015 年是中国敏捷开发的元年。AID 模型继承了 SAM 模型的核心理念,但改变了开发流程的顺序,从先设计后开发转变为先开发后设计。

　　从 AID 模型开发背后的理念、需求、方法、交付四个方面来看,其由价值驱动,课程的价值体现在对学生实际需求的满足上,因此 AID 模型关注学生的实际需求,并及时向学生交付有价值的内容。AID 模型具有敏捷理念的核心价值观,其拥抱变化,欢迎需求变更,并实现对需求的快速响应。AID 模型采用迭代和增量融合的方法。增量体现在将过程开发项目分解为若干需求特性,划分需求优先级。每次只关注小的和当前优先级最高的需求进行开发,从而向学生快速传达高价值的可用过程。在这种确定的迭代时间内,开发团队

---

　　① 郭文良,和学新.课程研究的实践取向及其路径选择[J].全球教育展望,2015,44(9):13-20,54.

专注于开发小需求的方法称为冲刺。[①] 迭代体现在通过每一轮冲刺，尽快获得用户反馈，迅速发现隐藏的问题，以便在下一轮冲刺中加以改善。通过迭代和增量的融合以及优势的互补，AID 模型实现了交付速度和产品质量的双重优化。RID 模型在课程中持续提交原型，但其不是学生可以使用的课程内容。AID 模型强调在价值驱动理念的影响下，在课程开发的过程中，频繁的小规模交付为学生提供高优先级的可用课程模块，以确保价值的早期实现。

需要强调的是，AID 模型不是对 ISD 模型或 RID 模型的替代，而是存在三种分别适用的情况。例如，如果项目时间相对充足、课程内容相对稳定、不涉及学习需求的频繁动态变化，ISD 模型是比较常用的选择；当项目时间紧迫、预算有限、内容需要动态更新时，RID 模型和 AID 模型可能是更好的选择；而当时间紧迫、预算有限、需要迅速向学生提供有价值的内容，但学生的需求复杂、模糊、不稳定时，AID 模型是可行的方案。

二、AID 模型开发流程

如图 6-3 所示，AID 模型根据优先级高低，在短期内先聚焦一个小的且当前优先级最高的需求进行开发，在每一轮冲刺中，对产品进行设计—评估—开发—评估—整合—评估—设计，尽可能多地获得用户反馈，以便在下一轮冲刺中及时改进。

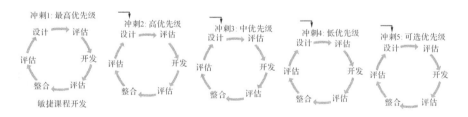

图 6-3　AID 模型开发流程

---

① 莱顿. 敏捷项目管理从入门到精通实战指南［M］. 傅永康，郭雷华，钟晓华，译. 北京：人民邮电出版社，2015：133.

AID 模型认为,课程价值体现在对学生实际需求的满足上。因此,AID 模型强调学习需求的变更,快速响应学习需求的变化。为了快速向学生提供满足其自身需求的课程内容,AID 模型利用迭代和增量融合的方法分解学生的需求,以确定优先顺序。针对学生优先级最高的需求特性进行课程开发,确保在开发过程中频繁、小规模地向学生提供高价值的可用课程模块,以快速实现课程价值。在频繁交付的同时,可以及时得到反馈,改善过程质量,优化开发过程。

三、AID 模型开发案例

为了更好地理解 AID 模型开发的实际应用,我们以 AID 模型为理论依据,以数据库课程设计为中心,探索基于敏捷开发的数据库课程设计。

(一)基于敏捷开发的数据库课程设计的总体思路

数据库课程设计是基于敏捷开发理念的进展式设计模式,项目经理将数据库课程设计中分配的项目划分为多个迭代周期进行开发,每个周期实现系统的部分功能。一个迭代周期也称为一个冲刺,在每个冲刺中都要进行计划、需求分析、设计、编码和测试等部分。每次迭代都强调根据前一次反馈和此次需求变化进行计划和调整,以提交小版本可执行软件的方式开发系统。

(二)基于敏捷开发的数据库课程设计的实验框架

在教学班安排 1 名指导教师,班级人数大约 30 人左右。首先,教师根据敏捷开发理念,组建敏捷开发团队,将班级人员分成 5~6 个小组,每组 5~6 人。其次,教师按照课程设计指导书中的项目数(通常 10 个左右),将任务合理分配给班级中的各个小组。各个小组根据敏捷开发理念给小组成员分配不同的角色,每个人在软件开发阶段承担不同的角色,每个角色承担不同的功能模块和编程开发任务。最后,教师将每个小组的软件开发周期分为四个阶段:Sprint0 准备阶段、Sprint1 第一个迭代产品阶段、Sprint2 第二个迭代产品阶段和 Sprint3 第三个迭代产品阶段。其中,Sprint0 准备阶段的主要工作是建立敏捷开发团队、分配用户角色、编写用户故事、设计系统结构和产品愿景等。

这一阶段耗时不多,1 天内(8 小时)完成即可。其他三个阶段在剩下的 9 天里,以 3 天为一个冲刺逐步完成。冲刺结束后,各个小组将可行的软件产品提交给指导教师,指导教师审查后召开小组会议,反馈意见,并向小组传达。反复三次迭代就完成了这个过程的设计任务。数据库课程开发过程中的需求分析、概念设计、逻辑设计、物理设计、编程实现、系统集成、驱动测试、集成测试、结对编程、站立会议等内容始终包括在为期 9 天的 3 个冲刺内。系统的主要功能(用户故事)和编程任务平均分配在三个冲刺内,用户故事的编写从简单到困难,划分了不同的优先级。每次迭代都会逐渐增加内容和难度,时间、任务、提交内容和理论知识的具体安排见表 6-2。

表 6-2　基于敏捷开发的数据库课程设计

阶段	时间安排	阶段任务	拓展任务	提交内容	对应理论知识
1. Sprint0 准备	1 天 (8 课时)	(1)团队建立; (2)系统需求分析; (3)用户故事; (4)系统架构设计; (5)计划发布	(1)系统流程图; (2)数据流图 (3)面向服务架构	(1)团队分工表; (2)系统功能模块图; (3)软件愿景	(1)需求分析; (2)数据库开发基本过程; (3)敏捷过程; (4)面向服务架构
2. Sprint1 第一个迭代产品	3 天 (24 课时)	(1)数据库设计; (2)站立式会议; (3)简单的用户界面; (4)基本模块算法; (5)基本模块流程图; (6)基本模块编程; (7)单元测试; (8)产品评审会议; (9)反思会议	(1)Power Designer 或统一建模语言建模; (2)了解持续构建和集成开发环境	(1)数据库设计脚本; (2)实体联系图或统一建模语言图; (3)产品版本 1; (4)会议记录	(1)概念设计; (2)逻辑设计; (3)物理设计; (4)实体联系图或统一建模语言图; (5)数据字典; (6)软件配置和集成; (7)驱动测试和桩测试
3. Sprint2 第二个迭代产品	3 天 (24 课时)	(1)站立式会议; (2)复杂的用户界面设计; (3)较复杂模块的算法和流程图; (4)复杂查询; (5)单元测试; (6)产品评审会议; (7)反思会议	(1)每日集成构建; (2)统一建模语言建模; (3)结对编程; (4)代码重构	(1)产品版本 2; (2)会议记录	(1)逻辑设计优化; (2)统一建模语言图; (3)复杂模块算法; (4)复杂查询; (5)软件测试

续表

阶段	时间安排	阶段任务	拓展任务	提交内容	对应理论知识
4. Sprint3 第三个迭代产品	3天 (24课时)	(1)站立式会议； (2)查询优化设计； (3)编程； (4)单元测试； (5)验收测试； (6)产品评审会议； (7)反思会议	(1)代码优化； (2)集成测试； (3)缺陷分析	(1)产品版本3； (2)会议记录	(1)查询优化； (2)软件集成测试； (3)产品质量分析

四、小结

结合课程改革趋势和 VUCA 时代的复杂性、模糊性、多变性和不确定性，课程开发取向和开发速度已然面临新的发展需求。

（一）开发取向：实践导向，需求驱动

教育本质上是实践性的，不仅包括认识层面的问题，还包括行动层面的问题。从课程研究和改革现状来看，需求驱动、实践导向是课程建设和改革的重要方向。[1][2] 这种追求"实践价值"的理念在施瓦布提出的"实践模式"中得到了充分的强调。施瓦布认为，课程的终极目的是"实践兴趣"，要关注课程的实践价值和对实践需求的满足。[3] 这种理念成为 21 世纪人才培养的共识。例如，联合国教科文组织提出的"缩小教育与就业的距离"[4]，以及我国"以用为本"的人才发展指导方针[5]，都强调对学生实践与迁移应用能力的培养。[6] 这

---

[1] 郭文良，和学新.课程研究的实践取向及其路径选择[J].全球教育展望,2015,44(9):13-20,54.

[2] 李煜晖，郑国民.核心素养视域下的中小学课堂教学变革[J].教育研究,2018,39(2):80-87.

[3] Schwab J J. The practical:A language for curriculum[J]. The School Review,1969,78(1):1-23.

[4] United Nations Educational, Scientific and Cultural Organization. EFA global monitoring report:Youth and kills Putting education to work[R]. Paris:UNESCO Publishing, 2012.

[5] 国务院.国家中长期人才发展规划纲要（2010—2020 年）[EB/OL].（2010-06-06）[2020-08-15]. http://www.gov.cn/jrzg/2010-06/06/ content_1621777.htm.

[6] 任友群，闫寒冰，李笑樱.《师范生信息化教学能力标准》解读[J].电化教育研究,2018,39(10):5-14,40.

种理念在各国教师教育领域也得到了充分的重视①:培养教师作为反思性实践者是教师发展的重要方向。② 教师教育课程应该关注来自实践层面的真正问题,帮助教师提高解决实践问题的能力。③④ 实践本身的复杂性、动态性和不确定性⑤导致学习需求的个性化、多样化和动态性进一步加剧,如何应对这一情况成为课程研究者和课程主体面临的首要问题。

(二)开发速度:缩短周期,加速交付

社会和技术的变化呈指数级上升,未来世界难以预料。随之而来的知识爆炸和社会需求的迅速变化决定了个人知识的更新速度也应加快。同时,实践的复杂性、动态变化和高度不确定性刺激了学习需求的快速更新。不仅学生受到越来越高的期望,而且对课程和学习需求的一致性和响应速度也提出了更高的要求。这意味着只有缩短课程开发周期,加快课程交付和更新速度,学生才能更好地解决真实、复杂、迫切的实践问题和适应快速变化的时代。这也是课程开发响应 VUCA 时代的必然要求。但追溯目前课程建设的现状,仍然存在课程开发周期长、课程内容更新滞后、不能很好地响应动态发展的学习需求的情况。⑥⑦⑧⑨ 由此可见,缩短课程开发周期、加快课程交付和更新速度是 VUCA 时代课程研究者和课程主体需要思考和应对的一个重要问题。

① Baumfeld V. Teachers for the twenty-frst century: A transnational analysis of the role of the university in teacher education in the United Kingdom [C]// Mood B. Do universities have a role in the education and training of teachers. London: Cambridge University Press, 2016:57-74.

② Schon D A. Educating the reflective practitioner[M]. California: Bass Publishers, 1987.

③ 胡惠闵,崔允漷.《教师教育课程标准》研制历程与问题回应[J].全球教育展望,2012,41(6):10-21.

④ 刘洋. AI 赋能教师培训:教育意蕴及实践向度[J].电化教育研究,2021,42(1):64-71.

⑤ Schon D A. The reflective practitioner: How professionals think in action[M]. New York: Basic Books,1984:14.

⑥ 闫寒冰,李帅帅,段春雨,等.敏捷理念在教师培训课程开发中的应用研究[J].中国电化教育,2018(11):38-43,50.

⑦ 曾文婕,蒋慧芳,周子仪.指向知识创造的教师教育课程创新基于卓越小学教师培养的探索[J].教育发展研究,2020,40(Z2):101-108.

⑧ 史丽晶,马云鹏.基础教育课程改革目标实施程度调查:基于教师的视角[J].教育发展研究,2016,36(4):57-63.

⑨ 袁利平,杨阳.面向未来的课程图景及其实现[J].教育科学研究,2020(4):10-15.

　　回顾课程设计和开发模型的发展史,从 ISD 模型到 RID 模型经历了两种开发思想的转变,并基于其思想衍生出一系列操作模式。但面对当前 VUCA 时代,现有的课程开发模式并不令人满意。当前,智慧课程文化更加注重学生本位,内容更新换代对课程开发的动态响应能力提出了更高的要求。随着从传统的注重计划驱动的 ISD 模型向注重快速迭代的 RID 模型和注重敏捷开发的 AID 模型的转变,当前的课程开发理念更加注重学生本位、学习需求的动态分析和产品群的共唱,课程开发过程更加注重开发人员和用户的交互与协作,更加注重快速应对课程开发的更替和变化。

　　如何快速响应复杂、动态和高度不确定的实际需求,帮助学生发展和提高解决实际问题的能力和问题迁移的能力,以更好地适应快速变化的社会,是 VUCA 时代课程开发的关键要求。不管我们喜欢与否,世界已经进入 VUCA 时代。时代的快速变化、知识的爆炸式增长以及实践的复杂性、动态性和不确定性推动了课程开发的敏捷转型。敏捷课程开发为迎接时代的挑战和满足学生的动态需求提供了新的途径。

　　然而,任何新生事物的发展必然会经历机遇与风险的双重考验。敏捷课程开发也是如此,其至少面临以下三大挑战。

　　(1)课程完整性

　　敏捷课程开发在前期工作中没有开展系统的结构设计,往往只围绕一个或几个关键问题,快速开发相应的课程内容,并立即投入使用。课程内容的完整与否完全依赖于学习群体的信息反馈。这使得实践中课程开发的完整性很难获得真正有效地实现。

　　(2)教师能力

　　尽管敏捷课程开发对开发专业性的要求不高,但这并不意味着普通教师或培训师完全可以胜任。根据穆克吉的研究,敏捷课程开发对教学设计师提出了更高的要求,涉及战略敏捷、业务敏捷、文化敏捷、客户敏捷、伙伴关系敏捷等五大能力范畴。[①]　结合现有研究经验,我们认为敏捷课程开发至少在咨询经验、合作能力、工具研发等方面对教师提出了新的要求。为了加快开发进度,敏捷课程开发一般在各种系统支持工具的辅助下,以团队合作的方式开展和运行。这就要求教学设计师不仅要具备良好的咨询经验,还要具备一定的合作和沟通能力。此外,由于教育领域专业咨询工具的不足,在敏捷课程开发的过程中,教师应具备一定的工具研发和灵活运用技巧的能力。

(3)成本与效益兼顾

持续迭代是敏捷课程开发的本质属性,也是确保模型质量和效益的生命线。这在无形中增加了开发的时间、人力、物力等成本,从而增加了相关投入。目前,在教育生态上,持续投入机制尚不健全。因此,在敏捷课程开发的过程中,如何在既定成本的前提下,保证"敏捷迭代"不致衰退,也是实践过程中面临的一大挑战。

在未来的研究中,还需要结合具体的应用场域进一步探索敏捷课程开发的模型和支持体系。

---

① 李笑樱,闫寒冰,彭红超. 敏捷课程开发:VUCA 时代课程开发新趋向[J]. 电化教育研究,2021,42(5):86-93,113.

第七章　课程形态变革:从单一封闭到立体开放

　　课程形态,即"一定条件下的课程内容的表现形式或载体"①,伴随着媒体技术的革新,在历史上发生了多次变革。由于不同时代对劳动人口素质要求的不同,以及因技术发展而不断加快的知识传播的速度,不同时代的课程形态具有明显的特征。首先是口传课程阶段,即以语言为介质进行授课。该形态的出现始于原始社会,原始社会生产力低下、生产与生活资料十分匮乏;在教育上并无真正意义上的课程,学生学习的目的在于适应环境、谋求生存;教师是知识技能的主要载体,缺乏实物记载内容;课程是非结构性的,主要包括生产和生存经验;实施方式主要是通过口耳相传、观察、模仿、实践。其次是经典课程阶段,即主要以文字为载体进行授课。该形态始于农业文明,农耕社会的特征是生产力提高、社会分工细化;出现专门的教育机构,课程概念开始明确;学生学习目的在于改造环境、谋求生活;教师进行专门的教学任务,知识技能的载体是文字,通过文字记录已有的知识与经验,大幅度减少经验的流失;课程向结构性转变,内容由直接经验转向间接经验;课程的实施方式主要包括集中授课、阅读、领悟。最后是教科书课程阶段,即以现代文印术为支撑印刷课本进行授课。现代社会的特征是生产力进一步提高,社会分工进一步细化,大量知识随着印刷术的提升得以保存;课程形态以现代学校制度和班级授课制度为主体,其特征是程序性和集中性。在这一阶段,教育更加制度化、正规化,学生的学习环境、时间较为固定,课程内容走向统一,评价方式更加标准且量

---

　　① 张刚要,刘陈,赵允玉.多重逻辑下的课程形态变迁:一个分析框架[J].教育理论与实践,2019,39(7):51-55.

化。课程的目标是帮助学生获得特定的知识和技能,以满足培养特定行业劳动者的需要。课程内容主要集中在生产技能、人文素养以及科学知识方面,课程实施发展为听记、答疑等方式。在基于信息技术的课程阶段,得益于信息技术的发展、个人终端(如手机、电脑、平板)的普及,学习不再受限于固定的地点、环境。除了在学校等场所进行固定的学习之外,在任何时空都可以进行弹性学习。课程逐渐多样化,虽然主体依旧是班级授课制,但"教"和"学"开始走向分离。课程内容主要转向培养学生的核心素养和自主学习能力,其载体不再仅限于纸质资料,还包括早期的磁带、录像带、光盘、硬盘和目前的网络云盘等在线资源。与此同时,课程的实施也转变为合作探究式学习、混合式学习等。

课程形态变革的主要推动力是学习型社会、知识构建理论与新兴技术工具。2011 年,教育部《关于国家精品开放课程建设的实施意见》就已表明,须利用现代信息技术手段,加强优质教育资源的开发,从而提升高等教育的质量。2015 年,《教育部关于加强高等学校在线开放课程建设应用于管理的意见》提出,建立服务学生个性化和终身学习的在线开放课程平台。2018 年,《教育信息化 2.0 行动计划》提出利用智能设备与网络进行智慧教育的创新研究。未来,MOOC、SPOC 等在线课程、微课程与翻转课堂等系统性课程以及STEAM 与创客等实践性课程将会进一步发展,云计算、大数据等技术向教育领域不断延伸,课程形态将朝着以学习者为中心、个性化学习,以提升学生核心素养、高阶思维为目的的方向变革。本章将从"微课程与翻转课堂""STEAM 与创客课程"以及"MOOCs 与在线课程"出发对课程形态的变革作进一步阐释。

第一节　微课程与翻转课堂

当前,教育领域的趋势是课程单位容量向微型化转变,课堂教学方式向弹性化转变。随着以学习者为中心、个性化学习的教育理念深入人心,微课程与翻转课堂逐渐进入大众视野。微课程更加符合人的认知加工规律,更加支持学生自主学习;翻转课堂等新方式通过教学流程再造,将传统直接教学与自主探究学习有机结合。本节从以下三个方面详尽阐述微课程与翻转课堂的发展与现状。从微课程与翻转课堂的背景与内涵来看,微课程的兴起与发展为解决翻转课堂的问题提供了新思路;从微课程与翻转课堂的模式来看,微课程涉及对学生自主学习的支持、评价,翻转课堂涉及课前课上学习、评价、反馈;从微课程与翻转课堂的案例来看,利用微课程和翻转课堂教学,符合当前的时代理念,学生的个性化学习效果优于传统课堂。

一、微课程与翻转课堂的背景与内涵

(一)微课程的背景与内涵

随着现代信息技术的发展和开放教育资源运动的展开,新型教学方式——微课程逐步在世界范围内兴起。在网络教育领域,以 TED 和可汗学院为代表的网络视频教学平台蓬勃发展,促使学者们探索教学视频在课堂教学中的应用。在微课程发展初期,教育领域涌现出大量时间长且难以直接使用的课堂实录式课程资源。从中可以看出,微课程事实上是对以往冗长的课程视频资源的反思。伴随着学者们对在线视频课程和线下教学的大量尝试,课程形态发生了多种形式的变革,混合式教学、翻转课堂等教学模式逐渐被广泛接纳。其中,最为“小而精”的在线视频课程——微课程,在满足学生自主学习的同时,也给线上线下课程带来了完美的灵活性。

国外对微课程的称呼有“mini course”“micro lesson”“micro learning”等,国内称其为“微课程”,目前学界对“微课程”没有严格统一的定义,但已达成了一定的共识,即微课程是以微型教学视频为媒介,将视频与学习资源相结合,通过测试、教师评价以及学生反馈等方式优质地开展课堂教学活动,促进学生自主学习。通常,微课程的内容与时间较为短小精炼,目的是阐释一个小问题,其持续时间是学生注意力集中的有效时间(10分钟左右)。① 微课程有如下几个特点:时间短,教学内容精炼且组织方式创新,从建构主义方法演化而来,课程资源丰富且开放。

首先,作为组织方式创新的课程,微课程的媒介既有短小精炼的视频,也包含了其他不同的媒体形式,如动画、音频、文本等。其与"学习对象"这个概念颇为相似,但与之不同的是,当前的微课程更加强调对"视频"这个媒体的运用。在对基础教育领域最初的研究中,微课程被当作微视频课件,用于解决传统基础教育教学"颗粒度"大以及将教学内容从静态文本、图片转化为动态资源的问题。随着大规模在线开放课程的发展,微课程的意义开始拓展,涵盖了教学、目标、资源、测试等新环节,不再局限于对某一个知识点的教授、练习、反馈等。目前,微课程不再被狭隘地认为是一种教学工具、资源或者媒体,而被认为是创新的课程组织方式。世界主要国家对教育资源的建设开始从初始的"以教为主"转向现在的"以学为主",微课程的组织方式也随之发生了变化。新加坡早在1998年就开始实行"微课程计划",该计划的目的是将微课程从以传递教学信息为主,向以学生自主探究学习构建知识为主转变。一些在线教育网站如中国的大学慕课将每节课划分为四个小主题的交互式短视频,站在学生的角度,学生可以合理运用碎片化时间进行学习;也可以根据学习进度和已有知识储备,按照不同主题进行自主学习。其次,微课程脱胎于建构主义理论。最初提出"微课程"这一概念的学者,并非直接从"微学习"出发,即微课程不是专门为微型学习开发的课程。但通过后续学者们在不同角度的拓展,传统教学方式可以通过微课程的碎片化学习、选择式学习等特点,兼顾正式与非正式学习,使学习系统化、连续化。② 彭罗斯于2008年系统性地提出了微课程建设的五个主要步骤,这五个步骤以锚定式教学理论为核心,蕴含建构主义

---

① 张武威,曾天山,黄宇星.微课程与翻转课堂相结合的教学方法创新应用[J].课程·教材·教法,2014,34(7):10-16.

② 祝智庭,张浩,顾小清.微型学习——非正式学习的使用模式[J].中国电化教育,2008(2):10-13.

方法,具体步骤内容如下:(1)列出教学内容核心概念;(2)向学生提供相关联的背景知识;(3)根据主题制作 3 分钟左右的教学视频;(4)设计课后学习任务(引导学生自主探究);(5)在系统中上传教学视频与课程任务。[①] 最后,微课程的教学资源丰富多样且开放。微课程教学模式并不能适用一切课程,尤其在对复杂概念的教授方面。作为在线教育的佼佼者,可汗学院在微课程方面取得了成功,但斯卡达认为可汗学院的教学方式存在"过度简化"的问题,在微课程中总是以特定的例子解释问题,在遇到非案例的问题时,将存在无法解决的问题。[②] 如何解决"过度简化"的问题,美国 TED-Ed 微课程的组织方式值得研究者借鉴。TED-Ed 微课程的核心是交互式,教学具有动态、开放、自由等特点。该微课程将视频、文本、字幕相融合,加入了交互式回答,允许参与课程的师生自由交互。将微课程设计成具有开放性、交互性的动态课程,是当前解决"过度简化"问题的方法之一。在提供微课程的同时,建立一个学生服务平台,通过概念补充和信息来源拓展,使学生认识到知识案例的多样性和复杂概念的多元化。

(二)翻转课堂的背景与内涵

翻转课堂产生并发展的背景主要体现在以下两个方面:一是随着教育领域信息技术的普及,课程的存在方式以及时空形态发生了巨大变革,朝着电子书包、云课程等方向多样化发展,课堂从平面走向立体;二是传统课堂的授课方式与学生个性化的学习需求之间存在难以解决的问题,即时空的固定性。翻转课堂为这一问题的解决提供了可靠的方案。翻转课堂将知识以视频的方式展现给学生,学生可以先根据自己的学习习惯、时间安排进行课前学习,然后在课堂上与教师、同学进行谈论,将所学知识、技能进一步内化。从本质上看,翻转课堂就是把学生的被动学习变成主动学习,而转向主动学习的关键是激活他们的内在动机。将学生学习过程中的活动(如讨论、阅读等)置于主要

---

① 吴靖,夏斌.微课程建设的装备需求与实现方案[J].中国教育技术装备,2012(32):2.

② 顾雪林.一个人的网络教学震动了世界——孟加拉裔美国人萨尔曼•可汗和他创办的可汗学院[J].云南教育(视界综合版),2013(4):4.

地位，学生不仅仅是被动的接受者，更是学习过程中的主动参与者。主动学习的教学方法除了基于问题的学习、基于项目的学习、基于探究的学习之外，还有协作学习、互助学习以及案列分析等，该教学方法囊括了从讨论到结构化教学的整体。① 学生主动学习有助于其参与并主导学习过程，从而增加师生互动及应用知识的频率、促进高阶思维的成长、提升创造性问题的解决能力。因此，进行翻转课堂的研究和教学实践满足 21 世纪人才培养的要求。《国家中长期教育改革和发展规划纲要（2010—2020 年）》要求，"借鉴国际上先进的教育理念和教育经验，促进我国教育改革发展，提升我国教育的国际地位、影响力和竞争力"②。《教育信息化十年发展规划（2011—2020 年）》明确指出，"教育信息化的发展要以教育理念创新为先导，以优质教育资源和信息化学习环境建设为基础，以学习方式和教育模式创新为核心"③。课程改革是教育改革的核心，而课程改革的核心是课堂教学。翻转课堂的出现和普及将会转变传统课堂中教师单方面讲授、学生被动接受知识的局面，展现了符合 21 世纪信息化课堂教学需求的新路径。目前，国内翻转课堂的研究现状是：在基础教育方面的翻转课堂研究大量涌现，而在高等教育方面则较少。

　　哈佛大学教师马祖尔最早开始进行翻转课堂的研究。他首先将学生的学习分为两个步骤——知识转移和知识内化，并采用同伴教学（peer instruction）来开展教学。④ 在信息技术发展、教育资源开放、在线课程出现和普及之后，翻转课堂在技术层面得到了充分的支持。同时，翻转课堂的概念也受到了学者们的关注。在对翻转课堂的定义进行学术讨论之后，范德堡大学教学发展中心对其的定义得到了学界的普遍支持，即"翻转课堂"是对传统教学的一种翻转，学生课前先接触课程中将要学习的新材料，然后在课堂上解决

　　① Prince M. Does active learning work? A review of the research[J]. Journal of Engineering Education，2004，93(3)：223-231.

　　② 中华人民共和国中央人民政府.国家中长期教育改革和发展规划纲要(2010—2020 年)[EB/OL].（2010-07-29)[2020-08-29]. http://www.gov.cn/jrzg/2010-07/29/content_1667143.htm.

　　③ 中华人民共和国教育部.教育信息化十年发展规划(2011—2020)[EB/OL].[2020-08-29]. http://www.moe.gov.cn/srcsite/A16/s3342/201203/t20120313_133322.html

　　④ Mazur E. Farewell，lecture? [J]. Science，2009，323(5910)：50-51.

问题,以讨论或辩论的策略完成了知识的内化。^① 从教学模式来看,翻转课堂实际上是一种"先学后教"的教学模式,它不仅在时间和空间、过程和结构上发生了翻转,而且在范式层面也发生了翻转。^② 在这种模式下,教师从"台上圣人"转变为"边上引导",学生则从知识的接受者转变为"学习的主人"。^③ 从教学方法上看,翻转课堂教学强调学生在面对面的情境中探索概念、建构意义、应用知识,从根本上促进学生的主动学习。大量研究表明,翻转课堂的核心特征之一是教育技术与学生主动建构知识的结合。^④ 在教育技术方面,翻转课堂具有以下特点:提供大量不同形式的学习材料供学生选择,如视频、文本、图片等;提供多种服务工具,如交流平台、测试工具等,方便学生交流和讨论;提供评价方法,包括测试、问卷调查、教师评价、同学评价等,方便学生及时得到反馈;利用背景数据分析学生的学习差异,便于学生制定个性化的学习计划。

随着微课程在全球范围内的进一步发展,其为应对翻转课堂过度简化的问题提供了一条新的途径。微课程通过使用短视频教学,结合测试、反馈、评价等过程,支持学生自主学习和课堂活动。通过微课程与翻转课堂的结合,翻转课堂模式的课前板块有了很大的改进。目前,对翻转课堂的研究主要集中在某门课程上。黎加厚认为,微课程与翻转课堂的结合,不仅是教师的一种开放式教学资源,而且从根本上创新了课堂组织形式。^⑤ 张武威等在经过大量理论分析后提出了结合微课程与翻转课堂的教学方法的创新应用,以及相应

① Vanderbilt University,Center for Teaching. Flipping the classroom [EB/OL]. (2013-01-22)[2015-07-16]. http://cft. vanderbilt. edu/guides-sub-pang-es/flipping-the-classroom/.

② Tucker B. The flipped classroom [EB/OL]. (2012-05-04) [2015-08-06]. http://www. Kokuamai. com/test/ flipped/.

③ Baker J W. The "classroom flip": Using web course management tools to become the guide on the side. [A]. The 11th International Conference College Teaching learning. Jacksonvill, 2000.

④ The University of Queensland,Institute for Teaching and Learning Innovation. What is flipped classroom[EB /OL][2018-05-20]. http://www. Uq. Edu. au /tediteach /flipped-classroom/what-is-fc. html.

⑤ 黎加厚.微课程教学法与翻转课堂的中国本土化行动[J].中国教育信息化,2014(14):7-9.

的理论论证。[①] 目前,翻转课堂的应用,特别在我国主要集中在基础教育的某一门课程上,微课程与翻转课堂相结合的课程模式还比较匮乏。

二、微课程与翻转课堂的模式

(一)微课程模式

微课程作为一种新型的教学模式,其应用方式多种多样,灵活多变。以下详细介绍几种主要的微课程应用模式。

1. 微课程模式一:混合式教学

混合式教学模式将微课程与传统课堂教学相结合,发挥各自的优势。具体应用方式包括课前预习、课中讨论和课后复习三个环节。课前预习是教师在课前布置相关微课程内容,学生通过观看微课程视频进行预习。由此,学生可以提前了解课堂内容,提高课堂学习效率。课中讨论是在课堂上,教师可以围绕微课程内容进行深入的讨论和互动,解答学生疑问,帮助学生加深对课程内容的理解。课后复习是学生在课后可以重复观看微课程视频进行复习,以加深对知识的掌握。这种模式既能够提高学生自主学习的能力,又能够充分利用课堂时间进行互动和交流。

2. 微课程模式二:项目式学习

项目式学习模式是一种以学生为中心的教学方法,学生通过完成项目来学习知识和技能。其应用方式包括项目引导、分段学习和实践应用三个环节。在项目引导环节,教师通过微课程视频引导学生了解项目背景、目标和要求。在分段学习环节,教师将项目分解成若干个小任务,每个任务对应一个微课程,学生按步骤完成项目。在实践应用环节,学生在完成项目的过程中,将从微课程中学到的知识和技能应用于实际问题,提升综合能力。这种模式强调实际应用和综合能力的培养,微课程为其提供了有效的支持。

---

① 张武威,曾天山,黄宇星.微课程与翻转课堂相结合的教学方法创新应用[J].课程.教材.教法,2014,34(7):10-16.

3.微课程模式三:碎片化学习

碎片化学习模式适应现代社会快节奏、高压力的学习环境,利用零散时间进行学习。其应用方式具有短小精炼、灵活安排、即时反馈等特点。微课程内容短小精炼,每个课程聚焦于一个具体的知识点或技能,方便学生在短时间内完成学习。学生可以根据自己的时间安排,自由选择学习时间和地点,充分利用零散时间进行学习。通过微课程的互动功能,学生可以即时获取学习反馈,提高学习效果。

4.微课程模式四:自主探究

自主探究模式强调学生自主选择学习内容和学习路径,培养学生的自主学习能力和探究精神。其应用方式具有资源推荐、自主规划、反馈评价等特点。教师根据课程目标和学生需求,推荐相关微课程资源,供学生自主选择。学生根据自己的兴趣和需要,制定学习计划,选择适合的微课程进行学习。学生在学习过程中,通过提交作业、参与讨论等方式获取教师和同伴的反馈,调整学习策略,提升学习效果。这种模式能够激发学生的学习兴趣,提高学习的主动性和积极性。

微课程作为一种新型教学模式,具有灵活多样的应用方式。通过混合式教学、项目式学习、碎片化学习和自主探究等模式,微课程能够有效提高学生的学习兴趣和学习效果,促进学生的自主学习和全面发展。未来,随着教育技术的不断进步,微课程的应用模式将会更加丰富多样,给教育教学带来更多的可能性。

(二)翻转课堂模式

翻转课堂模式的主要特点是重组课前和课中的学习活动以增强学生的学习效果。以下是翻转课堂的几种教学模式。

1.翻转课堂模式一:先视频教学后问题解决

早期的翻转课堂模式是一般意义上的模式,即通过教学视频将知识的教授转移到课堂之外,将课堂中的大量时间用作学生的知识内化和深层学习。范德堡大学将翻转课堂的核心要素划分为课前学习、课前学习的准备动机、学生内化的评价机制、发展高阶认知目标的高阶课堂活动。这四个要素分别包括了观看视屏或者文本,课前测验、在线测试、课上讨论,课中发现、解决问题。[①] 事实上,范德堡大学提出的核心要素涵盖了课前内容学习、课中学习活动、学习目标制定、评价与反馈等方面的内容。哈姆丹等提出了"FLIP 理念"即翻转课堂的四大支柱,他们提出在实施翻转课堂时要注意学习环境的灵活安排、文化学习、学习内容的精心设置、教师的专业性等四个方面。[②] 陈等基于该理念提出"FLIPPED 模式",该模式补充了以下三个方面的内容:多样化的学习平台、有效的学习体验、渐进的网络学习活动。[③] 虽然早期大量学者对翻转课堂的课程形态进行了研究,但大部分核心理念是学生在课前进行浅表知识的学习,课中则在教师的引导下通过解决问题进行深层次的学习活动。郭建鹏认为,这种翻转课堂教学模式是在传统教学模式"先教授后解决问题"的基础上发展而来的,在教师的操作性上并无多少实际且具体的指导。[④]

2. 翻转课堂模式二:先问题解决后视频教学

在传统先教学后学习的翻转课堂研究中常出现一个问题,即学生在学习新知识时缺少先验知识,因此学习效果不尽如人意。卡普尔基于有益失败理论(productive failure)的翻转课堂新模式,将课程分为课内与课外两个阶段。[⑤] 在课内阶段,学生参与学习活动,探索问题的解决方法;在课外阶段,学生自主观看学习视频,整合在自主学习中所获得的知识。该模式被看作对翻转课堂模式流程的再造,但存在对学生课后知识掌握情况和内化程度不明了的情况。

---

　　① Vanderbilt University. Center for Teaching. Flipping the classroom [EB/OL]. (2013-01-22) [2015-07-16]. http://cft. vanderbilt. edu/guides-sub-pang-es/flipping-the-classroom/.

　　② Hamdan N, Mcknight P, Mcknight K, et al. The flipped learning model: A white paper based on the literature review [EB/OL]. [2015-12-20]. http://researchnetwork. pearson. com/wp-content/uploads/WhitePaper_FlippedLearning. pdf.

　　③ Chen Y, Wang Y, Kinshuk N, et al. Is FLIP enough? Or should we use the FLIPPED model instead? [J]. Computers & Education, 2014(79): 16-27.

　　①⑤ 郭建鹏. 翻转课堂教学模式:变式与统一[J]. 中国高教研究, 2019(6):7.

3. 翻转课堂模式三:更具可操作性的模式

针对翻转课堂存在的问题,结合大学课程,在库伯体验学习理论的基础上,格尔斯坦提出了体验式课程模式。[①] 在这种模式下,学生需要经历以下四个阶段的学习过程:体验式参与(通过一系列活动激发学生的兴趣,使他们获得先验的知识)、概念探索(通过教学视频学习活动)、意义建构(整合和内化前两个阶段的知识)和应用(学生通过合作创造想法)。塔尔伯特在积累了大量经验后,提出了一种操作模式,将翻转课堂分为课前和课内两部分。[②] 课前包括教学录像和有目的的课前接触;课内包括少量的快速评估、解决问题以内化知识和获得反馈等。翻转课堂自引入我国以来,受到了众多学者的关注,针对翻转课堂教学模式的研究开始兴起。有关翻转课堂教学模式因素的研究,张金磊等认为学习环境、课前学习和课堂活动的三个主要因素分别是课堂活动的设计、教学视频的设计和学生个性化学习环境的构建。[③] 赵呈领等认为,翻转课堂实施的关键在于课堂学习活动的效率。教师可以通过不同的(个性化)引导,促进学生知识的内化;学生可以参与有效的课堂学习活动,解决问题,与同伴讨论,从而提高知识的应用能力。[④] 丁建英等对翻转课堂的内涵进行了文献综述,翻转课堂教学设计的三和原则也在此基础上提出。根据这一原则,他们提出了教学设计的过程,包括两个部分:课后获取知识和课堂内化知识。[⑤] 通过分析总结塔尔伯特提出的翻转课堂的实施要素和制度,格尔斯坦提出了环形结构翻转课堂模式,并与认知教育目标分类理论相结合。[⑥] 钟晓流等则提出了太极环式翻转课堂模式。[⑦] 通过对翻转课堂在高校某门课程中的

---

① Gerstein J. The flipped classroom model:A full picture[EB/OL]. (2011-06-13)[2011-06-17]. http://usergeneratededucation. wordpress. com/category/education/.

② 宋艳玲,孟昭鹏,闫雅娟.从认知负荷视角探究翻转课堂——兼及翻转课堂的典型模式分析[J].远程教育杂志,2014,32(1):8.

③⑥ 张金磊,王颖,张宝辉.翻转课堂教学模式研究[J].远程教育杂志,2012,30(4):46-51.

④ 赵呈领,徐晶晶.翻转课堂中学习适应性与学习能力发展研究——基于学习活动设计视角[J].中国电化教育,2015(6):92-98.

⑤ 丁建英,黄烟波,赵辉.翻转课堂研究及其教学设计[J].中国教育技术装备,2013(21):88-91.

⑦ 钟晓流,宋述强,焦丽珍.信息化环境中基于翻转课堂理念的教学设计研究[J].开放教育研究,2013,19(1):58-64

应用进行研究和分析,刘小晶等探索了高校翻转课堂的教学模式。其研究指出,在翻转课堂的应用中需要注意以下几个关键问题:教学视频的录制、评价机制的确定、学习活动服务支持的完善、教师活动的组织。[①] 为了解决大学课程中存在的问题,郑娅峰等根据现有的实践经验,将微课程与翻转课堂相结合,提出了以微课程为核心的翻转课堂教学模式,并进行了实证研究。基于颠倒教师教学和学生学习顺序的思想以及教学实施过程的改进,其将翻转课堂分为两个阶段:课前与课后。课前预习新知识(学生需要先通过主题视频学习,完成微课程的试题,再根据评价结果选择视频中的知识点,最终达到提高学生掌握知识和自主学习能力的目的);课后对所学知识进行复习(作为学习指导,教师要根据学生的实际水平设置探究任务,并为学生提供课外探究学习的支持,逐步提高其掌握知识的能力)。[②] 此外,学生也可以在线提出问题。通过在线学习平台 Moodle 等,教师可以及时分析学生的学习情况(易出错点、学习进度、难点、合作)并据此调整课堂教学,还可以为解决学生的问题建立学习社区,促进学生讨论,在必要的时候发起话题,与学生沟通并回答学生难以解决的问题。在课后复习阶段,教师安排一些项目供学生探究。在课堂阶段,教师可以通过平台对学生的任务完成情况进行统计,并针对学生提出的问题创设不同的情境(自主探究、问题讲解、小组合作解决),必要时可以为学生提供个别指导。为了达到知识内化的目的,学生可以通过自主探究、小组合作、教师问答、成果展示和分享等方式解决问题。

三、微课程与翻转课堂的案例

(一)微课程案例

2008 年,由托马斯率领的视频编辑团队,成立了基于维基百科的视频资

---

① 刘小晶,钟琦,张剑平.翻转课堂模式在"数据结构"课程教学中的应用研究[J].中国电化育,2014(8):105-110.

② 郑娅峰,李艳燕,黄志南,等.基于微课程的高校翻转课堂实践研究[J].现代教育技术,2016,26(1):60-66.

源网站 watchknowlearn。他们的重点是向学生用户介绍视频。为了实现这个目标,他们邀请教师和教育工作者介绍高质量的学习录像,并且使用维基百科的框架和概念进行正确的分类。这些视频是网络上品质最高的视频,覆盖了中小学教育。同年,维基百科创始人之一的桑格设计并创立了新的教育视频银行。2012 年,TED 启动了教育项目 TED-Ed,旨在邀请教师和学生探索 TED-Ed 和其他视频并在课堂上应用。一些地区的教师开办了一个专门的论坛,分享了他们在教室里的 TED 经验。

自微课程的概念引入我国以来,微格课堂在数学教学中的应用使学生的学习态度变得积极,勇于参与学习,自主学习能力和主动获取知识的意愿不断增强,数学成绩不断提高,从真正意义上提高了教学效率。

(二)翻转课堂案列

翻转课堂对传统课堂中的知识内化和知识教授过程进行了改造,极大地提高了学生自主学习、创新和协作沟通能力,并因此受到越来越多的关注。哈佛大学物理教师马祖尔提出的同伴互助教学、华盛顿大学生物教师弗里曼提出的即时教学,以及加拿大英属哥伦比亚大学计算机教师卡特对这两种方法的联合使用都表明翻转课堂有效提高了学生的学习成绩,学生对于翻转课堂的偏好显著高于传统教学课堂。[1][2][3] 除此之外,莫纳什大学的研究表明,在人文学科中同伴互助教学也有与之类似的效果。[4] 翻转课堂促进有效学习的研究来自数学、英语、现代教育技术、工程学、计算机等诸多学科。[5] 拉格、普拉

---

① Crouch C H, Mazur E. Peer instruction: Ten years of experience and results. [J]. American Journal of Physics, 2001, 69(9):970-970.

② Long K. Washington college instructors are"flipping"the way they teach[EB/OL]. [2019-09-20]. http://seattletimes.com/html/localnews/2019920197_flipping17m.html.

③ Carter P. An experience report: On the use of multimedia pre-instruction and just-in-time teaching in a CS1 course [C]//Department of Computer Science University of British Columbia Vancouver. ACM technical symposium on computer science education:SIGCSE'12. BC Canada, 2012.

④ Monash University. Peer instruction in the humanities project [EB/OL]. [2015-05-29]. http:// artsonline. Monash. edu. au/peer-instruction-in-thehumanities.

⑤ 汪晓东,张晨婧仔."翻转课堂"在大学教学中的应用研究——以教育技术学专业英语课程为例[J].现代教育技术,2013,23(8):11-16.

特和特雷利亚等①对经济学翻转课堂的研究极具代表性。他们的研究表明,翻转课堂教学可以良好地匹配学生的学习风格;学生认为相比传统课堂,他们在翻转课堂上的收获更大,学生喜欢小组活动、动手实践以及与同伴互动;在非正式的翻转课堂上进行提问,他们觉得更为舒适。此外,翻转课堂的优势还体现在大班化上。加拿大英属哥伦比亚大学本科课程实施了"部分翻转"实验研究,结果显示实验组学生在翻转课堂部分的出勤率提高了 20%,参与程度提高了 40%。在多项选择题测试中,对照组学生的分数是实验组学生的一半,90%的学生表示喜欢这种学习方法。② 翻转课堂极大地促进了学生自主学习、协作沟通和创新能力。我国的一些学校也进行了实验,其中比较典型有重庆江津聚奎中学的"三四五六"模式和深圳南山实验学校的翻转教学等。③④

(三)小结

综合国内外微课程与翻转课堂的发展情况,可以看到随着信息技术的迅速发展和教育理念的更新,在课程变革中课程单位容量向微型化转变,课堂教学方式向弹性化转变。相较于冗长的课堂实录视频,微课程更加符合人的认知加工规律,更加支持学生的自主学习。微课程具有图像的直观性、视频的启发性和音效的感染力等特点,以形象性和科学性弥补了传统教材设计的不足,传统单一的教学模式被改变。这种方式拉近了学生与文本之间的距离,有效促进了传统教学方式的多样化并优化了教学过程。翻转课堂等新方式通过对教学流程的再造,将传统直接教学与自主探究学习有机结合;基于微课程的翻转课堂教学把交流与实践作为课程教学的重要内容,把网络学习作为课堂的重要补充形式,不断加强学生的探究学习与自我反思,从而发挥课程教学的最大效能。

———————————

①　Lage J J, Platte G J, Treglia M. Inverting the classroom: A gateway to creating an inclusive learning environment[J]. The Journal of Economic Education, 2000, 31(1): 30-43.

②　Deslauriers L, Schelew E, Wieman C. Improved learning in a large-enrollment physics class [J]. Science, 2011,332(6031): 862-864.

③　李敬川,王中林,张渝江.让课改的阳光照进教育的现实——重庆聚奎中学"翻转课堂"掠影[J].中小学信息技术教育,2012(3):16-18.

④　王红,赵蔚,孙立会,等.翻转课堂教学模型的设计——基于国内外典型案例分析[J].现代教育技术,2013(8):5-10.

第二节　STEAM 与创客课程

随着各国教育理念的转变，教育领域存在分科课程向综合课程转变的趋势。面对竞争激烈的 21 世纪，学生所掌握的创新能力和高阶思维受到特别关注。STEAM 与创客课程等强调以实践的方式推进跨学科的科学教育，促进知识、能力和应用的综合发展，做到理论与实践的有机结合。本节从以下三个方面详尽阐述 STEAM 与创客课程的发展与现状。从 STEAM 与创客课程的背景与内涵来看，STEAM 强调以实践的方式推进跨学科的科学教育，创客课程强调提升学生的知识、能力与人际交往等；从 STEAM 与创客课程的模式来看，STEAM 是以工程实践为核心构建模式，学者们据此结合创客课程提出了创客教学，使学生全面感受从理论走向实践的过程；从 STEAM 与创客课程的案例来看，运用 STEAM 与创客课程可将学生的孤立知识关联起来。

一、STEAM 与创客课程的背景与内涵

（一）STEAM 的背景与内涵

近几年，STEAM 教育蓬勃发展，其教育理念越来越重视在实际环境中促进学生创造力的发展。创客活动、创客教育等以其鲜明的工程实务特征兴起，为创客教学的发展提供了新的动力。在教育信息化 2.0 时代，STEAM 与创客教育已经成为热门话题，但是在实施过程中遇到了很多问题。对上述问题的科学处理，有利于推动 STEAM 与创客教育的可持续发展。STEAM 以科学、技术、工程、数学等学科为主，结合各个学科的特征，将知识获取过程、方法和工具的应用与创意生产相结合，可看作多元学科的融合创新。STEAM 教育以推动跨学科教育为己任，其思想主要来源于杜威的"体验式自然"的教育思想，其课程观与杜威的整体课程观和布鲁纳的结构式课程观相结合，提倡"做中学"和以探索为导向的"发现学习"。STEAM 教学与以往单纯的专业学

习不同，注重将科学、技术和工程相结合，注重在实际情况下对问题的求解；把各种学科如美术、音乐、数学、科学等结合起来，把所学知识与人生经历联系起来，突破学科壁垒，把教学的重点由单一的知识传授转移到对生命和实际能力的开发上；让学生在与实际情况相近的教学框架下学习，提高学生的学习水平和学习动力。STEAM 教学可以分为两个层次：第一层次，将课程划分为五门独立的课程并开展相应的教学活动；第二层次，则是五门课程之间的结合。从20 世纪 80 年代起，随着新一代科学教育思想的逐步发展，STEAM 教学更加注重从工程化的角度推进广义、跨学科的科学教学。工程化具有一定的特点，需要依靠技术手段和设备来进行实际操作。STEAM 教学传统的以"动手"为主导的教学模式，在实际操作过程中，往往因技术手段与设备的综合运用不够，导致产品质量偏低、精度偏低，因此无法对相关科技原则进行检验，从而很难达到以工程化的方法推动学习过程的目标。STEAM 教学存在着这样一个缺陷，即缺少可操作性。为了摆脱 STEAM 教学的种种困境，需厘清 STEAM 的教学理念和操作原则，本节从以下几个方面进行分析。

STEAM 课程的目标，是全面提高大学生工程和科技素质。2010 年，美国发布了《美国新一代科学教育标准》，旨在构建实际环境下交叉学科的理念，并将学科的核心理念纳入工程实践。新的课程标准把科学与工程实践、学科概念有机地结合起来，使学生的科学和工程实践能力得到提高。

STEAM 课程的内容具有三大特点：一是把科学和真实的世界相结合；二是对相关学科进行综合研究；三是强调科技和工程学的结合。我国目前STEAM 教育的特点是以 STEAM 为主体，以创新型人才为主，STEAM 课程的教学内容也随之发生了相应变化。

在课程评价上，我国 STEAM 教育的重点在于跨学科的 STEAM 教学，旨在提高学生的整体素质，建立一套面向学生的全面的学科体系。随着时代的发展，学校的分科教学已无法适应时代的发展，对具有整体思维能力的复合性人才提出了更高的要求。STEAM 课程的教学内容与教学方式可以训练学生的基本素质，促使学生以整体的思考方式处理复杂的社会问题。在教学中，重视问题的正确性,除了获得抽象的理论知识外,学生还要注意实际问题的发现、设计和建构;在协作与问题的处理中,利用所学知识与技巧发展自己的能力。通过对实际问题的探究,可以使知识与现实社会相结合,有助于提高学生的解题意识和动手能力。目前,STEAM教育以工程为主,以培养学生的实际动手和协作精神为目标。在STEAM教学中,要充分调动学生的求知欲;教师应采用协作的方式进行多种形式的教学;在小组活动中,学生可以共同努力完成学业,提高交流与协作的水平。通过这种协作方式,每个教师都可以对不同领域的课程有更深入、更广泛的理解,并针对学生不同的特征设置适当的课程。

（二）创客课程的背景和内涵

"创客"一词来源于英文中的"maker"和"hacker"两个词,意思是富有创造力、敢于创造并致力于把点子变成实际的人。他们分享资源、知识,共同协作,使用科技和硬件创造新的想法。伴随着创客的兴起,有关"创客教育"的课程应运而生。祝智庭等把创客教学划分为广义和狭义两类。从广义上讲,创客教学是一种教育形态。从狭义上讲,创客教学是一种以创客能力为核心,以提高学生尤其是青年学生为目标的教学方式。[①] 创客教育的整体目的是:运用数码技术、跨学科知识,动手创造人工产品,使学生掌握解决现实问题的过程和方式,提升学生的创意设计能力、团队合作能力、问题分析与解决能力。科技与资讯技术的应用是创客教育的突出特点,但其对于科学观念与原则的重视程度较低。因此,在知识的学习和设备的应用上,创客教育并没有把各领域的知识和技能融为一体,从而形成一个整体。这种情况在国内外都很常见。

STEAM教学和创客教学是相辅相成的,若能将STEAM教学和创客教学结合起来,就可以把两者的劣势转换为共同的长处。这是一种融合,也是一种必然。拜比认为,STEAM教学应当帮助学生了解事情是如何运行的,以及如何运用科技[②];而哈尔弗松等则指出,建构主义的教学理念与"创中学"相

① 祝智庭,雒亮.从创客运动到创客教育:培植众创文化[J].电化教育研究,2015,36(7):9.
② Bybee R W. What is STEM education? [J]. Science, 2010(5995):996.

结合，是创客教学的一个主要组成部分。[①] 将 STEAM 教学和创客教学结合起来，可以让创客教育在一般技术和信息技术的基础上进入专业课程，从而达到与专业教学相结合的目的；同时，也可以为 STEAM 教育的全面实施提供强大的技术手段，从而真正地实施跨专业课程。

二、STEAM 与创客课程的模式

（一）STEAM 课程模式

在 STEAM 教育开展的过程中，美国学生主要通过项目式的教学方式不断拓展、加深对学科核心概念的理解。在多元化教学中，学生通过对实际项目或实际问题的探究，开展跨学科学习，锻炼综合实践能力和科学探究能力。"基于项目"的 STEAM 教学是指教师利用驱动性问题，组织、引导和展开教学活动。在这些活动中，学生之间相互合作，用新的学习技术参与探究，从而解答问题，开发、呈现表征问题解决的成果。项目式教学流程主要包括以下步骤：创立真实情境、提出实际问题、设计方案、实施方案、改进方案和最终成果展示。STEAM 架构的底层指的是 STEAM 教育的具体课程内容，表明了 STEAM 课程含有的知识体系；具体的学科种类在 STEAM 架构的倒数第二层，其将下面的具体课程知识进行了归类；关于 STEAM 架构的第三层，则纳入了艺术类学科，并升级为 STEAM 教育；至于 STEAM 架构最上面的两层，分别是 STEAM 教育发展的理想状态以及融合多学科知识，进行跨学科教学，以培养学生的全面性、创新性和综合性。

在我国，当下 STEAM 教育的主流方式之一是项目式教学。教师先以发布任务的形式提出相关问题，学生再通过小组分工完成整个课程的学习，学生在这个过程中是教学主体，教师起引导、辅助作用。这种教学最重要的是锻炼学生的动手实践能力，将所学知识与现实生活相结合，达到学以致用的目的。国内主要的项目式教学方式包括基于问题的项目教学法、基于设计的项目教

① Halverson E R, Sheridan K. The maker movement in education[J]. Harvard Educational Review，2014(4):495-504.

学法、科学探究的 5E 教学法、在 5E 教学法基础上加入工程的 6E 教学法以及混合式学习教学法这五种。基于 STEAM 课程的基本结构,洛克提出了一个聚焦于工程实践的流线型 STEAM 课程建构模型。[①] 这种模型应用于工程知识领域并包括 K-12 领域可选的工程知识内容,提供适合每个年级的分析原则和预测技巧,以匹配选定的工程知识。这些工程知识、分析原则与预测技巧都是在对特定数学、科学之先验知识的掌握的基础上而设计的,课程体系的描述都必须在联邦政府或州政府针对学生学业行为表现而设立的标准之上,极具可执行性。派克等将课程开发引入工程设计过程,提出了优化 STEAM 课程的协同方法,以及基于技术装备的工程实践融入 STEAM 课堂的扩展性框架。[②] 该框架包括所用技术的类型、以学习者为中心的教学法、与 STEAM 实践贴切的程度以及与真实环境的相关性,为教学提供了参考。而朱等提出,在创客课程中不仅要注入学科的特定概念,例如科学、技术、工程和数学等,还要把创客的心智模式作为课程构建的焦点,围绕主线工程思维引领造物实践,通过整合的方式将多学科领域的知识呈现给学生。[③]

(二)创客课程模式

针对创客课程模式,我们基于不同的驱动方式将其进行了如下划分。

1. 学校创客模式:以政策及研究驱动

一般情况下,学校通过工作室、综合实践中心、创意实验室、创客空间等形式为学生提供开放、公平、自由并能发挥其创造力的学习环境,保证每个学生都有机会参与创作。除此之外,学校还开设一些创意课程供学生选择,如清华大学的创客空间、昆阳第二小学的创造工坊、温州中学的创客空间等。这些创

① Locke E. Proposed model for a streamlined, cohesive, and optimized K-12 STEM curriculum with a focus on engineering[J]. The Journal of Technology Studies, 2009(2):23-35.

② Parker C E, Stylinski C D, Bonney C R, et al. Examining the quality of technology implementation in STEM classrooms: Demonstration of an evaluative framework[J]. Journal of Research on Technology in Education, 2015(2):105-121.

③ Chu S L, Quek F, Bhangaonkar S, et al. Making the maker: A means-to-an-ends approach to nurturing the maker mindset in elementary-aged children[J]. International Journal of Child-Computer Interaction, 2015(5):11-19.

意课程的主要目标是以创客活动为载体，打破学科与专业之间的界限，以跨学科的方式开展专业实践，培养具有实践能力和专业创新精神的社会人才。在教学内容上采用模块化结构是其主要特点，包括基础理论、案例分析和实践，从而突出学科的互补性、创造性。在实践活动中，不仅有专业实践，还有社会实践。既能提高学生的技能，又能提高其社会责任感并发展学生的其他素质。此外，实践活动非常注重跨学科团队建设，聚集不同学科的学生，相互讨论、集思广益，将自己的思想与多种知识结构相结合，从而促进学生创造力的提升。创客教育与 STEAM 教育结合后，引入了"创客教学"的教学模式。它以培养学生的核心素养为根本目标，特别注重科学精神和实践创新的引导，使学生在跨学科知识的应用中实现真正的全面发展。为了使创客教学从理论走向实践，有必要对创客教学的具体模式、过程和方法进行深入研究。杨晓彤等从网络空间支持的角度概括了创客学习的四个环节：主题学习、创意构思、设计开发和实际应用。①

2. 社会创客教育模式：商业驱动

与学校创客模式相比，基于商业驱动的社会创客教育模式更加注重服务理念，即通过信息服务、技术服务和创业服务，让每个人的创造力转化到现实中去，从而推动社会创新。以社区形式开展各种非正式学习活动而非依靠行政部门是这种模式的特点；以分享会、开放日、训练营等形式自主开展项目学习活动，即围绕某一项目或主题开展活动，全面选择、利用和整合学习资源并在实践和探索创造中提高自身的创新能力，从而享受"创意落地"带来的快乐。这种教育模式不仅培养个人的兴趣，还能够适应社会化的需要，兼顾实现创造力的社会价值。例如美国 noisebridge 创客空间、海尔创客空间、上海"新车店"创客空间等，它们都是先创意，再设计，再到产品原型和规模化生产，最后形成商业利益服务链以及一批创新创业服务基地，从而实现创造力的社会价

---

① 杨晓彤,谢幼如,钟如光.网络空间支持的中小学创客教学模式研究[J].电化教育研究,2017,38(1):7.

值。当然,这种教育模式在实际运作过程中也面临着创客教育资源的对接与整合、运营资金以及项目管理等问题。

三、STEAM 与创客课程的案例

(一)STEAM 课程案例

STEAM 教育近年来在实践中的影响快速扩大,部分地区把它列为地方教育的重点工作。2015 年,《深圳市中小学科技创新教育三年行动计划(2015—2017 年)》提出要探索形成适合深圳学生需求的 STEAM 课程体系并与中小学衔接。2016 年,《江苏省关于开展科技工科数学教育项目试点工作的通知》要求在江苏省开展试点学校申请以及 STEAM 教师培训工作;2017年,江苏省教育厅出台《江苏省 STEM 教育项目学校建设指导意见(试行)》;2016 年,成都市委教育工作委员会和教育局提出指导中小学开展 STEAM 教育;2017 年,浙江省开展"浙江—美国印州中小学 STEM 课程平移项目";2017 年,浙江省教育厅启动中小学 STEM 教育项目种子学校推荐工作,确定全省 STEM 教育项目种子学校 15 所以及培育学校 15 所。2018 年,《山西省基础教育信息化"十三五"规划》和《陕西省教育信息化建设三年行动计划(2018—2020 年)》提出 STEAM 教育的积极探索推进。在政策鼓励的情况下,柴火创客空间、上海 STEM 云中心、北京国信世教信息技术研究院和江苏STEM 教育云中心纷纷成立。这些院校既开发 STEAM 教育课程,又提供STEAM 师资培训和教学空间设施建设,有效促进了 STEAM 教育融入学校教学。

(二)创客课程案例

克拉普等提出以创客为中心的学习体验是 STEAM 教育的沃土,因为它可以增强学生在科学、技术、工程、数学等学科方面的熟练程度和兴趣。[①] 布洛克等提出创客教育教学法有助于显著提高理科教师的教学绩效,其遵循的

---

① Clapp E P, Jimenez R L. Implementing STEAM in maker-centered learning[J]. Psychology of Aesthetics, Creativity,and the Arts, 2016(4):481-491.

基本原则有以下几种:白帽黑客,即学生通过合法手段破解现有技术以实现知识创新;科学设计,即合理选择各种组成部分和思想,形成有效的问题解决方案;有效适应,即学生自由使用一种技术实现新目标;创作升华,即归档创作过程中获得的语境知识和实际产生的有形作品,最终内化知识。① 泰勒提出,教育工作者试图不断通过在创客空间中使用各种技术设备,将创客融入 K-12 领域,以提高 STEAM 教育的参与度。② 基姆等提出"创客式 STEAM 教育"的理念,并制定了一套包含五个步骤的教学方法,分别是发现问题、设计作品、开发原型、分享创作和深化反思。③

　　在教学层面促进 STEAM 与创客教育的整合与协调发展的重点是设计与之相匹配的一套教学策略。STEAM 教育的核心理念是知识整合和跨学科教学。这种方法可以有效地为 STEAM 与创客教育的整合发展提供教学策略支持。此外,以林恩为代表的学者既阐明了 STEAM 教育与创客教育整合的内在机制,又形成了一系列模式,以及以"网络探究科学环境"为代表的策略和方法。④ 以信息技术为支撑的各种教学模式、方法和策略嵌入主题 STEAM 课程,可以极大地发挥创客空间中各种信息技术设备和工具的应用效率,为中小学提供教学支持。派珀特系统地发展了建构主义教学理论和"创造性学习"教学方法,使教学由"教人以鱼"变为"教人以渔",提供了教学理论的支持和教学方法的指导。⑤ 现阶段,我国学校教育的基础还是学科教学,学校教育面临的突出挑战是如何将 STEAM 和创客一体化教学与具体学科教学相结合。解决方法除了常规的教师培训外,还可以考虑以下策略:(1)建立"课程合作任

---

① Bullock S M, Sator A J. Maker pedagogy and science teacher education[J]. Journal of the Canadian Association for Curriculum Studies, 2015(1):60-87.

② Taylor B. Evaluating the benefit of the maker movement in K-12 STEM education[J]. Electronic International Journal of Education, Arts, and Science (EIJEAS), 2016(2):1-22.

③ Kim J O, Kim J. Design of maker-based STEAM education with entry programming tool[J]. Advanced Science Letters, 2018(3):2088-2093.

④ Linn M C, Clark D, Slotta J D. WISE design for knowledge integration[J]. Science Education, 2003(4):517-538.

⑤ Papert S. The children's machine: Rethinking school in the age of the computer[M]. New York: Basic Books, 1993:137-156.

务单"，引导 STEAM 与创客教育的综合课程教师和学科教师合作，并思考综合课程与其他学科的整合，检验课程与其他学科整合的准确性和适宜性，促进课程的深度整合和多学科教学；(2)建立以 STEAM 和创客教育为核心的"课堂教学结构化清单"，作为教学实施的指导，从组织结构、教学任务、时间序列等方面规范和指导 STEAM 和创客一体化课程的安排。

四、小结

通过对 STEAM 和创客课程的背景、内涵、模式以及案例的梳理，我们深入了解了这些教育模式的发展历程和核心理念，有助于我们更好地把握教育趋势，推动教育创新。站在课程变革的角度来看，在教育信息化 2.0 时代，课程变革在信息化技术的支持下正从以应用为主转向以融合创新为主。STEAM 教育提倡跨学科教学，有效改变了传统课堂上学科间相互独立、学生迁移运用知识困难的情况；创客教育提倡创意造物，作为创客教育体系核心的创客课程是实施创客教育的基础。当前，关于创客课程的研究仍处于初级阶段，创客课程的开发、模式、实施亟待补充。目前，已有不少研究将两者进行整合并探求其效果，STEAM 与创客课程的互补，正契合了 21 世纪对学生及其核心素养的要求。

第三节　MOOCs 与在线开放课程

由于学生的个性化需求和不同学科课程的需求存在的差异，在线开放课程向大规模和私有化两个方向发展。MOOC 为大规模在线开放课程，侧重非正式学习；SPOC 为小规模限制性在线课程，侧重正式学习，两者互为补充。本节从以下三个方面详尽阐述 MOOCs 与在线开放课程的发展和现状。从 MOOCs 与在线开放课程的背景与内涵来看，在线开放课程包括 MOOC、SPOC 等。MOOC 为大规模在线开放课程，SPOC 为小规模限制性在线课程，

两者各有优劣,互为补充。从 MOOCs 与在线开放课程的模式来看,MOOCs
的商业模式包括有偿证书服务、培训服务、职业服务等,其结构模式包括基于
虚拟班级的精准教学模式、同步直播教学＋异步自主学习、慕课＋翻转课堂、1
＋m＋n 等模式。从 MOOCs 与在线开放课程的案例来看,线上线下见面课、
直播见面课,服务社会大众终身学习等多种案例广泛存在。在中国、日本、韩
国等东亚国家的高等教育领域,随着 MOOC 的计划与应用,数以千万的学生
从中受益。

一、MOOCs 与在线开放课程的背景与内涵

近年来,世界范围内大规模网络公开课的迅速兴起,给高等教育领域的教
学内容、教学模式、教学方法和教学管理带来了变革。2015 年,《教育部关于
加强高等学校网络公开课建设、应用与管理的意见》指出,要鼓励高校建设高
水平在线开放课程。2016 年,教育部发布了《教育信息化"十三五"规划》,提
出到 2020 年,基本建成"人人都能学、处处都能学、永远都能学"的教育信息化
体系,与国家教育现代化的发展目标相适应。《2017 新媒体联盟中国高等教
育技术展望：地平线项目区域报告》也指出,大规模在线开放课程是未来一年
中国高等教育技术的重要进步,而未来可以采用的技术则致力于线上线下资
源的整合,这将成为高等教育推动技术应用的短期趋势。[①]

麻省理工学院于 2001 开创的开放教育资源是 MOOC 概念的原型。后
来,犹他大学的威利和库罗斯先后为全世界的用户开设了两个在线开放课程,
供用户分享。[②] 这种新的课程模式在理念和技术方面为 MOOC 的诞生奠定
了基础。2008 年,科米尔和亚历山大首次提出 MOOC 的概念以描述他们的
在线开放课程。MOOC 在 2011 年引起了公众的广泛关注。2011 年,斯坦福

---

① 高媛,黄荣怀.《2017 新媒体联盟中国高等教育技术展望：地平线项目区域报告》解读与启示
[J].电化教育研究,2017,38(4):15-22.
② 李青,王涛.MOOC：一种基于连通主义的巨型开放课程模式[J].中国远程教育(综合版),
2012(5):30-36.

大学开设了一个名为"人工智能入门"的在线开放课程,吸引了来自全世界190多个国家的160万人注册。此后,MOOC取得了突破性的发展。2012年,斯坦福大学的学者建立了一个营利性的在线教育平台Coursera[①],哈佛大学和麻省理工学院联合创建了一个非营利性的在线教育平台edX。2012年也被认为是MOOC元年。[②] 在欧洲,英国开放大学于2012年推出了MOOC平台Futurelearn;2013年,11个欧洲国家联合推出开放教育课程平台,免费提供190门涵盖不同学科的课程。2013年是中国MOOC元年,清华大学、北京大学、复旦大学、上海交通大学等多所一流大学相继投身于MOOC的浪潮。他们要么合作加入国外的MOOC平台,要么建立自己的MOOC平台。2013年9月,北京大学MOOC网站正式启动[③];2013年10月,清华大学正式推出"学堂在线"。[④] 此外,上海大学课程共享中心MOOC平台是由东西部高校共享课程联盟建立的,其为国内学生提供了丰富的高质量课程。在社交媒体方面,国科网创办的"MOOC学院"已成为中国最大的MOOC讨论区,并对中国MOOC的研究和讨论产生了影响。豆瓣网的MOOC群、xMOOC群等同类网络版块也有一定规模的用户。

然而,MOOC也存在一定的缺陷,如学习经验不完整,教学模式仍然是传统模式,师生情感交流缺失,学习效果难以评价等。[⑤] 为解决MOOC的不足,形成了SPOC课程。该课程的本质是利用MOOC资源进行小规模、特定人群的教学[⑥],"SPOC既是对MOOC的继承,也是对它的完善、超越,其能有效结合优质的MOOC资源与课堂面对面教学的优势,重构和创新教学过程"[⑦]。

---

① 王颖,张金磊,张宝辉.大规模网络开放课程(MOOC)典型项目特征分析及启示[J].远程教育杂志,2013(4):67-75.

② 蔡文璇,汪琼.MOOC 2012大事记[J].中国教育网络,2013(4):31-34.

③ 何山.北京大学MOOC实践报告[J].中国电力教育,2014(22):19-21.

④ 清华发布"学堂在线"大规模开放在线课程平台[J].现代教育技术,2013(11):1.

⑤ 高地.MOOC热的冷思考:国际上对MOOCs课程教学六大问题的审思[J].远程教育杂志,2014(2):39-47.

⑥ 张永林,肖凤翔.SPOC:MOOC与校园课程的深度融合[J].中国职业技术教育,2015(18):14-18.

⑦ 贺斌,曹阳.SPOC:基于MOOC的教学流程创新[J].中国电化教育,2015(3):22-29.

SPOC 与传统的学校教学有很高的契合度,在一定程度上解决了 MOOC 的缺陷。哈佛大学计划大胆采用的"SPOCs"是未来研究和实践的一个重要领域和发展方向。[①]

二、MOOCs 与在线开放课程的模式

(一)MOOCs 与在线开放课程模式一:商业驱动

目前,全球主流的商业模式是付费证书服务,即颁发认证课程证书,这种商业模式被国内外普遍采用。该服务面向学生收费,可以给学生提供知识和技能信息,从而有助于企业找到所需的人才。有偿指导为学生提供指导和服务,比如 edX 和圣乔治州立大学合作之后,使用了 edX 平台进行混合式教学,以此弥补传统教学的局限。[②] 此外,还有认证服务。2013 年 1 月,Coursera 提出了"Signature Track",学生可以通过支付某些课程的费用,获得认证,且这些课程的学分一般是由美国教育委员会授予的。[③] 但是,到目前为止,还是没有完全成功的 MOOC 商业模式。对于高校来说,原则上学习资源向公众免费开放,但 MOOCs 可以对增值服务收费,比如颁发认证证书、个性化学习附加服务、开展线下服务活动等。MOOCs 营利与否与其设立的宗旨、资金来源等密切相关。[④] 相比其他形式的在线教育,学生规模是 MOOCs 的最大优势。因此,规模效应是未来 MOOC 商业模式实现盈利的主要方式。但是,MOOC发展的核心挑战依旧存在,即缺乏可持续的商业模式。

(二)MOOCs 与在线开放课程模式二:专业化驱动

当前,对于中小学和高校来说,有效开展在线教学迫在眉睫。宋灵青等在

---

① Coughlan S. Harvard plans to boldly go with "Spocs" [EB/OL]. [2017-06-05]. http://www. Bbc. Co. uk /news/ business-24166247.

② Kolowich S. How edX plans to earn, and share, revenue from itsfree online courses [EB/OL]. [2013-4-16]. http:// www. insidehigh-ered. com/

③ Belanger S P, Thornton M M. Coursera's next big MOOC strategy: Headhunting via "signature track"[EB/OL]. [2013-1-16]. http://www. wiredacademic. com/2013/01/courseras-next-big-mooc-strate-gy-headhunting-via-signature-track/.

④ 李青,侯忠霞,王涛.大规模开放在线课程网站的商业模式分析[J].开放教育研究,2013,19(5):8.

分析了影响学生家庭学习和教师在线教学的因素以及他们之间的关系后,提出了"教师—家长—学生"的社区框架模式以促进中小学生的学习质量并通过对其发展阶段特征和引导策略的分析,构建了"精准在线教学＋居家学习"模式。[①] 精准在线教学＋居家学习模式在生成性教学中,鼓励教师以开放的态度对待和接纳学生,使学生能够表达自己。在相关话题上,师生能平等对话,师生之间的互动具有时间和空间的灵活性,最终促成一个富有效果的课堂。本书在混合式教学理念和生成式教学理念的基础上,依托平台和工具构建了"同步直播教学＋异步自主学习"模式,目的在于通过提供高质量的在线教学和 MOOC 学习平台的个性化支持来满足学生的学习需求并促进学生的个人成长。结合高校课程改革和人才培养的需要,本书探索和总结了在线课程学分认定与转化的"MOOC＋翻转课堂"、服务课堂教学的"1＋1""1＋m＋n(1课＋m 校＋n 班)"等应用模式,并以课程实施理论为基础,提出了"三三六"课程实施模式。第一,"三三六"课程实施模式是一种环形结构,借鉴了德明环的闭环、循环和各环节的可操作性。第二,从核心的角度来看,"三三六"课程实施模式指向的是实现立体课程目标。第三,"三三六"课程实施模式有明确的指导思想、目标指向、操作程序,以及前述课程实施、通用设计、质量管理相关理论的支持。第四,"三三六"课程实施模式以课程大纲的制定即课程方案的系统设计为出发点,包括情境分析、教学发展以及根据实际教学情况进行的教学实践、课程目标达成的环境评价和教学改进。以澳门大学为例,澳门大学采用"四位一体"的教育模式,包括专业教育、通识教育、研习教育和社群教育。其强调体验式教育,让学生多方面、全天候进行多种体验。此外,每个教师每周必须至少贡献 1 小时的时间参与社群教育。实践证明,这种模式具有很好的效果,学生的学习成绩、公民责任感、领导能力都得到了提高。

---

① 宋灵青,许林,李雅瑄.精准在线教学＋居家学习模式:疫情时期学生学习质量提升的途径[J].中国电化教育,2020(3):114-122.

三、MOOCs 与在线课程的案例

随着 MOOCs 的发展，其吸引了大量资金的投入和企业的参与，国内外在线教育市场热潮开始形成。课程证书和微学位证书由 MOOC 持续提供。例如，edX 把微硕士文凭扩展到不同的大学；利兹大学的"学习制 MOOC"允许学生选择个别单元完成正式学习的部分；Udacity 推出了部分"微学位"；FutureLearn 通过 FutureLearn programs 获得了更多的学位课程认证。我国有 2000 多所大学受益于东西部高校课程共享联盟，400 多万名大学生在加入联盟之后获得了学分；全国地方高校优课（YOOC）联盟包括 104 所大学，拥有 250 多万名教师和学生。这说明 MOOCs 在课程资源、评估和学分认证等方面对世界高等教育大众化起到了重要作用。

在课程应用方面，MOOC 采用多模式教学法，涌现出许多典型的应用案例。除了 MOOC 大规模在线自主学习模式外，结合高校课程改革和人才培养的需要，产生了三种基于 MOOC 的混合式教学模式，分别是线下主导模式、线上主导模式和线上线下融合模式。线下主导模式是在结合线上课程资源的基础上，以线下学习为主，如"MOOC＋翻转课堂"模式；线上主导模式是以线上资源自主学习为主，线下面授辅导为辅，主要适合继续教育学生学习；线上线下融合模式，充分结合线上学习和线下学习的优势，例如 SPOC 模式允许更多实时交流，包括答疑和讨论，增强了交互和协作学习效果。我国的 MOOCs 为解决教育公平和区域发展不平衡问题提供了有效途径。MOOC 的应用有利于促进东、中、西部高校优质课程资源的流通与共享，形成优质教育资源的新供给模式。中国高等教育出版社开发了"爱课程"（icourse）平台。2011 年，"爱课程"正式成为公开课平台。"爱课程"平台提供了多种解决方案：为学校提供一体化的校园云服务，并提供学习应用，包括学习数据管理、学习评价数据等；建设区域课程中心供各省高校在线联盟使用，包括企业大学解决方案，为企业做后端学习应用。

自 2011 年以来，世界多个国家的 MOOC 得到了快速发展。澳大利亚科

廷大学有 58000 名学生,其中 30％的学生来自国外。它是澳大利亚第九大大学,拥有超过 4000 名员工。科廷大学 MOOCs 的崛起与清华大学学堂在线的崛起基本同步。它与麻省理工学院全球教育实验室有着非常良好的合作,其合作领域涵盖基础教育、中等教育和高等教育。科廷大学采用"四位一体"的方法,通过翻转课程和开放教育资源丰富学生的在线学习经验。阿富汗的信息通信技术已成为其教育发展战略的重要组成部分。政府支持信息通信技术在高等教育中的应用,并将信息通信技术纳入高等教育机构的教学。2015年,阿富汗制定了明确的发展计划,在未来 10 年内分阶段在 8 所公立大学进行信息通信技术与高等教育的融合,还制定了第一份在线电子学习法律文件。阿富汗实施信息通信技术教育面临诸多挑战,包括基础设施、互联网连接、财政资金等。尽管阿富汗的 MOOC 起步较晚,但它希望在未来成为一个重要的MOOC 国家,并得到利益相关者的支持,以推动 MOOC 在高等教育领域的应用。韩国教育部未来教育规划司副司长苏茜介绍了韩国大型在线公开课平台K-MOOC 的基本情况。K-MOOC 是韩国教育部于 2015 年底推出的基于OPEN edX 的国家官方 MOOC 平台,旨在为学生提供接触和学习韩国顶尖大学推出的高水平 MOOC 的机会,从而促进高等教育创新,为终身学习奠定基础。K-MOOC 的在线开放课程不仅包括视频内容,还提供互动学习的机会,其中包括测验、问答和讨论区。2013 年 11 月,在日本政府的推动下,多所高校和企业联合成立了日本开放在线教育促进会,简称 JMOOC。JMOOC 旨在建立终身学习型社会,推动日本 MOOC 的发展。JMOOC 通过课程认证确保了课程质量,并对课程进行了分类,免费提供了精品课程,同时致力于研究和建立学习支持技术。目前,JMOOC 面临的挑战是认可度低和在线课程数量有限。

四、小结

本章通过对在线课程的梳理,从课程变革的角度,得出在线课程主要分为大型在线开放课程 MOOC 和小规模限制性在线课程 SPOC 两种。相较于传统课堂,在线开放课程更有利于学生进行个性化学习,发展其自主学习能力。MOOC 具有开放性、个性化等特征,但存在学生学习持续性不强、完成率低、难以测试其知识掌握水平等问题。而后出现的 SPOC 针对这些问题提供了解决方案。通过同学之间、教师之间的高度互动,在线开放课程将学生置于国际化、创新性的空间之中,学生需要进行协作以解决问题。在此过程中,学生的自主学习能力和实践创新能力都获得提升,符合 21 世纪学生核心素养的要求。

在互联网技术和数字媒体技术的推动下,课程在形态上更加开放、弹性和人性化。本章得出的主要结论体现以下几个方面。首先,课程单位容量向微型化转变,课堂教学方式向弹性化转变。微课程更加符合人的认知加工规律,更加支持学生的自主学习;翻转课堂等新方式通过对教学流程的再造,将传统直接教学与自主探究学习有机结合。其次,分科课程向综合课程转变,创新能力等高阶思维受到特别关注。STEAM 与创客课程等强调以实践的方式推进跨学科的科学教育,促进知识、能力和应用的综合发展,做到理论与实践有机结合。最后,在线开放课程向大规模和私有化两个方向发展。MOOC 为大规模在线开放课程,侧重非正式学习;SPOC 为小规模限制性在线课程,侧重正式学习,两者互为补充。课程形态的变革一方面符合当前时代的特征,另一方面符合对学生素质的要求。随着人工智能、大数据等技术的突飞猛进,课程形态的变革也将进一步深化,如何将技术运用于课程需要教育工作者的深入探究。

第八章 课程实施变革:从个体经验 到协同智慧

随着信息技术和硬件科技的发展以及政治、经济、人文等的变化,全球的教育教学方式和学生的学习方式都发生了巨大的改变。教育教学方式和学生的学习方式逐渐从纯粹的经验教学转变为依赖数据的教学;从完全教师教授的学习转变为教师指导下的学生合作探究学习;从完全线下的方式转变为线上线下相结合的方式。本章将从大数据精准教学、项目化学习和OMO无边界学习三个方面,对课程的实施和变革作进一步阐释,并列举一些实际案例,帮助读者更好地了解以上三种课程实施变革在当今教育教学与学习中的应用。

第一节 大数据精准教学

本节从以下三个方面详尽阐述大数据精准教学。从大数据精准教学的背景与内涵来看,大数据精准教学是利用学界已有的思想,将其与互联网时代新出现的大数据技术相结合,产生一种促进教育教学和学生自主学习的新方法。从大数据精准教学的模式来看,大数据精准教学并没有颠覆传统的教学方法,而是以更加便捷、快速、高效的方法达到与传统教学相同的教学目标,并且针对学生的不同性格特点,精准定位其学习短板,辅助学生的学习。从大数据精准教学的案例来看,大数据精准教学能够对学生的学科能力产生正向影响,有效提升学生的学科能力和素养,从而更好地实现教学目的。

一、大数据精准教学的背景与内涵

随着 21 世纪的到来,全球信息化水平飞速提升,大数据时代已经在不知不觉中降临。

与此同时,人们对教育教学质量的要求也在不断提高,希望依靠新兴科学技术的力量减轻人工劳动负担并降低劳动成本。因此,教师和学者希望教育教学能够变得更加精准、快捷、便利。将大数据应用于教育教学,形成一种新的教学形式——大数据精准教学,成为众多学者与教师的探索方向之一。

(一)大数据精准教学的背景

早在 20 世纪 60 年代,林德斯利提出了"precision teaching",即精准教学。① 这是教育概念中第一次出现"精准"一词。起初,精准教学理论的提出是为了能够对学生的学习过程进行精确测量。对所测量的数据进行分析,就可以追踪学生的学习表现,从而作出科学、适时的教学决策,最终提升学生的学习绩效。精准教学的优势在于教师在制订教学策略的同时,对各类教学的有效性进行评估。因此,精准教学的概念一经提出便受到了教育工作者的关注与青睐。②

然而,随着时间的推移,精准教学在推行过程中逐渐暴露出了它的不足。精准教学的不足之处主要在于数据的采集和处理方面。精准教学的操作过程十分烦琐,数据的记录过程纷繁复杂,并且缺乏统一的测量标准,因此其推广过程障碍重重,不久便逐渐淡出人们的视野。

自 21 世纪以来,互联网技术迅猛发展,随着互联网用户的不断增加和信息时代的到来,互联网数据呈爆炸式增长,大数据技术应运而生。大数据技术能够运用计算机,从体量巨大、来源广泛、类型多样的数据中挖掘出所需要的

---

① 万力勇,黄志芳,黄焕.大数据驱动的精准教学:操作框架与实施路径[J].现代教育技术,2019,29(1):7.

② 祝智庭,彭红超.信息技术支持的高效知识教学:激发精准教学的活力[J].中国电化教育,2016(1):18-25.

价值。同样地,教育领域的数据总量也呈现爆炸式增长。因此,大数据技术的出现,为精准教学的发展带来了新的契机。将新兴的大数据技术引入精准教学理论,使用该技术对海量的教育数据进行处理,在实践框架中真正实现精准教学。大数据技术可以在教学过程中拓展、重组、优化教学内容和流程,进行精准教学评估,突出精准教学设计、精准教学干预和精准教学决策功能。由此可见,引入大数据技术将完全有可能使精准教学焕发新生,满足一线教育工作者对教学更加科学与精确的追求。[①]

(二)大数据精准教学的内涵

林德斯利的精准教学理论与行为主义学派心理学家斯金纳的学习理论一脉相承。林德斯利认为,评估学生学习的有效性,最佳的检测指标便是学生的行为表现。[②] 而学生的行为表现一般分为准确率与速度两个方面。因此,在精准教学中如果需要考查学生的学业发展情况,常用的指标之一就是流畅度(fluency)。流畅度具体涉及五个方面的内容,即持久性、耐久性、稳定性、应用性和生成性。因此,林德斯利将精准教学定义为根据标准变速图表上学生持续的自我监控表现频率的变化而形成的教育决策。[③]

如果想要大数据精准驱动教学,就需要收集学生在日常学习过程中产生的大数据——这些数据出现在学生学习的各个步骤中,是结构化、半结构化、非结构化的多种类型的数据集。在学生学习的过程中,并不需要人为干预,只需要由计算机系统自动对学生产生的过程性、即时性学习行为与表现数据进行收集和记录,即可形成相应的数据集。因此,我们可以认为,大数据驱动的精准教学的核心是精准学习分析。这个过程具体包括了学习数据的精准挖掘、学习表现的精准评价和基于学习数据的精准教学干预等环节。[④]

简而言之,将大数据驱动的精准教学辅以大数据技术,对数据进行处理、

① 万力勇,黄志芳,黄焕.大数据驱动的精准教学:操作框架与实施路径[J].现代教育技术,2019,29(1):31-37.

②③ Lindsley O R. Precision teaching: Discoveries and effects[J]. Journal of Applied Behavior Analysis, 1992(25):51-57.

④ 雷云鹤,祝智庭.基于预学习数据分析的精准教学决策[J].中国电化教育,2016(6):27-35.

归纳和分析。首先精准分析学生的学业表现,其次对教学目标进行精准定位分析、对教学内容进行精准设计定制、对教学活动进行精准计划执行、对学生学习表现进行精准评估测量,最后作出精准教学决策,使教学过程和教学结果得到充分的量化、监测和调控。

二、大数据精准教学的模式

如需实施基于大数据的精准教学,就必须设计一套贴合实际的操作框架作为指导模板。操作框架的建立,应依据一般教学活动的实施流程,即设定教学目标、组织与传递教学内容、设计学习活动、对学习结果进行测评与反馈。基于以上流程,有学者提出了大数据驱动的精准教学操作框架。[①]

(一)精准教学目标的设定

精准教学目标的设定需要先综合考虑学生现有的学习情况和学习偏好,然后为每个学生精确设定个性化的结果目标。具体来说,需要做到以下两点。

一是精细化,即在微观上对学生即将学习和掌握的学习内容有一个清楚的理解,从而进行精细的解释和描述。[②]

二是准确化,准确在这里指的是学习内容的相关性和匹配性,为学生设置的教学目标与学习目标必须与学生的学习现状、学习风格和学习需求密切相关且高度匹配。

精准教学目标设定的具体步骤如下:第一,细化和量化教学目标;第二,收集学生的学习大数据,使用技术手段进行智能分析,提取并构建包括学生初始能力、认知结构、认知风格、学习动机、学习态度等多维特征在内的多个学习者模型,找到影响教学目标实现的关键学习者特征;第三,建立细化的学习者特征与教学目标维度之间的映射关系,参考学生的学习偏好,对教学目标的差异化设计要素进行修改,添加与当前学习者特征相符的教学目标。

---

① 万力勇,黄志芳,黄焕.大数据驱动的精准教学:操作框架与实施路径[J].现代教育技术,2019,29(1):31-37.

② 付达杰,唐琳.基于大数据的精准教学模式探究[J].现代教育技术,2017(7):12-18.

（二）精准教学内容推送

精准教学内容推送是指基于不同学生的学习者特征，通过网络手段向学生推送适合其学习需求的内容。其原理是根据学生产生的学习数据，为每个学生建立单独的学习者模型，记录其个性化的学习信息，由此实现精准教学内容的定制。目前，基于大数据的精准教学内容推送途径主要有三种。一是基于内容的推送。依据学习者特征与教学内容之间的映射关系进行内容匹配，通过数学模型进行相似度计算，将相似度高的教学内容推送给学生，达到个性化学习的效果。二是基于用户的协同推送。先在网络社区中建立学生之间的联系，然后利用这种特性建立教学内容与学生群体的匹配性模型，对于相似性较高的学生可以推送相同的教学内容。① 三是基于关联规则的推送。对于不同的教学内容，可以在后端对其进行关联度计算，根据相关性的强弱，将符合条件的教学内容推送给有需要的学生。

（三）精准学习活动设计

精准学习活动设计的出发点是学习者特征，因为活动目标的设计需要具体、明确且具有多元性和层级性。基于大数据的精准学习活动设计遵循以下步骤：差异检测—动态分组—并列教学—差异教学。其中，差异检测是指通过分析大数据辨识学生之间的差异，包括学生自身发展方面的差异，如多元智能、学习兴趣等，学生与学生之间的差异如学习风格、思维方式等②；动态分组是指将学生进行同质化分组或异质化分组，即按照学习活动与教学内容的性质，根据学生的特征差异进行分组，以小组为单位展开精准教学，且随着学生产生更多的动态数据，分组也会实时作出相应的动态改变；并列教学是指针对学生的共性需求，实施一致化的教学活动；差异教学则是指在并列教学之后，根据每个学生的学习情况和当前个性化的学习需求，实施差异化教学并对学

---

① 马佳佳,熊才平,丁继红,等.面向学习过程的个性化资源推荐服务策略研究[J].中国教育信息化,2016(5):29-33.

② 彭红超,祝智庭.面向智慧学习的精准教学活动生成性设计[J].电化教育研究,2016(8):53-62.

生进行有针对性的指导。

（四）学习行为记录与学习结果的测评与反馈

随着大数据时代的到来,工程师们已经开发出各种工具来精准记录课堂中学生的学习行为和表现。例如在课堂教学环境中,可以采用试卷、量表、调查问卷等自报告方式以及人工观察、计数器、投票器、图表绘制工具(如传统精准教学中采用的标准变速图表)等方法,获取学生参与行为、互动行为、学习结果、学习态度、学习动机等方面的数据;在网络学习环境中,可以通过数据挖掘和日志分析等手段,获取学生的访问信息、浏览行为、互动行为、评价行为、作业提交行为等方面的数据。[①] 在最新的研究中,学者们甚至可以基于眼动或人脸表情识别技术对学生的课堂学习行为等数据进行采集。这些采集来的学生学习行为大数据,经过严格的数理分析与逻辑建构,可以全面反映学生的学习过程全貌,为教师对学生的学习过程作出精准评价提供便利。此外,还可以采用图表形式对学生的学习行为和学习过程进行更加直观的记录,常用的有散点图、雷达图、学习评分表等。通过图表,学生的学习行为和学习过程可以更加清晰的方式展现。

（五）精准决策与干预

精准决策与干预是精准教学过程的最后环节。通过之前的阶段,教师已经充分掌握和评估了学生的学习表现,深入挖掘、分析了学生在各个维度的历史学习表现数据,获取了其学习行为的潜在规律和特点,发现了其学习过程中存在的潜在问题与缺陷。随后,教师可立足学生的个性化特点和学习过程中出现的各类问题,分门别类地制定干预措施,不断完善和优化后续的教学过程。对于教师来说,他们只需要掌握基础的软件操作和数据分析技能,就能明晰各教学要素之间的真实联系,精准识别学生个体以及各群组的学习状态、存在的问题等,在此基础上形成更精准、更高效的教学干预和决策。

---

① 黄荣怀,杨俊锋,胡永斌.从数字学习环境到智慧学习环境——学习环境的变革与趋势[J].开放教育研究,2012(1):75-84.

三、大数据精准教学的案例

"智慧学伴"(smart learning partner)是北京师范大学未来教育创新中心研发的一款自适应学习平台。该平台功能强大,其特征包括全学习过程的数据采集、知识与能力结构的建模、学习问题的诊断与改进、学科优势的发现与增强等。学生的随堂与课后练习、学习测评、人机交互等数据为该平台数据的主要采集内容。在平台内部,教师可以用大数据分析学生的学习过程,从而使评估有证可循。因此,该平台可以促使教育教学逐步从经验性评估走向发展性评估,并为个性化教学理论提供示例支撑。[①]

(一)"智慧学伴"学科能力素养表征模型与测评工具

"智慧学伴"构建了学科能力素养表征模型:(1)基于学科素养,针对各个年级不同学科体系构建核心概念知识图谱;(2)基于学科能力,建立知识和素养发展进阶模型,并针对具体核心概念分别设计层级细目表;(3)依据核心概念—学科素养—能力表现的统一编码,设计学科能力诊断工具。此外,平台对学生在学习过程中产生的多重结构数据进行收集处理,为学生认知特征的模型构建提供数据支撑。学科测试工具以核心概念为基准,按照学科的学习要领、实践实操和迁移创新的学科能力素养表征模型,基于学科核心知识对应的教学内容,创设多种不同的问题情境,对试题进行多维编码,将知识内容、活动经验、认识方式和学科能力指标紧密关联。[②] 测量工具采取开放性试题和多级评分策略,对学生的学习过程与不同能力层级的学习表现分别进行评估。

(二)基于"智慧学伴"的精准教学模式

"智慧学伴"可以作为学生的一种微测诊断工具,平台基于学生的核心素养和学科能力,评估学生核心知识的表现水平。平台通过数据分析实现可视

---

① 刘宁,王琦,徐刘杰,等.教育大数据促进精准教学与实践研究——以"智慧学伴"为例[J].现代教育技术,2020,30(4):12-17.

② 王磊.学科能力构成及其表现研究——基于学习理解、应用实践与迁移创新导向的多维整合模型[J].教育研究,2016(9):83-92,125.

化显示。一方面,教师根据可视化显示进行自适应教学策略选择,包括教学目标的精准设计、适应授课类型的选择、课堂教学形式的有效组织、学习情境的合理创设、符合学生知识水平的教学活动的设置以及表现性评价的精准设计等。另一方面,大数据分析结果也会传递至系统的自适应引擎,引擎据此分析学生的学习特征,匹配和推送相应的学习资源,促进学生的自主学习。此外,将评价的诊断环节嵌入教师与学生的课堂交互过程之中,以精准诊断学生不断变化的知识水平和学习中存在的潜在问题,教师据此及时调整教学策略,对学生进行精准的教学干预。基于"智慧学伴"微测诊断的精准教学模式(见图8-1)的关键环节包括微测诊断、可视化显示、自适应教学策略选择与个性化学习资源推荐。

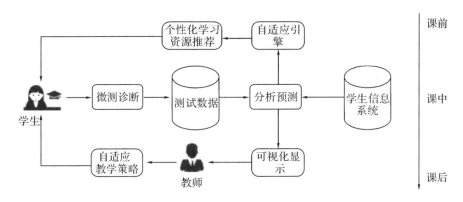

图 8-1 基于"智慧学伴"微测诊断的精准教学模式

1. 微测诊断

实施精准教学的必要前提是分析学情。何时应用微测诊断工具进行学情诊断,取决于教师的教学理解和实际的教学需求:(1)在每节课或每单元开始前,教师应用微测诊断工具进行学情评估,以此为教师确定教学目标、设计教学内容提供依据;(2)在课堂上,教师可以利用微测诊断工具对教学情况进行诊断,根据诊断结果协调教学方向与教学进度;(3)在每节课或每单元结束后,教师可用微测诊断工具进行测验,检测学生的学习效果和教师教学的有效性。教师可以根据诊断结果判断是否需要对本节课的内容进行进一步的干预。值得一提的是,无论课前、课中还是课后,微测诊断工具的应用目的是完全一致的,即通过大数据对学生已有的知识水平和可能达到的知识水平分别进行精准评估和预测,此类数据可为学生的自我诊断和教师的精准教学提供客观依据。

2. 可视化显示

"智慧学伴"将诊断工具和后台的内置算法相结合,可视化表征学生的各项能力,帮助教师准确把握学生的现有认知水平与潜在认知水平,为实现精准教学提供客观依据。可视化显示主要包括学科认知地图、学科能力和素养、学科核心概念与核心能力指标的测评反馈等(见图 8-2)。其中,学科认知地图对学生个体与群体概念理解的认知结构进行表征,学科能力和素养表征学生建模、运算等多维度素养指标,学科核心概念与核心能力指标的测评反馈则反

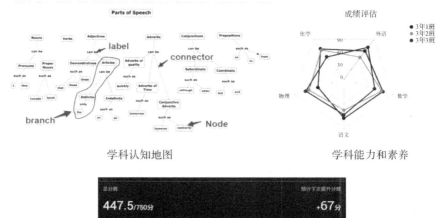

学科认知地图　　　　　　　　　　　　　　学科能力和素养

学科核心概念与核心能力指标的测评反馈

图 8-2　可视化显示

映学生在能力表现层面的发展水平。这些可视化显示不仅是教师进行课堂教学设计、实施的首要参考,还是帮助学生及时了解自身学习情况的重要指标。同时,多样化的评价结果可以帮助学生发现和识别在学情分析的认知过程中所产生的问题。

3. 自适应教学策略选择与个性化学习资源推荐

设计自适应教学策略的一般过程如图 8-3 所示,具体设计过程如下:首先,根据诊断结果进行教学分析,包括教学内容分析、学生情况分析和学生最近发展区分析;其次,设计教学方案,包括教学活动设计和自适应学习支架构建等;再次,实施教学方案,通过课中学情诊断调整预设教学活动以及学习支架,以适应教学过程中学生产生的各种问题;最后,课后对学生进行学习测评,检验教学策略的有效性,教师需要对教学方案进行进一步的研讨和改进,作为后续教学活动开展的支点。此外,教师还需要根据不同学生的不同学习结果提供个性化的辅导和相关学习资源的推送。

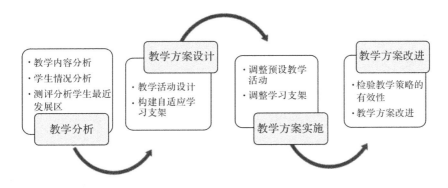

图 8-3 设计自适应教学策略的一般过程

第二节 项目化学习

本节从以下三个方面详尽阐述项目化学习:从项目化学习的背景与内涵来看,其是教师带领下的探索性学习;从项目化学习的模式来看,其学习方式灵活多样,需要教师的指引与学生的合作;从项目化学习的案例来看,其对于专业性强、专业难度高的学科具有良好的学习效果。[①]

一、项目化学习的背景与内涵

目前,全球范围内的项目化学习浪潮延续了杜威对于教育和学习的理解,但又体现了新的学习理论和培养学生核心素养的追求,指向个体和社会价值的整合、核心知识的深化和思维的迁移,并通过寻求项目与学科核心知识的内在关联,解决分科与综合、知识与能力之间的矛盾。

(一)项目化学习的背景

从 2010 年开始,教育全球化、信息化和个性化浪潮不断涌现。尤其自2014 年以来,全球教育领域对核心素养的研究颇为关注,而项目化学习作为一种灵活的学习方式和教学形态,获得了极大的关注。

纵观国内教育的发展,国家不断推进和强化学生的核心素养教育,学科间浊泾清渭的学科隔阂也逐渐消解,对学科间课程整合的需求也是水涨船高,很多学校尝试运用拓展型课程和探究型课程进行学科间整合。因此,我们急需一种实现课程整合的现实路径。教育界通过多年的研究发现,跨学科的项目化学习指向学生解决问题的能力,与课程整合的目标和切入点的契合度极高。[②] 在教育政策领域,课程标准的修订也对核心素养的培养提出了极高的要求,对教育目标的设定和教学评价指标的设计也产生了较大影响,由此出现了对学科素养、跨学科学习、深度学习等的需求;在教育研究领域,学习科学、设计研究、基于理解的设计、表现性评价等新的研究理论,教学与评估方法的介入,引发了教育实践领域对大观念、学习环境、大单元设计等的系列探索。

(二)项目化学习的内涵

在对项目化学习进行概念界定前,我们需要厘清什么是"项目"。"项目就

---

① 崔庆蕾.项目学习(PBL)关照下初中语文综合性学习设计策略研究[D].兰州:西北师范大学,2020.

② 李会民,代建军.基于课程统整的跨学科项目化学习设计[J].教学与管理,2020(4):29-31.

是以一套独特而相互联系的任务为前提,有效利用资源,为实现一个既定目标所做的努力"[①]。项目化学习就是基于一个或多个待解决的项目,学生互动交流,寻找解决方法,最终完成项目的学习。项目化学习的任务具有高交互性。[②] 所谓高交互性,是指项目中具有较多要素,各要素之间的关系错综复杂。项目化学习是学生在教师的引导下,通过合作学习解决复杂问题的过程。因此,项目化学习是以问题为驱动,学生为了解决现实问题,需要进行思维交互、内容反思和建模等认知活动,以达成内部认知图式的建构与自动化,最终实现问题的解决。[③] 这个过程既包含了学生个体认知水平的发展,也囊括了学生之间认知活动的交互。各种认知活动既具有连续性又存在相对的独立性,相互之间也具有复杂的交互性和统一性,这种特性贯穿于问题解决过程的各个环节。项目化学习过程的各要素动态变化,在学习过程中充满了不确定性,而问题本身和问题解决的过程又具有复杂性,造成要素之间较高的交互性,学生的认知状态需要根据任务进展进行灵活的自我调整。

值得注意的是,随着学生年龄的增长和思维能力的发展,他们对问题的提出和探索会变得越来越有水平,自主学习和自主探究能力也会变得越来越强,对于在教师带领下的项目化学习的依赖性也会越来越低。因此,一般的项目化学习大多在小学学段开展,初中学段开始就很少或不再开展。此外,教师在一些专业性强、难度高的学科教学中有时也会采用项目化学习的方法。

二、项目化学习的模式

项目化学习的内容一般源于生活,需要对现实中存在的问题进行探究,即需要综合运用多学科知识解决真实的、有挑战性的、有价值的问题,但同时其也并非各个学科围绕某个主题各自设计的活动。因此,实践中,我们要厘清这

---

① 吉多,克莱门斯.成功的项目管理[M].张金成,杨坤,译.北京:机械工业出版社,1999.

② Van Merrienboer J J G, Sweller J. Cognitive load theory and complex learning: Recent developments and future directions[J]. Educational Psychology Review,2005,17(2): 147-177.

③ 李梅.认知视角下的项目化学习解析[J].电化教育研究,2017(11):102-107.

些概念之间的区别和联系,明确项目化学习的内涵和特征,通过学科间的有机整合,实施更有深度、更有意义的项目化学习。

(一)项目选定

学科的项目化学习从哪里来?除了培养学生乐于、善于提出问题外,教师也要善于发现学生提出的问题中的闪光点,善于转化学生提出的问题,将学生提出的问题进行升华,使其变得具有探究意义,从而成为一个可以研究的项目。学生基础素养中将"提出问题"的能力作为一种重要的学习能力来培养,学生在学习中不断提出的问题往往也是项目化学习的源泉。

在项目化学习的过程中,首先,教师是指导者,学生根据自己的兴趣提出和选择问题,教师对学生选择的问题进行评价,检验该问题与日常生活的相关度。其次,教师应当从监管者的角度对学生的能力进行综合考量,判断他们是否具有足够的能力开展该项目的学习。学生开展的项目需要交叉多门学科,并运用学科的核心知识,比如综合运用自然科学和信息技术的相关知识进行聚焦研究。最后,项目的子项目需要有较为丰富的设计,从而使学生的探索不至于很快就结束。从时间上来说,至少要能让学生学习探索一周。学生分小组合作讨论,分工协作完成任务,最终达成项目目标。

总之,学生自由选择想要探究的问题,教师对学生选择的问题进行全面审查,评估其研究价值,以及学生是否具有对该问题展开研究的能力。[①]

(二)建立联系

关于项目化学习与学科核心知识之间的联系,我们着重讨论项目化学习涉及的学科核心知识与认知策略、探究学习与思维发展、问题解决与素养养成等问题,从而形成从知识应用到思维发展再到核心素养养成的链条。项目化学习培养的是学生解决问题的能力,让学生在复杂的问题情境中开展探究式学习,完成知识的跨情境迁移。学生在真实的问题情境中,更倾向于从知识和情感两个方面进行迁移,这与其中的驱动性问题有关,其能够促进学生快乐学

① 刘景福.基于项目的学习模式(PBL)研究[D].南昌:江西师范大学,2002.

习,产生积极的情感体验,从而使学习过程卓有成效。毫无疑问,驱动性问题为跨学科知识的学习提供了新的土壤和新的方向。一个良好的驱动型问题的生成,需要项目化学习的思想赋予其新的要求和特质。

大部分学科的关键知识都不是孤立的,而是相互关联的。教师自身能否建立和明确知识间的联系,将直接决定学生项目化学习的质量。在设计项目化学习时,如果只聚焦于某个微观的知识点,则等同于拿"高射炮打蚊子"。学科间开展的项目化学习要超越对原有知识点之间的断点式理解,融会贯通学科间的知识点,形成学科间紧密联系的知识网,从更高的层次思考如何在真实的情境中开展知识应用,引导学生基于某个关键知识网络进行创造性和批判性问题的解决。单独的"点"需要的是重复学习,深化学习层次;相互关联的"网"则需要在面对实际情境时作出清晰的判断和准确的决策。①

(三)项目探究

开展项目探究要预先计划或设计学习内容。教师指导学生制定详细的学习计划,合理分配学习时间,设计并规划将要开展的活动。比如,计划探访的学者,配给每个学生的任务,如何寻找和查阅等。

作为项目化学习的主体,学生大部分知识的学习以及技能、技巧的掌握都是在项目化学习的过程中完成的。在项目化学习的过程中,学生主要运用学科的核心知识,以及科学、信息技术的相关知识聚焦研究,从而达成项目目标。项目化学习具体可以分为以下三个阶段:第一阶段,设计学习过程,开展实验探究,收集整理数据,并用图像方式呈现数据;第二阶段,实施实验,自主探究知识,探究产生问题的原因,形成结论;第三阶段,进行更加深入的实验。教师需要帮助学生在各个子项目开展的过程中提升与同伴的合作能力、交流能力和自身的学习能力;学会通过团队的力量而非个人的力量共同解决问题;对问题的研究形成一定的自主判断的能力并寻求解决方案;学会用数据和研究结果说话,在获得初步认知的情况下,学会用论证的方法进行科学论证。学科关

---

① 夏雪梅.学科项目化学习设计:融通学科素养和跨学科素养[J].人民教育,2018(1):61-66.

键知识需要在多学科情境中进行实践，相同的概念或能力若置身于不同的情境，能够促进我们对这些概念的进一步理解。

（四）成果呈现

成果呈现包括作品制作和成果交流两个部分，同时每个部分又包括小组成果交流和个人成果交流两个方面。

作品制作是项目化学习的个性化特征，它与我们一般意义上的教学活动存在显著区别。学生在制作作品时，需要运用学习过程中获得的知识和技能。作品不用拘泥于形式，以学生个人或小组为单位，选择自己喜欢的方式，比如研究报告、实物模型、幻灯片、网页展示和文艺表演等。

作品制作完成后，进入成果交流环节。成果交流包括小组成果交流和个人成果交流两个方面。先是小组成果交流，展示小组成员在项目学习中掌握的知识和能力。然后是个人成果交流，个人成果主要表现在相应知识和能力的习得上；交流内容主要为学习经验和体会。成果交流的形式具有多样性，如实物展览、口头报告、友谊比赛等。在成果交流中，参与者也可邀请家长、其他学校的教师和学生等参加。成果的呈现过程可以让学生充分展示自己的思维过程。同时，组织学生相互点评和提问，在讨论中集体解决学习中遇到的困惑。

（五）活动评价

项目化学习的评价模式与传统教学模式的学习的评价模式也存在很大的不同。在项目化学习的评价模式中，学习评价由教师、同伴以及学生本人共同完成。它的评价不但面向最终结果，而且也非常重视学习过程，真正做到了定量评价和定性评价、形成性评价和终结性评价、自我评价和他人评价之间的良好结合。在教学情境中，既对过程负责又对结果负责，完全模拟真实的生活环境，关注学生的真实表现。

在项目化学习初始，教师就要设立学习目标，即在该项目中应当对学生哪些方面的核心知识和关键能力进行培养，以及如何评测学生成果的质量。在项目中，教师对学生的学习行为进行评定，并对学生项目化学习的公开成果进行综合考量和打分，以此增强学生学习的主动性，帮助学生自我反思，增加学生的自我效能感。教师要对学生进行全程性的评价，注重学生的全面表现，不能以单一的标准评价学生，必须发现学生的优异表现，以带动学生其他方面的发展，同时教师还需要适时提出合理的建议。这种过程性反馈有助于学生自发产生评价与学习的联系，不断增进学生的学习兴趣，反思学习行为与学习结果之间的关系，培养学生学习与管理的能力。通过学习评价，学生在活动中获得学习的乐趣即"乐学"，在学习中探寻所得、发现自己的优点，独立思考和选择，从而真正实现自主学习。

评价的内容五花八门，既可以是学生的学习表现、计划、成果交流，也可以是课题选取、学生间的交流合作等。对学生学习结果的评价需要对学生知识和技能的掌握程度进行全面细致的考察。此外，学生学习过程中的实验记录、活动数据表、访谈表、学习体会等也可以作为过程评价进行考核。评价的方式也很多，如积分制、奖牌制、雷达图等。

三、项目化学习的案例

如今，经济全球化和教育国际化已是不争的事实，我国大学英语教学也处在转型时期，如何强化我国大学生英语综合应用能力的培养，如何充实教学内容、加强多元化教学、调整教学方向是大学英语教学面临的重要课题。本案例为基于项目化学习的大学英语学术写作教学实证研究，旨在基于此案例探讨通过项目化学习深化大学英语教学改革的可行性和必要性。有研究表明，项目化学习具有开放性、研究性和实践性等特征，完全适合作为教学的核心框架。学生通过一个整体项目，可以进行语言的学习与应用。同时，英语写作能力既是学生英语应用能力的重要指标之一，也是实施英语教学的重要手段。[①]因此，对于我国高校适应国际体系与国际接轨，构建相应的课程目标，开展基于项目化学习的英语写作是培养手段的绝佳创新。此举对提高大学生英语能

[①]　Alan B，Stoller F L. Maximizing the benefits of project work in foreign language classrooms [J]. English Teaching Forum，2005，43(4)：10-21.

力、满足大学生学习和职业发展需求具有教学方向的指导性意义。①

本案例的设计主要基于对某大学英语专业大一学生的共同教学需求。教师在学期初向学生公布项目式学习的总体目标,要求学生在课后完成选题的确定,开展资料查找与阅读、现场调查、数据收集与讨论等学术活动,逐步完成项目研究并汇总研究成果,最终形成研究论文。

(一)项目研究选题

教师对学生的选题给出初步建议。本案例建议学生可以以大学课本里读写教程各单元的主题为基本选题,在此基础上进行适当修改,如果没有喜欢的主题也可以在和教师沟通后更换。此外,特别强调学生选择的主题需要与学习生活、社会现状紧密联系,并且具有真实性和一定的研究价值。

(二)项目研究过程

教师给学生布置阶段性的项目研究任务和要求,学生需要在课后进行分组讨论,确定每个小组的研究项目和标题,再上报给教师确认。学生在小组内部制定开题计划,并在课堂上依次进行展示汇报。开题后,学生在课后查阅、研读相关文献,收集资料。如果在一些学习环节中遇到较大的困难,学生可以向教师请教或者与别的小组的同学讨论,尝试解决。学生需要对研究进行设计,然后在课堂上展示所设计的提纲或制作的调查问卷等。此外,学生需要开展一些实地调研和数据收集,调研结束后处理、分析数据,形成阶段性报告,并在课堂上分批展示。各小组在教师的指导下,立足前期的调研结果撰写论文,撰文时需要自行进行组内分工与合作。

(三)项目研究模式

本案例采用以教师为主导,以学生为主体的模式。教师作为监管者和指导者,在监督学生的同时提供指导和协助,鼓励学生自主开展实地调查研究,并撰写论文。

---

① 杨莉萍,韩光.基于项目化学习模式的大学英语学术写作教学实证研究[J].外语界,2012(5):8-16.

（四）项目研究方式

本案例以实地调研、讨论交流和论文撰写为主要活动方式，以文献研读、问卷设计、数据分析和讨论为主要研究方式，开展一系列项目研究活动并最终完成学术论文。

（五）项目研究目的

本案例以学生的过程取向为主要关注点，兼顾学生的成果取向，注重提高学生讨论交流、文献研读、实地调查、资料分析和写作等能力，注重培养学生的学术交流意识和基本的学术英语写作能力。

本案例对照组与实验组的不同之处主要在于教师对学生的帮助并不是面面俱到的，许多方面实验组都优于对照组，具体包括以下几个方面：自选主题的强调程度和鼓励程度；研究过程的布置，辅导的明确、细致程度；项目研究过程的互动性和实践性的强调程度；小组辅导、小组讨论、报告展示、教师点评和反馈次数。同时，对照组以成果取向为主，对于研究和写作的过程取向强调不足。

学期结束后，教师对两组学生的写作规范、写作手段、口头表达、英语成绩进行比较。实验组学生的英语水平获得了更好的发展。实验组学生通过一系列调查分析与实践性活动，良好地锻炼了自身的语用水平，同时通过口头报告和互动交流开展了较多的英语实践操练。因此，实验组学生在语言表达的清晰性、连续性和流利性等方面得到了较好的发展。在持续的项目研究论文撰写过程中，实验组的学生在词汇、句型、语法、文章衔接、首尾呼应等英文写作技巧方面得到了锻炼。与此同时，实验组的学生对学术论文的写作规范也有了相当的认识和掌握，为以后的专业发展打下了一定的基础。

第三节　OMO 无边界学习

本节从以下三个方面详尽阐述 OMO 无边界学习。从 OMO 无边界学习的背景与内涵来看，在信息技术发展与全球新冠疫情的大背景下，OMO 无边界学习已经在现实生活中有了非常广泛的运用,并且与所有学段的学生都息息相关;从 OMO 无边界学习的模式来看,目前已经开发了多种应用模式,供学生自主选择;从 OMO 无边界学习的案例来看,OMO 无边界学习线上线下联动,可以有效加强学生的学习动机和学习效果。

一、OMO 无边界学习的背景与内涵

OMO 无边界学习是一个学习环境生态化的过程。随着时代的发展和智慧学习环境的不断改善,学习的时间边界变得越来越模糊,逐渐可以达到随时随地连贯学习的程度。

智慧学习环境是指通过技术增强、赋能的线上线下融合的学习环境。由于早期技术水平发展程度较低,线上线下学习泾渭分明,具有清晰的边界。此时的智慧学习属于线上带动线下的关系,线上空间处于主体地位,是典型的基于 O2O(online to offline)架构的智慧学习环境。

O2O 商业模式的早期目的是通过整合互联网技术和线下商务机会,让互联网成为线下交易平台。O2O 商业模式启发了教育工作者重新思考如何结合线上线下的环境优势,进一步造福学生和教师。[①] 在 O2O 智慧学习环境背景下,教学过程主要发生在我们熟悉的线下课堂中,线上课堂的主要目的是"分流",比如翻转课堂和创客学习。翻转课堂将知识教授阶段从课中移至课前,将知识内化阶段从课后移至课中,将"先教后学"转变为"先学后教"。对于学生课前的自学数据,翻转教学将会运用类似前文提到的大数据技术与精准教学技术记录分析,然后将数据反馈给教师,教师可以通过分析这些数据来判断教学内容并关注重点学生。同样,在创客学习中,学生在线接受任务,然后自由组队,线上实时发布任务状态,对遇到的问题进行异步讨论。学生在线下按照任务进行实操演练,由教师进行相应指导。[②] 从中可以看出,基于 O2O

① Huang R,Tlili A,Wang H,et al. Emergence of the online-merge-offline (OMO) learning wave in the post-COVID-19 era: A pilot study[J]. Sustainability, 2021, 13(6):3512.
② 雒亮,祝智庭.创客空间 2.0:基于 O2O 架构的设计研究[J].开放教育研究,2015(4):35-43.

架构的智慧学习环境，主要是单向流通的（线上至线下）。

相比之下，基于 OAO（online and offline）架构的智慧学习环境，其线上空间增加了教学职能，线下空间也能够进行智能分析。由此，智慧学习环境便完成了线上线下的有机整合。在线下空间，得益于边计算技术（edge computing），学生的数据可以得到智能分析。边计算技术可以快速收集学生端的设备数据，然后连接邻近设备，即可进行数据的快速处理与分析。尤其在智能软硬件的支持下，线下空间无须与网络进行数据交互，通过内置功能与算法即可分析学情。至于在线上空间增加教学职能，技术上并没有任何阻碍，但学生必须在校接受面对面的课堂教学，因此并没有增加的必要性。然而，新冠疫情使这种形势发生了转变。受疫情影响，学生必须进行线上学习。甚至有时一部分学生线上学习，另一部分学生线下学习。这就要求教师必须设计学习活动，以促进在线和离线学生之间的互动。从中也可以看出，OAO 架构下的典型学习模式即为无缝学习，无论线上还是线下，学生能够在快速且容易地切换不同环境和情境的同时，连贯地上课。也就是说，基于 OAO 架构的智慧学习环境是线上线下互通互联、双向流通的。

无论 O2O 架构还是 OAO 架构的智慧学习环境，其线上与线下均具有明显的边界。这种边界的断层会使我们的学习变得不连贯，而这种不连贯的学习有时会对学习效果产生负面影响。随着科技的进步，在扩展现实技术和人工智能技术的逐渐普及与应用中，这种边界已然开始模糊化。这种无明显边界的学习环境，即是基于 OMO（online merge offline）架构的智慧学习环境。OMO 架构的智慧学习环境具有"线上空间实体化、线下空间虚拟化"的特征。前者在扩展现实技术和人工智能技术的赋能下，能够实现人机自主对话，使学生无须感知线上或者线下空间，即可得到相关帮助。例如，学生直接采用传统的纸笔学习，同时感压板实时记录学生的笔迹。后者在 5G 的支持下，直接对异地设备进行操控，并利用增强现实技术或全息技术重现相应场景。作为一种理想的学习环境，OMO 架构让教师和学生即使位于不同的学习空间，也能够在教学和学习过程中利用技术和开放教育资源，促进教师和学生之间的沟通和互动。这意味着传统的在线教学方法正在发生变化,以促进学生之间的讨论和协作。此外,作为体验式情境学习,在 OMO 架构中,学生无论在线上还是在线下均能获得多姿多彩、身临其境的体验。

二、OMO 无边界学习的模式

随着互联网的普及和信息技术的成熟,基于 OMO 架构的混合式学习模式得到了极大的运用。教师可以通过合理的设计,结合课堂教学与学生课外自主学习,以学生为主体,以教师为主导,有机结合课前、课中、课后的学习,提高教学效率。

例如,设计一个 OMO 教室,需要有五个关键设计原则,分别是教育法(pedagogy)、空间、软件、硬件和网络。软件、硬件和网络有时又可以统称为技术,五个部分相互联系、相互促进。[①] OMO 教学旨在整合 OAO 教学,为学生提供正式和非正式学习之间的无缝连接,并最大限度地利用教育数据帮助教师了解学生的学习进度,从而满足最初设定的教学目标。具体来说,OMO 教学弥合了教育法、空间和技术之间的差距,数据在 OMO 教学的实施中起着至关重要的作用。这是因为数据是通过教室中预期配备的所有设施/工具从所有学生那里收集来的,并且可以对它们进行组织和分析,以用于进一步的教学应用,如前文提到的学习分析和教师评估。

(一)设计原则

1. 教育法设计

无论在何种教育体系(如高等教育、开放教育、中小学教育和职业教育),教育法通常被视为有效教学的关键。随着信息技术的快速发展,网络教学和混合学习等创新教学策略引起了教师、学生甚至家长的关注。不仅仅是教师的教学设计,关于学习空间和技术应用的问题也可能对教学策略的实施产生

---

① Xiao J, Sun-lin H Z, Cheng H C. A framework of online-merge-offline (OMO) classroom for open education: A preliminary study[J]. Asian Association of Open Universities Journal, 2019, 14(2):134-146.

重大影响。

2. 空间设计

空间设计的主要目标是满足教师和学生在课堂活动中的需求。其范围涵盖整个环境、设施、家具和空间布局。空间设计影响教师教学和学生的学习体验。例如,当教师对学生进行分组并要求学生做一些话题讨论时,每个小组都需要一个特定的教室空间。在这种情况下,协作式学生课桌和人体工程学椅子可以对此有所帮助。此外,在开放教育中,课堂活动可以同时进行。因此,如何设计一个适当的空间并提供适当的设备可能会回答教学目标、教学策略和技术支持的问题。

3. 技术应用

在信息和计算机技术时代,可以预期 OMO 教室将包括最必要的设备、设施、软件、学习分析、教学评估服务、OAO 平台以及数据集成机制。因此,在考虑开发或检查 OMO 教室的效果时,应该在教室中嵌入什么样的技术工具,以及教师和学生如何应用技术工具以促进有效的教学和学习将是问题的关键。此外,在某种程度上,技术的使用也可以影响空间设计。因为在 OMO 教室中,硬件、软件和网络连接几乎是相互分离的。

(二)OMO 教室

一个基于 OMO 架构的教室应当包括无线设备(如投影)、云服务(如自动录制)、物联网、识别技术(如自动访问控制)、人体工程学教室家具(如协作式学生课桌和人体工程学椅子),以及综合数据管理和分析机制(如学习分析和教学评估)。

在教育法方面,混合式学习(如翻转课堂活动、同步在线教学、探索性学习、个性化学习和体验式教学)可以在课堂上得到更多的应用,教师可以根据自己的课程特点和为学生设定的目标选择不同的教学模式。在教师的课程设计中,不仅关注为学生提供的学习材料,还关心教师、学生和同伴之间的互动。在 OMO 课堂上,教师可以通过在线教学平台及其基于应用程序的服务搜索、访问学习内容,并与学生共享学习内容。针对课堂互动,学生可以在课堂上使用移动设备或设施轻松参与各种互动活动,如快速调查、测验、投票和快速回答。此外,数据平台将记录和分析教师和学生的行为,以便今后加强教学。

对于空间设计,利用隔音材料和优化的扬声器使教室里的声音更清晰。首先,教室里的光线可以根据室内和室外的情况自动或手动调节。其次,采用物联网技术自动检测教室当前的温度,并远程操作中央控制系统,以保持适当的温度。再次,采用自动空气控制系统,改善空气质量,减轻环境对教师和学生课堂体验的负面影响。最后,墙壁主要漆成淡蓝色,与其他家具一致。不仅仅是声音、光线、温度、墙壁,OMO 教室里包括桌椅在内的家具也经过了仔细的考虑。学生桌椅采用符合人体工程学的设计,这意味着学生可以轻松调整靠背的高度和倾斜程度,使自己更加舒适。此外,提供的桌椅是可移动的,以便学生更容易完成分组任务。

三、OMO 无边界学习的案例

瑜伽课程是当今高校学生较为喜欢的体育课程。基于互联网的迅猛发展,瑜伽课程也通过"学堂在线"、中国大学 MOOC 等多平台进行普及与更新,以便更多有兴趣的学生参与学习。这是现代信息化教学和体育信息化教学发展趋势下的必然态势,是互联网、大数据、云计算等新技术给教育行业带来的新变化。[①]

瑜伽课 OMO 教学模式主要分为六个部分,分别是课前线上资源导学、单元学习、课程作业、线下实体课程教学以及线上线下学习记录和学习评价。线上服务于线下,线下结合线上,两者相互补充、取长补短,充分发挥线上线下的优势,有利于学生的有效性学习和教师的高质量教学.具体如图 8-4 所示。

---

① 吴品叶.高校瑜伽课中运用 OMO 教学模式的可行性研究[J].兰州文理学院学报(自然科学版),2021,35(3):125-128.

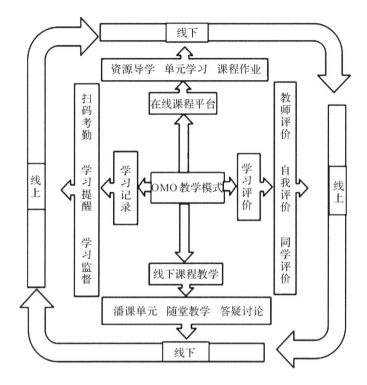

图 8-4　瑜伽课 OMO 教学模式

(一)瑜伽课前在线课程教学平台的使用

教师利用在线课程教学平台,按照课程需要制作多媒体课件、录制教学视频、布置课程作业,然后上传至学生区域。学生完成作业后,将学习结果上传至平台。在这一过程中,学生遇到问题可以在讨论组的教师答疑区或互动讨论区进行提问和讨论。教师与学生的互动可以加快教学节奏,提高教与学的效率。

(二)瑜伽课中多媒体教学互动平台的使用

在课堂上,教师播放和讲解录制好的教学视频,与学生同步收看并练习。通过实时视频传输或语音交流,教师在课堂上可以对学生的动作进行指导或纠正,帮助学生拓展学习并进行个性化辅导。学生通过课堂教学视频自主练习,培养主动学习的习惯。此外,教师还可以抽出部分课程时间,开展答疑讨论、互动练习,以及成果交流。通过与学生的交互,课堂气氛和学生学习的主动性皆可得到充分的调动,师生间的交流也可以无障碍地展开,课堂教学的质量和效果由此得到充分提高。

(三)瑜伽课后信息化教学平台的利用

课程结束后,教师可以制作相关 PPT 课件与课堂直播回放视频并上传至学习平台,通过平台将课程资源精准推送给学生,学生可以选择在空闲时间进行自主学习。教师可以通过平台分发课后作业,帮助学生在课下开展瑜伽动作的复习。同时,教师也可以要求学生通过平台进行学习评价和作业提交。教师制定的多样化的课后内容可以有效增强课程的趣味性。与此同时,学生练习的积极性也会得到提高,教学效果自然也会得到强化。

综上所述,OMO 教学模式赋能传统线下瑜伽课程,并将其整合到线上进行,这不仅是信息时代课程开展的重大创新,还是体育教学信息化改革的必然需求。将瑜伽课程融入 OMO 架构,无疑能够充分体现教师的课程设计水平、课程创新能力以及课程实践能力,同时也满足了相关体育教师提升自我能力的需要。此外,这也是学生主动学习需求的体现,对于促进学生自主学习、线上线下师生互动交流,具有良好的推动效果。

四、小结

在物联网技术、人工智能以及大数据技术的发展和推动下,无论线上还是线下,课程实施与教学环节均发生了深刻变革。

课堂教学逐渐从原先的纯经验范式转向经验范式与数据范式相结合,新型智慧教育下的人机协作逐渐演变为新的教学方式。教师的教学评价和学生的学习评价将更加依赖人工智能和大数据分析形成的学生个人画像。与此同时,学生的个性化学习也将更加需要学习仪表盘、精准学习推送等技术的助力。

项目化学习指向个体和社会价值的整合、核心知识的深化以及思维的迁移,这种基于项目的学习方式可以帮助学生更好地对生活中的实际问题提出合理的疑问，在教师的指导下进行小组合作学习从而解决问题。项目化学习能够比传统教学方法更进一步培养学生提出问题、解决问题和合作学习的能力。项目化学习也体现了 21 世纪学生核心素养的要求。通过寻求项目与学科核心知识的内在关联，解决分科与综合、知识与能力、课堂与生活的矛盾。

随着在线课程的增多和在线课程平台发展的逐渐成熟，学习边界已呈现模糊化趋势，从 O2O 到 OAO 再到 OMO，无边界体验式学习变得更加普及。在 5G、增强现实技术、混合现实技术以及各种感控技术设备的支持下，线上空间变得更加实体化，线下空间变得更加虚拟化，呈现出一种线上线下逐渐融合的态势。学生可以在这种虚实结合的体验式情境中，获得更强的具身体验和认知，以此达到更好的学习效果。

结　语

　　本书从数字社会和智能时代课程发展面临的挑战出发,从实践和理论两个方面分析了技术应用的现实困境,得出目前面临的实践遭遇主要有技术应用目的不明确、技术应用方式不恰当等,表现为技术工具论的目的观,技术的"塞入"式、"加入"式教学应用方式,以及当前的思维方式受困于"二元论"、研究取向聚焦于"怎么教"、研究视角局限于"如何做"等三个方面的困境。结合对技术整合课程的历史回顾,本书发现造成这些问题的主要原因是学者和课程主体的固有思维方式——习惯于将技术与课程当成两种"对立"的事物。

　　为突破已有困境并寻找认识方式上的转向,本书借助文化视角和历史视角探究技术驱动课程变革的逻辑。本书分别从技术驱动课程变革的内在机理、技术驱动课程变革的发展进路两大方面展开论述。从归纳逻辑出发,本书总结技术进步与社会文化变迁的规律,得出技术进步推动社会文化变迁的观点并以此作为本书逻辑演绎的起点;从演绎逻辑出发,在论证课程文化是一种具有教育目的的社会文化、课程变革的本质是课程文化转型等观点的基础上,本书推演出课程变革的本质是技术进步推动下的课程文化转型的结论,从而阐明了技术驱动课程变革的内在机理。据此,本书给出了技术驱动课程变革的"技术—课程"分析框架;以历史发展为线索,对技术驱动课程变革的发展进路作了梳理,将其概括为以下四个阶段——前技术—仿制课程、生技术—经书课程、熟技术—程式课程、富技术—智慧课程,并分别展开论述。

　　为准确把握技术驱动课程变革的实践向度,本书对基于富技术的"智慧课程"思想作了进一步的阐释。从技术驱动课程变革的逻辑出发,基于"智慧课程"思想,本书从课程开发、课程形态和课程实施三个方面,论述技术驱动课程变革的实践向度。在课程开发上,技术推动下的课程开发正从注重计划驱动的 ISD 模型、注重快速迭代的 RID 模型向注重敏捷开发的 AID 模型转变;在课程形态上,传统封闭、单一的学校课程正向开放、多元的 STEAM 课程、创客课程、微课程、MOOCs 在线课程等转变;在课程实施上,人工智能、大数据等技术推动课程教学向个性化、差异化和精准化方向发展,大数据精准教学、项目化学习、OMO 无边界学习逐渐成为常态。

本书的创新点主要体现在以下四个方面:(1)本书突破了二元论思维模式,跳出了静态的、二元的技术"整合"课程的思维框架,用动态的、系统的思维方式探究技术驱动课程变革的内在逻辑,提出技术以技术文化的方式作用于课程,成为课程变革的文化背景,从而实现技术驱动课程自身的"蜕变";(2)对多年来教育技术学者致力于研究的"如何用技术优化教学"的思维定式进行了拓展,将研究对象从教学过程转向课程教学的整个系统,探索技术给课程教学系统带来的根本性变革,促进计算机科学、教育技术学以及课程与教学论等多学科的学术交融与协作;(3)从文化的视角,阐明了技术驱动课程变革的内在机理,提出技术进步引发社会文化变迁,进而引发课程文化范式的转型;(4)从历史的视角,论述了技术驱动课程变革的发展进路,提出技术驱动课程变革的分析框架和四个历史发展阶段。

本书的理论贡献主要体现在以下五个方面:(1)指出了当前技术驱动课程变革的主要思维困境是技术与课程的二元论思维;(2)从文化的视角拓展了技术、课程的内涵,提出了技术与文化一体化、课程变革的本质是课程文化变革、信息技术以信息文化的方式作用于课程等观点;(3)借助文化变迁理论,提出技术驱动课程变革的内在机理是技术进步引发社会文化转型,进而引发课程文化范式转型;(4)以历史发展为线索,提出了技术驱动课程变革的技术—课程文化分析框架,将其概括为四个阶段——前技术—仿制课程、生技术—经书课程、熟技术—程式课程、富技术—智慧课程,并分别展开论述;(5)提出了"智慧课程"文化范式下的实践向度,包括课程开发、课程形态和课程实施三个方面变革的内涵、模式与案例,具体包括 AID 敏捷课程开发、STEAM 课程、创客课程、微课程、MOOCs 在线课程、大数据精准教学、项目化学习、OMO 无边界学习等案例。

　　基于以上研究内容,本书对后续研究作了如下展望。本书提出的"智慧课程"是数字信息社会下的"课程文化范式",由于信息社会文化是一种正在形成的文化,技术的飞速发展无时无刻不在建构着信息文化。本书对"智慧课程"文化、思想的深入认识和挖掘,还需要作进一步的补充和完善,这是本书后续的研究方向;本书提出的"五维"设计模式,还需要在实践应用中作进一步的拓展,总结更多的实践经验。此外,本书提出的课程变革的实践向度,也需要进一步的丰富和论证,通过增加课程开发变革、课程形态变革以及课程实施变革方面的案例分析,做到典型性、引领性和前沿性。

参考文献

参考文献

Agile Alliance. Manifesto for agile software. development[EB/OL]. [2020-09-15]. http//agilemanifesto. org.

Alan B，Stoller F L. Maximizing the benefits of project work in foreign language classrooms[J]. English Teaching Forum，2005，43(4):10-21.

Allen M W，Sites R. Leaving ADDIE for SAM：An agile model for developing the best learning experiences[M]. Virginia：American Society for Training and Development，2012.

AllenM W. SAM：A practical，agile alternative to ADDIE[M]//Biech E. ASTD handbook：The definitive reference for training & development. Alexandria：Association for Talent Development，2014:201-218.

Allen W C. Overview and evolution of the ADDIE training system[J]. Advances in Developing Human Resources，2006,8(4):430-441.

Belanger S P，Thornton M M. Coursera's next big MOOC strategy：Headhunting via "signature track"[EB/OL]. [2013-01-16]. http：//www. wiredacademic. com/2013/01/courseras-next-big-mooc-strategy-headhunting-via-signature-track/.

Bennett N，Lemoine J. What VUCA really means for you[J]. Harvard Business Review，

2014，92(1/2):27.

Beyer L E，Apple M W. The curriculum：Problems，politics，and possibilities[M]. Albany, NY: State University of New York Press,1988.

Branch R M. Instructional design: The ADDIE approach[M]. New York: Springer, 2009: 2.

Bullock S M, Sator A J. Maker pedagogy and science teacher education[J]. Journal of the Canadian Association for Curriculum Studies, 2015, 13(1): 60-87.

Bybee R W. What is STEM education? [J]. Science, 2010(5995): 996.

Carter P. An experience report: On the use of multimedia pre-instruction and just-in-time teaching in a CS1 course[C]//Association for Computing Machinery. Proceedings of the 43rd ACM technical symposium on Computer Science Education. 2012: 361-366.

Chen Y, Wang Y, Kinshuk N, et al. Is FLIP enough? Or should we use the FLIPPED model instead? [J]. Computers& Education, 2014(79): 16-27.

Chu S L, Quek F, Bhangaonkar S, et al. Making the maker: A means-to-an-ends approach to nurturing the Maker mindset in elementary-aged children[J]. International Journal of Child-Computer Interaction, 2015 (5): 11-19.

Clapp E P, Jimenez R L. Implementing STEAM in maker-centered learning [J]. Psychologyof Aesthetics, Creativity, and the Arts, 2016, 10 (4): 481-491.

Crawford C. Non-linear instructional design model: Eternal, synergistic design and development[J]. British Journal of Educational Technology, 2004, 35(4): 413-420.

Crouch C H, Mazur E. Peer instruction: Ten years of experience and results [J]. American Journal of Physics, 2001, 69(9): 970-977.

Deslauriers L, Schelew E, Wieman C. Improved learning in a large-enrollment physics class[J]. Science, 2011, 332(6031): 862-864.

Dewey J, BoydstonJ A, Burnett J R. The middle works of John Dewey, 1899-1924[M]. Carbondale: Southern Illinois University Press,1983.

Dove R. Knowledge management, response ability, and the agile enterprise [J]. Journal of Knowledge Management, 1999,3(1): 18-35.

Gerstein J. The flipped classroom model: A full picture[DB/OL]. (2011-06-13)[2011-06-17]. http://usergeneratededucation. wordpress. com/2011/06/13/the-flipped-classroom-model-a-full-picture/.

Halverson E R, Sheridan K. The maker movement in education[J]. Harvard Educational Review, 2014(4): 495-504.

Hamdan N, McKnight P, McKnight K, et al. A white paper based on the literature review titled a review of flipped learning[J]. Flipped Learning Network, 2013(1): 1-15.

Huang R, Tlili A, H Wang, et al. Emergence of the online-merge-offline (OMO) learning wave in the post-COVID-19 era: A pilot study[J]. Sustainability, 2021, 13(6): 3512.

Hutanua A, Prosteana G, Mnerieb A V, et al. Contemporaneous issues in e-Learning projects of the European Union[J]. Procedia-Social and Behavioral Sciences, 2015(191): 540-545.

ISTE. ISTE Standards for Educators[EB/OL]. [2008-06-20]. https://www. iste. org/iste-standards.

Johnson P E. Changing teaching for a changing world: Implications of the knowledge explosion[J]. Community College Review,1991,19(3): 54-58.

Jonassen H D. Objectivism versus constructivism: Do we need a new philosophical paradigm? [J]. Educational Technology Research and Development, 1991, 39(3): 5-14.

Jung H,Kim Y,Lee H,et al. Advanced instructional design for successive E-learning: Based on the successive approximation model (SAM)[J]. International journal on E-Learning，2019，18（2）：191-204.

Kim J O，Kim J. Design of maker-based STEAM education with entry pro-gramming tool［J］. Advanced Science Letters，2018（3）：2088-2093.

Kolowich S. How edX plans to earn，and share，revenue from its free online courses［J］. The Chronicle of Higher Education，2013（21）：1-5.

Lage M J，Platt G J，Treglia M. Inverting the classroom：A gateway to cre-ating an inclusive learning environment［J］. The Journal of Economic Educa-tion，2000，31（1）：30-43.

Lindsley O R. Precision teaching：Discoveries and effects［J］. Journal of Ap-plied Behavior Analysis，2013，25（1）：51-57.

Linn M C，Clark D，Slotta J D. WISE design for knowledge integration［J］. Science Education，2013，87（4）：517-538.

Locke E. Proposed model for a streamlined，cohesive，and optimized K-12 STEM curriculum with a focus on engineering［J］. The Journal of Technolo-gy Studies，2009（2）：23-35.

Long K. Washington College instructors are "flipping" the way they teach ［N/OL］. （2015-08-01）［2017-11-05］. http：//www. seattletimes. com/seat-tle-news/washington-college-instructors-are-flipping-the-way-they-teach/.

Maher J H，Ingram A L. Software engineering and ISD：Similarities，com-plementaries，and lessons to share［C］//Association for Educational Com-munications and Technology.

Meeting of the association for educational communications and technology. TX：Dallas，1989.

Mazur E. Farewell，lecture？ ［J］. Science，2009，323（5910）：50-51.

Michael Fullan. Leading in a culture of change personal action guide and workbook［J］. School Administrator，2004（10）：56.

Molenda M. In search of the elusive ADDIE model［J］. Performance Improvement，2003，42(5)：34-37.

Nagel R N，Dove R. 21st century manufacturing enterprise strategy：An industry-led view[M]. Darby：Diane Publishing，1991：2.

Papert S. The children's machine：Rethinking school in the age of the computer[M]. New York：Basic Books，1993：137-156.

Parker C E，Stylinski C D，Bonney C R，et al. Examining the quality of technology implementation in STEM classrooms：Demonstration of an evaluative framework[J]. Journal of Research on Technology in Education，2015 (2)：105-121.

Perie M，Moran R，Lutkus A D. The nation's report card. NAEP 2004 trends in academic progress：Three decades of student performance in reading，1971-2004 and mathematics，1973-2004[J]. National Center for Education Statistics，2005(7)：1-148.

Peterson C. Bringing ADDIE to life：Instructional design at its best[J]. Journal of Educational Multimedia & Hypermedia，2003，12(3)：227-241.

Polanyi M. Personal knowledge：Towards a post-critical philosophy[M]. New York and Evanston：Harper Torchbooks/The Academy Library Harper & Row，Publishers，1958.

Prince M. Does active learning work? A review of the research[J]. Journal of Engineering Education，2004，93(3)：223-231.

Riley R W. E-learning：Putting a world-class education at the fingertips of all children (the national educational technology plan)[R]. U. S. Department of Education：Office of Educational Technology，2000.

Roblyer M D，Doering A H. Integrating educational technology into teaching[M]. LND，UK：Pearson，2009.

RoseD H，MeyerA. Teaching every student in the digital age：Universal design for learning[R]. Alexandria，VA：Association for Supervision and Curriculum Development，2002.

Rosenberg M J. The ABCs of ISD * (* instructional systems design)[J]. Training and Development Journal，1982，36(9)：44-50.

Schon D A. Designing：Rules，types and worlds[J]. Design Studies,1988，9(3)：181-190.

Schwab J J. The practical：Alanguage for curriculum[J]. The School Review,1969,78(1)：1-23.

Sean C. Harvard plans to boldly go with "Spocs"[EB/OL]. [2014-12-10]. http://www. bbc. com/news/business-24166247.

Seels B B，Richey R C. Instructional technology：The definition and domains of the field[M]. New York：IAP，2012.

Taylor B. Evaluating the benefit of the maker movement in K-12 STEM education[J]. Electronic International Journal of Education，Arts，and Science (EIJEAS)，2016(2)：1-22.

The University of Queensland,Institute for Teaching and Learning Innovation. What is flipped classroom[EB/OL]. [2015-12-03]. http://www. Uq. Edu. au/tediteach /flipped-classroom/what-is-fc. html,2015-03-06.

Thiagarajan S. Rapid instructional development[M]//Piskurich G M,Beckschi P,Hall B. The ASTD handbook of training design and delivery：A comprehensive guide to creating and delivering training programs，instructor-led，computer-based，or self-directed. New York：McGraw-Hill Professional，2000：54-75.

Thomke S,Reinertsen D. Agile product development：Managing development flexibility in uncertain environments[J]. California Management Review，1998，41(1)：8-30.

Tripp S D,Bichelmeyer B. Rapid prototyping：An alternative instructional design strategy [J]. Educational Technology Research and Development，

1990,38(1):31-44.

Ullmo P A. Is there a business model for MOOCs? [EB/OL]. [2014-11-01]. http://www. Openeducationeuropa. eu/en/blogs/there-business-model-moocs-report-emoocs2014.

United Nations Educational, Scientific and Cultural Organization. EFA global monitoring report: Youth and skills: Putting education to work[R]. Paris:UNESCO Publishing,2012.

Van Merrienboer J J G,Sweller J. Cognitive load theory and complex learning: Recent developments and future directions[J]. Educational Psychology Review,2005,17(2):147-177.

Vanderbilt University,Center for Teaching. Flipping the classroom[EB/OL]. (2013-01-22)[2015-07-16]. http://cft. vanderbilt. edu/guides-sub-pang-es/flipping-the-classroom/.

WeadeR. Curriculum'n' instruction: The construction of meaning[J]. Theory into Practice, 1987, 26(1): 15-25.

Xiao J,Sun-Lin H Z,Cheng H C. A framework of online-merge-offline (OMO) classroom for open education: A preliminary study[J]. Asian Association of Open Universities Journal, 2019, 14(2): 134-146.

阿什比.科技发达时代的大学教育[M].滕大春,等译.北京:人民教育出版社,1983.

奥格本.社会变迁——关于文化和先天的本质[M].王晓毅,陈育国,译.杭州:浙江人民出版社,1989.

安文铸.教育科学与系统科学[M].长春:吉林教育出版社,1990.

波兹曼.娱乐至死[M].章艳,译.北京:中信出版社,2015.

蔡文璇,汪琼.MOOC2012大事记[J].中国教育网络,2013(4):31-34.

曹培杰.未来学校的变革路径——"互联网＋教育"的定位与持续发展[J].教育研究,2016(10):46-51.

陈竞蓉.孟禄与 20 世纪 20 年代的中国教育[J].河北师范大学学报(教育科学版),2004(1):5.

陈卫东.教育技术学视野下的未来课堂研究[D].上海:华东师范大学,2012.

陈侠.课程论[M].北京:人民教育出版社,1989:12-13.

陈晓慧.关于教育信息化的文化审视[D].吉林:东北师范大学,2005.

陈旭远.国外中小学课程改革的基本趋势及其启示[J].外国教育研究,1991(3):7-10,6.

丛立新.课程论问题[M].北京:教育科学出版社,2000.

丛立新,郭华.当代中国课程与教学论研究[M].北京:北京师范大学出版社,2010:6.

崔庆蕾.项目学习(PBL)关照下初中语文综合性学习设计策略研究[D].兰州:西北师范大学,2020.

达夫里扬.技术·文化·人[M].薛启亮,易杰雄,译.石家庄:河北人民出版社,1987.

德弗勒,等.大众传播学诸论[M].杜力平,译.北京:新华出版社,1990.

丁建英,黄烟波,赵辉.翻转课堂研究及其教学设计[J].中国教育技术装备,2013(21):88-91.

杜威.民主主义与教育[M].王承绪,译.北京:人民教育出版社,1990.

恩格斯.自然辩证法[M].于光远,译.人民出版社,1984.

方展画.当代西方人本主义教育理论评述[J].河北师范大学学报(教育科学版),1999(1):8.

付达杰,唐琳.基于大数据的精准教学模式探究[J].现代教育技术,2017(7):12-18.

傅维利,刘民.文化变迁与教育发展[M].成都:四川教育出版社,1988.

高地.MOOC 热的冷思考——国际上对 MOOCs 课程教学六大问题的审思[J].远程教育杂志,2014(2):39-47.

高文.教学系统设计(ISD)研究的历史回顾——教学设计研究的昨天、今天与明天(之二)[J].中国电化教育,2005(2):13-17.

高文.教学系统设计(ISD)研究的历史回顾——教学设计研究的昨天、今天与明天(之一)[J].中国电化教育,2005(1):17-22.

高文.试论课程与教学的一体化研究[J].外国教育资料,1996(6):13-17.

高媛,黄荣怀.《2017新媒体联盟中国高等教育技术展望:地平线项目区域报告》解读与启示[J].电化教育研究,2017,38(4):15-22.

顾雪林.一个人的网络教学震动了世界——孟加拉裔美国人萨尔曼·可汗和他创办的可汗学院[J].云南教育(视界综合版),2013(4):4.

郭炳发.霍兰的复杂适应系统理论及其应用[J].华中科技大学学报(社会科学版),2004,18(3):2.

郭建鹏.翻转课堂教学模式:变式与统一[J].中国高教研究,2019(6):7.

郭文革.教育的"技术"发展史[J].北京大学教育评论,2011,9(3):137-157,192.

郭文革.彼得·拉米斯与印刷技术时代的教育变革——媒介技术作为一种"元认知"框架[J].教育学报,2022,18(3):184-195.

郭文良,和学新.课程研究的实践取向及其路径选择[J].全球教育展望,2015,44(9):13-20,54.

哈利特,褚献华.在线课程设计的六个环节[J].远程教育杂志,2003(3):3.

郝德永.走向文化批判与生成的建构性课程文化观[J].教育研究,2001(6):61-65.

贺斌,曹阳.SPOC:基于MOOC的教学流程创新[J].中国电化教育,2015(3):22-29.

何克抗.对美国信息技术与课程整合理论的分析思考和新整合理论的建构[J].中国电化教育,2008(7):1-10.

何克抗.信息技术与课程深层次整合的理论与方法[J].电化教育研究,2005(1):7-15.

何克抗.信息技术与课程深层次整合理论[M].北京:北京师范大学出版社,
2008:11-12.

何克抗.如何实现信息技术与教育的"深度融合"[J].课程.教材.教法,2014,
34(2):58-62.

何克抗,林君芬,张文兰.教学系统设计[M].北京:高等教育出版社,2006:2.

何克抗,吴娟.信息技术与课程整合[M].北京:高等教育出版社,2007.

何山.北京大学 MOOC 实践报告[J].中国电力教育,2014(22):19-21.

核心素养研究课题组.中国学生发展核心素养[J].中国教育学刊,2016(10):
1-3.

黑格尔.精神现象学(上卷)[M].贺麟,王玖兴,译.北京:商务印书馆,1979.

亨廷顿.文明的冲突与世界秩序的重建[M].周琪,等译,北京:新华出版
社,2010.

黄德群.十年来我国信息技术与课程整合研究的回顾与反思[J].电化教育研
究,2009(8):86-89,94.

黄甫全.《课程与教学论(专升本)》[M].北京:高等教育出版社,2002.

黄甫全.试论信息技术与课程整合的基本策略[J].电化教育研究,2002(7):
24-29.

黄甫全.试论信息技术与课程整合的实质及基本原理[J].教育研究,2002
(10):36-41.

黄荣怀,杨俊锋,胡永斌.从数字学习环境到智慧学习环境——学习环境的变
革与趋势[J].开放教育研究,2012,18(1):75-84.

黄瑞雄.波兰尼的科学人性化途径[J].自然辩证法通讯,2000,22(2):9.

黄政杰.课程设计[M].台北:东华书局,1991.

黄忠敬.课程文化释义:一种分析框架[J].学术探讨,2002(1):102-104.

霍尔姆斯,麦克莱恩.比较课程论[M].张文军,译.北京:教育科学出版
社,2001.

吉登斯.第三条道路及其批评[M].孙相东,译.北京:中共中央党校出版

社,2002.

吉多,克莱门斯.成功的项目管理[M].张金成,译.北京:机械工业出版社,1999.

伽达默尔,慎之.语言作为解释学经验的媒介[J].哲学译丛,1986(3):58-61.

教育部.基础教育课程改革纲要(试行)[EB/OL].(2001-06-08)[2022-11-25]..http://www.moe.gov.cn/srcsite/A26/jcj_kcjcgh/200106/t20010608_167343.html.

教育部.教育部关于印发《教育信息化十年发展规划(2011-2020年)》的通知.[EB/OL].(2012-03-13)[2022-12-07].http://www.moe.gov.cn/srcsite/A16/s3342/201203/t20120313_133322.html?eqid=ff4e98260000bee80000000664528851.

姜卉,姜莉杰,于瑞利.疫情延期开学期间反馈互动式在线教学模式的构建[J].中国电化教育,2020(4):40-41.

姜守明,洪霞.西方文化史[M].北京:科学出版社,2004:7.

姜文闵.欧洲大学的兴起及其特点[J].河北大学学报(哲学社会科学版),1982(4):6.

杰姆逊,三好将夫.全球化的文化[M].马丁,译.南京:南京大学出版社,2002.

景玉慧,沈书生.智慧学习空间的建设路径[J].电化教育研究,2018(1):21-25,38.

康荣平.建立具有中国特色的技术体系——技术民族性和民族化初探[J].自然辩证法研究,

1986(1):48-53.

库恩.必要的张力[M].纪树立,等译.福州:福建人民出版社,1987.

库恩.科学革命的结构[M].李宝恒,纪树立,译.上海:上海科学技术出版社,1980.

莱顿.敏捷项目管理从入门到精通实战指南[M].傅永康,郭雷华,钟晓华,译.北京:人民邮电出版社,2015:133.

雷云鹤,祝智庭.基于预学习数据分析的精准教学决策[J].中国电化教育,2016(6):27-35.

李秉德.教学论[M].北京:人民教育出版社,1991.

里夫金.第三次工业革命:新经济模式如何改变世界[M].张体伟,译.北京:中信出版社,2012:6.

李会民,代建军.基于课程统整的跨学科项目化学习设计[J].教学与管理,2020(4):29-31.

黎加厚.微课程教学法与翻转课堂的中国本土化行动[J].中国教育信息化,2014(14):7-9.

李敬川,王中林,张渝江.让课改的阳光照进教育的现实——重庆聚奎中学"翻转课堂"掠影[J].中小学信息技术教育,2012(3):16-18.

李克东.数字化学习(上)——信息技术与课程整合的核心[J].电化教育研究,2001(8):46-49.

李梅.认知视角下的项目化学习解析[J].电化教育研究,2017(11):102-107.

李培栋.马克思主义文献中的"文明"概念[J].齐鲁学刊,1983(1):2.

李青,侯忠霞,王涛.大规模开放在线课程网站的商业模式分析[J].开放教育研究,2013,19(5):8.

李青,王涛.MOOC:一种基于连通主义的巨型开放课程模式[J].中国远程教育,2012(5):30-36.

李树培.综合实践活动课程核心素养与评价探析[J].全球教育展望,2016,45(7):14-23.

李笑樱,闫寒冰,彭红超.敏捷课程开发:VUCA时代课程开发新趋向[J].电化教育研究,2021,42(5):86-93,113.

李艺.信息技术课程:设计与建设[M].北京:高等教育出版社,2003.

李煜晖,郑国民.核心素养视域下的中小学课堂教学变革[J].教育研究,2018,39(2):80-87.

廖哲勋,田慧生.课程新论[M].北京:教育科学出版社,2003.

刘成新.整合与重构:技术与课程教学的互动解析[D].南京:南京师范大学,2006.

刘景福.基于项目的学习模式(PBL)研究[D].南昌:江西师范大学,2002.

刘宁,王琦,徐刘杰,余胜泉.教育大数据促进精准教学与实践研究——以"智慧学伴"为例[J].现代教育技术,2020,30(4):12-17.

刘儒德.对信息技术与课程整合问题的思考[J].教育研究,2004(2):70-74.

刘文明.古罗马著名的雄辩家西塞罗[M].北京:商务印书馆,1984.

刘小晶,钟琦,张剑平.翻转课堂模式在"数据结构"课程教学中的应用研究[J].中国电化育,

2014(8):105-110.

卢梭.爱弥儿(上卷):论教育[M].李平沤,译.北京:商务印书馆,1991:217.

罗宾斯,韦伯斯特.技术文化的时代:从信息社会到虚拟生活[M].何朝阳,王希华,译.合肥:安徽科学技术出版社,2004.

罗布耶.教育技术整合于教学[M].西安:陕西师范大学出版社,2005:2-14.

雒亮,祝智庭.创客空间2.0:基于O2O架构的设计研究[J].开放教育研究,2015,21(4):35-43.

马佳佳,熊才平,丁继红,等.面向学习过程的个性化资源推荐服务策略研究[J].中国教育信息化,2016(5):29-33.

马克思,恩格斯.马克思恩格斯选集第一卷[M].中共中央马克思恩格斯列宁斯大林著作编译局,译.北京:人民出版社,1995.

马克思,恩格斯.马克思恩格斯选集第三卷[M].中共中央马克思恩格斯列宁斯大林著作编译局,译.北京:人民出版社,2012:761.

米德.文化与承诺——项有关代沟问题的研究[M].周晓虹,周怡,译.石家庄:河北人民出版社,1987.

莫兰.复杂思想自觉的科学[M].陈一壮,译.北京:北京大学出版社,2001.

莫兰.复杂性理论与教育问题[M].陈一壮,译.北京:北京大学出版社,2004.

母小勇.论课程的文化逻辑[J].教育研究,2005(11):59-65.

南国农,李运林. 教育传播学[M]. 北京:高等教育出版社,2005.

牛杰,刘向永. 从 ICT 到 Computing:英国信息技术课程变革解析及启示[J].
电化教育研究,

2013(12):108-113.

培根. 培根散文集(中英对照全译本)[M]. 盛世教育西方名著翻译委员会,译.
上海:世界图书上海出版公司,2012:254.

彭红超,祝智庭. 面向智慧学习的精准教学活动生成性设计[J]. 电化教育研
究,2016(8):53-62

钱大同. 试谈小学设置综合课程的必要性——兼谈常识教材的编写[J]. 课程
·教材·教法,

1989(9):19-20.

清华大学. 清华发布"学堂在线"大规模开放在线课程平台[EB/OL]. (2013-
10-11)[2018-03-05]. https://www.tsinghua.edu.cn/info/1173/18422.htm

邱相彬,李艺,沈书生. 信息技术作用下的课程文化变革思维[J]. 教育研究,
2017,38(9):92-98.

任敏. 信息技术应用与组织文化变迁——以大型国企 C 公司的 ERP 应用为
例[J]. 社会学研究,2012,27(6):101-124,243-244.

桑新民. 当代信息技术在传统文化——教育基础中引发的革命[J]. 教育研究,
1997(5):18-23.

桑新民. 探索网络文化视野中的教育新天地[J]. 教育发展研究,2002(1):
39-44.

单中惠. 杜威的反思性思维与教学理论浅析[J]. 清华大学教育研究,2002,23
(1):8.

沈书生. 从环境到智慧:信息时代的教学变革[M]. 北京:科学出版社,2016.

沈书生. 从教学结构到学习结构:智慧学习设计方法取向[J]. 电化教育研究,
2017,38(8):99-104.

沈书生. 形态视角下的信息化教学设计探析[J]. 电化教育研究,2015(12):

65-69.

施良方.课程理论:课程的基础、原理与问题[M].北京:教育科学出版社,1996.

史徒华.文化变迁的理论[M].张恭启,译.台北:允晨文化实业股份有限公司,

施雁飞.皮尔士土论归纳问题[J].自然辩证法研究,1990,6(6):7.

石中英.知识转型与教育改革[M].北京:教育科学出版社,2001.

斯宾塞.教育论:智育、德育和体育[M].胡毅,译.北京:人民教育出版社,1962:1-6.

司马云杰.文化社会学[M].北京:中国社会科学出版社,2001.

宋灵青,许林,李雅瑄.精准在线教学＋居家学习模式:疫情时期学生学习质量提升的途径[J].中国电化教育,2020(3):114-122.

宋艳玲,孟昭鹏,闫雅娟.从认知负荷视角探究翻转课堂——兼及翻转课堂的典型模式分析[J].远程教育杂志,2014,32(1):8.

孙杰远.教育的文化范式及其选择[J].教育研究,2009,30(9):52-56.

孙培青.中国教育史(修订版)[M].上海:华东师范大学出版社,2005.

孙孝富.技术的文化维度:在进化论视野下[M].北京:中国书籍出版社,2006.

万力勇,黄志芳,黄焕.大数据驱动的精准教学:操作框架与实施路径[J].现代教育技术,2019,29(1):7.

万力勇,黄志芳,黄焕.大数据驱动的精准教学:操作框架与实施路径[J].现代教育技术,2019,29(1):31-37.

王海山,盛世豪.技术论研究的文化视角——种新的技术观和方法论[J].自然辩证法研究,1990(5):25-32.

王红,赵蔚,孙立会,等.翻转课堂教学模型的设计——基于国内外典型案例分析[J].现代教育技术,2013(8):5-10.

王吉庆.信息技术课程与教学论[M].杭州:浙江教育出版社,2003.

王磊.学科能力构成及其表现研究——基于学习理解、应用实践与迁移创新导向的多维整合模型[J].教育研究,2016,37(9):83-92＋125.

王伦信.从纸的发明看媒介演进对教育的影响——技术向度的中国教育史考察[J].华东师范大学学报(教育科学版),2007(1):78-85.

汪晓东,张晨婧仔."翻转课堂"在大学教学中的应用研究——以教育技术学专业英语课程为例[J].现代教育技术,2013,23(8):11-16.

王阳.论库恩的"科学共同体的社会学"[J].南京社会科学,2008(6):7.

王颖,张金磊,张宝辉.大规模网络开放课程(MOOC)典型项目特征分析及启示[J].远程教育杂志,2013(4):67-75.

王竹立.关联主义与新建构主义:从连通到创新[J].远程教育杂志,2011,29(5):34-40.

韦伯.经济与社会(上卷)[M].林荣远,译.北京:商务印书馆,1997.

韦伯.学术与政治[M].冯克利,译.北京:生活·读书·新知三联书店,1998.

文雪,扈中平.复杂性视域里的教育研究[J].教育研究,2003(11):11-15

吴国盛.技术哲学讲演录[M].北京:中国人民大学出版社,2009.

吴国盛.海德格尔的技术之思[J].求是学刊,2004,31(6):8.

吴靖,夏斌.微课程建设的装备需求与实现方案[J].中国教育技术装备,2012(32):2.

吴康宁.信息技术"进入"教学的四种类型[J].课程·教材·教法,2012,32(2):10-14.

吴亮奎.文化变迁中的课程与教学[D].南京:南京师范大学,2011.

吴品叶.高校瑜伽课中运用OMO教学模式的可行性研究[J].兰州文理学院学报(自然科学版),2021,35(3):125-128.

吴式颖,李明德.外国教育史教程[M].北京:人民教育出版社,2015.

伍兹.文化变迁[M].何瑞福,译.石家庄:河北人民出版社,1989.

夏雪梅.课程变革实施过程的研究:学校组织的视角[D].上海:华东师范大学,2008.

夏雪梅.学科项目化学习设计:融通学科素养和跨学科素养[J].人民教育,2018(1):61-66.

谢康,陈丽.论信息技术文化视野下的课程改革[J].中国远程教育,2005(6):
25-28,78.

谢巧.信息化环境下合作学习的研究与实践[D].银川:宁夏大学,2015:1-5.

谢幼如,邱艺,黄瑜玲,等.疫情防控期间"停课不停学"在线教学方式的特征、
问题与创新[J].电化教育研究,2020,41(3):20-28.

新华社.中共中央国务院印发《中国教育现代化2035》[J].人民教育,2019
(5):7-10.

徐碧波.布鲁姆的掌握学习理论[J].湖北大学学报(哲学社会科学版),1992
(3):6.

雅斯贝斯.历史的起源与目标[M].魏楚雄,俞新天,译.北京:华夏出版
社,1989.

颜士刚,李艺."整合"还是"变革"——信息技术影响课程的阶段性考察[J].电
化教育研究,
2007(1):46-49.

杨佳,杨汉麟.夸美纽斯和他的《世界图解》[J].教育研究与实验,2019(1):5.

杨建飞.爱因斯坦与老子科学发现方法论的相似与区别[J].自然辩证法研究,
2005,21(10):5.

杨捷.外国教育史[M].开封:河南大学出版社,2010:8.

杨莉萍,韩光.基于项目式学习模式的大学英语学术写作教学实证研究[J].外
语界,2012(5):8-16.

杨明全.课程变革的学理分析:性质、功能与过程[J].全球教育展望,2001(6):
45-50.

杨晓彤,谢幼如,钟如光.网络空间支持的中小学创客教学模式研究[J].电化
教育研究,2017,38(1):7.

衣俊卿.论文化转型的机制和途径[J].云南社会科学,2002(5):53-58.

衣俊卿.文化哲学十五讲(第二版)[M].北京:北京大学出版社,2015.

尹弘飚.再论课程变革的制度化——概念内涵与分析框架[J].高等教育研究,

2014(4):66-71,93.

有宝华.综合课程论[M].上海:上海教育出版社,2002.

于春玲.文化哲学视阈下的马克思技术观[D].辽宁:东北大学,2009:56-58.

余宏亮,李本友.微课程视界中知识变革的技术背景[J].教育研究,2016(7):127-134.

余胜泉,王阿习."互联网＋教育"的变革路径[J].中国电化教育,2016(10):1-9.

查有梁.控制论、信息论、系统论与教育科学[M].成都:四川社会科学院出版社,1986.

查有梁.系统科学与教育科学[M].北京:人民教育出版社,1993.

张斌贤.外国教育史[M].北京:教育科学出版社,2008.

张传燧.综合实践活动课程论[M].广州:广东教育出版社,2005:50.

张刚要,刘陈,赵允玉.多重逻辑下的课程形态变迁:一个分析框架[J].教育理论与实践,

2019,39(7):51-55.

张华.课程与教学整合论[J].教育研究,2000(2):52-58.

张华.走向课程理解:西方课程理论新进展[J].全球教育展望,2001,30(7):9.

张华,安桂清.综合实践活动课程开发与案例研究[M].北京:高等教育出版社,2008:177-188.

张华,等.课程流派研究[M].济南:山东教育出版社,2000.

张华,刘宇.试论课程变革的文化问题[J].教育发展研究,2007(1):17-21.

张华夏.波普尔的证伪主义和进化认识论[J].自然辩证法研究,2003,19(3):5.

张金磊."翻转课堂"教学模式的关键因素探析[J].中国远程教育,2013(10):59-64.

张金磊,王颖,张宝辉.翻转课堂教学模式研究[J].远程教育杂志,2012,30(4):46-51.

张立新.美国教育技术发展史研究[D].保定:河北大学,2002:12.

张明国.技术文化论[M].北京:同心出版社,2004.

张明国.耗散结构理论与"技术—文化"系统——一种研究技术与文化关系的自组织理论视角[J].系统科学学报,2011(2):6.

张秋玲."主导主体说"内涵的理解及其辨析[J].中国教育学刊,2006(3):6-9.

张廷凯.普通高中课程结构改革的探讨[J].课程·教材·教法,1994(1):16-20.

张武威,曾天山,黄宇星.微课程与翻转课堂相结合的教学方法创新应用[J].课程·教材·教法,2014,34(7):10-16.

张筱兰.信息技术与课程整合的理论与方法[M].北京:民族出版社,2004.

张永林,肖凤翔.SPOC:MOOC与校园课程的深度融合[J].中国职业技术教育,2015(18):14-18.

赵呈领,徐晶晶.翻转课堂中学习适应性与学习能力发展研究——基于学习活动设计视角[J].中国电化教育,2015(6):92-98.

赵家祥.马克思主义的社会形态理论简论[M].北京大学出版社,1985.

郑金洲.教育文化学[M].北京:人民教育出版社,2000.

郑娅峰,李艳燕,黄志南,等.基于微课程的高校翻转课堂实践研究[J].现代教育技术,2016,26(1):60-66.

郑燕林,赵长明,郭梦琪.在线课程实施模式创新构建及应用实践[J].现代远距离教育,2021(1):32-39.

中共中央办公厅,国务院办公厅.关于深化教育体制机制改革的意见[EB/OL].(2017-09-25)[2022-12-20].http://www.moe.gov.cn/jyb_xwfb/gzdt_gzdt/201709/t20170925_315201.html.

中华人民共和国中央人民政府.国家中长期教育改革和发展规划纲要(2010-2020年)[EB/OL].(2010-07-29)[2020-08-29].http://www.gov.cn/jrzg/2010-07/29/content_1667143.htm.

钟晓流,宋述强,焦丽珍.信息化环境中基于翻转课堂理念的教学设计研究

[J].开放教育研究,2013,19(1):58-64.

1984.

祝智庭.关于教育信息化的技术哲学观透视[J].华东师范大学学报(教育科学版),1999(2):11-20.

祝智庭.现代教育技术——走进信息化教育[M].北京:高等教育出版社,2001.

祝智庭,雒亮.从创客运动到创客教育:培植众创文化[J].电化教育研究,2015,36(7):9.

祝智庭,彭红超.信息技术支持的高效知识教学:激发精准教学的活力[J].中国电化教育,2016(1):18-25.

祝智庭,张浩,顾小清.微型学习——非正式学习的实用模式[J].中国电化教育,2008(2):10-13.

邹静.教育目标分类评析[J].高等师范教育研究,1992(5):5.